# 富乐科技创始人

胡志勇,生于1942年11月,籍贯河北沧州,中共党员,毕业于北京业余机械学院,机械工程师。1994年4月26日,创办北京市富乐科技开发有限公司,民营企业家。

天道酬勤:你若勤劳,必有收获。
天道酬勇:你若勇敢,今生不负。

献礼富乐科技30周年

# 追求

## 一家国产骨科医疗器械
## 民营企业的**卓越**发展之路

胡志勇 ● 口述　　花海珍　李向林 ● 撰写

企业管理出版社
ENTERPRISE MANAGEMENT PUBLISHING HOUSE

图书在版编目（CIP）数据

追求：一家国产骨科医疗器械民营企业的卓越发展之路 / 胡志勇口述；花海珍，李向林撰写 . —北京：企业管理出版社，2023.10
ISBN 978-7-5164-2956-3

I.①追… Ⅱ.①胡…②花…③李… Ⅲ.①医疗器械 – 民营企业 – 企业发展 – 研究 – 中国 Ⅳ.① F426.46

中国国家版本馆 CIP 数据核字（2023）第 186377 号

| 书　　名：追求：一家国产骨科医疗器械民营企业的卓越发展之路 |
| --- |
| 书　　号：ISBN 978-7-5164-2956-3 |
| 作　　者：胡志勇　花海珍　李向林 |
| 策划编辑：赵喜勤 |
| 责任编辑：赵喜勤 |
| 出版发行：企业管理出版社 |
| 经　　销：新华书店 |
| 地　　址：北京市海淀区紫竹院南路 17 号　　邮编：100048 |
| 网　　址：http : //www.emph.cn　　电子信箱：zhaoxq13@163.com |
| 电　　话：编辑部（010）68420309　　发行部（010）68701816 |
| 印　　刷：北京博海升彩色印刷有限公司 |
| 版　　次：2023 年 10 月第 1 版 |
| 印　　次：2023 年 10 月第 1 次印刷 |
| 开　　本：710mm×1000mm　　1/16 |
| 印　　张：21.5 印张 |
| 字　　数：319 千字 |
| 定　　价：98.00 元 |

版权所有　翻印必究·印装有误　负责调换

# 序

**富乐**[①]**创始人胡志勇不断挑战、追求卓越的一生**。童年时期胡志勇受爱迪生的启发，立志要当工程师；少年时期发奋学习，为了改变贫穷的命运；青年时期苦练加工技术，精益求精攻克多项科研难关；中年时期奔波于众多乡镇企业，为其解决瓶颈技术难题；知天命之年不甘平庸开始创业，历经坎坷偶遇贵人，自强不息艰苦奋斗，不断挑战、追求卓越，立志振兴中华骨科事业，实现自我价值。

**富乐的发展史也是创始人和富乐人的奋斗史**。创新与变革是富乐发展的主旋律。30年来，胡志勇始终坚定发展信心，带领富乐人深耕骨科医疗器械领域，坚持创新发展、规模发展，搭建多个科研创新平台，由单一外固定产品发展到涵盖脊柱、创伤、康复系列等五大领域的上万种规格产品；靠"滚雪球"式投资走规模化、专业化路线，从单台二手机床到两条高精尖生产线，持续推进设备的转型升级与管理的变革发展；坚持走提升质量和效益的发展之路，苦练内功，率先通过国内外体系和产品认证，实现全面质量管理。富乐的脊柱产品技术水平和市场地位稳居国产品牌前列，实现从"制造"到"科技＋制造＋服务"的转变，实现国产替代进口。

**富乐的价值追求是帮助更多人实现幸福梦**。富乐是一个勇担当、负责任、有情怀的企业，始终不忘初心，积极回报社会。胡志勇用一双手、一支笔绘出一张张蓝图，用一个个小螺钉架起一个个脊梁梦！不仅圆了自己的童年梦、创业梦，还成就了万千骨科医生的天使梦（用国产骨科医疗器械为国人治病）、众多骨病患者的健康梦（过上健康生活）、合作伙伴的财富梦（过上富足生活）、上千名员工的价值梦（不断成长，实现自我价值），帮助更多

---

① 指北京市富乐科技开发有限公司，简称富乐。

人实现幸福梦。这个过程就是富乐不断追求的过程，也注定了富乐要走一条与众不同的卓越发展之路。

**"小作坊"变身"小巨人"，富乐成功的"秘诀"是什么？**胡志勇始终视自己如小草，自寻光和热，努力向上生长。随着改革开放的浪潮自主创业，他凭着坚忍不拔、自强自立、默默无闻、永不服输的"小草精神"，把一个"小作坊"打造成全国专精特新"小巨人"企业。胡志勇时刻警醒，在国家和行业大好形势到来之前，总能不失时机地果断做出决策。"自创业以来，始终坚持与时代同步、与国家同频，按照'国家鼓励的、社会需要的、企业有能力做的'标准来选择创业项目。"胡志勇的一番心声，道出富乐30年来成功的"秘诀"。

# 目　录

## 第一章　童年和少年生活 / 1
　　一、刻苦读书　战胜自卑 / 2
　　二、童年梦想　未来希望 / 5
　　三、发奋学习　改变命运 / 7

## 第二章　创业积累 / 11
　　一、"笨鸟"高飞　展技航空 / 12
　　二、相信并依靠群众　坚定不移走群众路线 / 21
　　三、提升价值　超越自我 / 25

## 第三章　艰辛创业　起航 / 29
　　一、自立自强　艰苦奋斗　在探索中前进 / 30
　　二、富乐第一桶金的由来 / 36
　　三、行进在行业发展的最前沿 / 40
　　四、富乐里程碑：2003年建设新厂区　展现新面貌 / 49

## 第四章　二次创业再出发 / 67
　　一、初次创业危机重重　二次创业势在必行 / 69
　　二、树立企业核心价值观　培育优秀企业文化 / 72
　　三、加强质量管理　护航企业发展 / 93
　　四、以客户为中心　实行品牌化营销 / 123
　　五、自力更生　插上创新的翅膀 / 147
　　六、加速生产变革　实现企业规模化 / 165
　　七、变革管理　提升组织效能 / 178

## 第五章　打造利益共同体　实现可持续发展 / 203

一、树立正确义利观　追求利益相协调 / 204

二、保障员工权益　构建和谐稳定的劳动关系 / 206

三、维护客户利益　实现企业与客户双赢 / 212

四、诚实守信　建立互惠互利的合作伙伴关系 / 214

五、良性竞争　广交同行好友共促发展 / 216

六、统一企业与社会利益　获社会褒扬 / 218

七、弘扬正义　向不正确的义利行为宣战 / 220

## 第六章　企业发展中人才的培养 / 225

一、管理人才的培养 / 226

二、研发人才的培养 / 236

三、营销人才的培养 / 244

四、工匠技能人才的培养 / 250

## 第七章　组织建设 / 257

一、红色党建引领富乐全面发展 / 258

二、情系职工促和谐　服务企业促发展 / 281

## 第八章　心怀大爱　勇担社会责任 / 297

一、兼顾利益相关方的权益 / 298

二、积极参与社会公益事业 / 299

## 附录 / 317

附录 1　富乐科技创始人胡志勇履历 / 317

附录 2　富乐科技创始人胡志勇成功的密码 / 317

附录 3　富乐科技创始人胡志勇语录 / 319

附录 4　富乐科技企业文化 / 320

附录 5　富乐科技大事记 / 322

附录 6　富乐科技荣誉榜 / 324

附录 7　创始人胡志勇的思考 / 328

## 后记 / 335

# 第一章
## 童年和少年生活

　　贫困的童年生活在胡志勇内心埋下了一颗种子：远离贫穷，改变命运。他从小立下志向要当工程师，为了实现童年梦，他奋发图强，努力学习，也因此从自卑走向自信，彻底改变了他的人生。

## 一、刻苦读书　战胜自卑

自卑，是助你实现逆袭的原动力。

其实，每个人都有不同程度的自卑感。富乐创始人胡志勇在童年、少年时期，经历了一些至今回忆起来仍感慨万千的事情，这些难忘的坎坷境遇曾令年幼的他感到自卑和无助。

**家乡原貌**

胡志勇祖籍河北省泊头市富驿镇（现富镇镇）毛家营村，家住村北头，不远处有个大水坑，童年时期他经常在水坑里游泳、抓鱼。家里有8亩地，一年四季靠春耕秋收为生。

**生在异乡　颠沛流离的童年生活**

父亲自北京大学毕业后在四川成都工作，母亲随父亲在成都生活。1942年11月18日，胡志勇在成都出生，在他出生42天时，父亲因胃溃疡手术失败，不幸去世。母亲一直带着他在异乡过着艰难的生活，直到1946年难民开始返乡，母子二人相依为命，经过千难万险来到北京。1948年年底，因生活难以维持，母亲带着他返回河北老家毛家营村，靠8亩地为生。

**家境贫寒　少年挑起家庭重担**

"当时家境贫寒得很，我的母亲是小脚，无法下地劳动，在农村只有靠缝缝补补做手工来维持家计，但收入微薄，根本没法维持日常生活。"这是胡志勇儿时最大的心事。家计没有着落时时压在他心头，让他喘不过气。

10岁左右的胡志勇便承担起家庭壮劳力的角色，耕地、播种、耙地、锄地……耕地时牛拉着犁翻地，犁的大扶手是控制方向的，中间的小横把是控制深浅的,因年纪小、个头矮、力气小,小志勇根本没法控制好犁的方向和深浅,犁的地经常七扭八拐;耙地时,牛猛跑,从耙上摔下来是常有的事。年幼的他简直成了村民们的笑柄。从耕地、播种到粮食入仓,所有的农活胡志勇全都干过。

他最不愿意干但又不得不干的农活就是积肥。秋天将粪便、柴灰、碎叶堆积起来,泼水发酵,待来年春季摊开晾干再运送至田间,那恶臭难闻的气味和风吹日晒下的劳作让儿时的胡志勇心里升腾起一股莫名的难过和无助。

耙地　　　　　　　　　　　　　　　　　　　　　　积肥

这些儿时的囧事,让自卑情绪时时缠绕在胡志勇心头。也正是这种自卑感在幼年的胡志勇内心深深埋下一颗种子:改变命运,摆脱贫困,刻苦学习,自信自强。

为了对抗内心的自卑,胡志勇毅然选择了拼命读书,想用成绩给自己赢回一点尊严和自信。

**在农村上小学　勤学苦读求上进**

1949年,在老家毛家营村,母亲送他到村里读小学,当时村小学从一年级到四年级共20名学生,学校只有一位老师,教学生所有的课程。同伴们上到一年级或二年级就辍学了,当胡志勇上四年级时只剩下两人,只有他考上了富镇高级小学。虽然农村教育条件很差,但丝毫动摇不了他求学上进的信念,胡志勇依然坚定地读完了小学、高级小学。上学期间他勤奋刻苦,各科成绩优异,那时的他坚信一个道理:只有学习才能找到自信,只有学习才能改变命运。

**去北京上中学——改变命运的抉择**

因农村生活实在苦不堪言，为了改变他的生活环境，不耽误他的学业，胡志勇的母亲做了一个改变他一生命运的关键抉择：把那时农村的全部家当变卖了1000元左右，选择去北京生活，他母亲用900元在北京大学红楼对面买了6间闲置房（这处房子是他父亲校友家的一处闲宅院）。1955年5月，胡志勇随母亲到北京生活。因他当时小学未毕业，所以需在北京找中学报名，参加初中入学考试，最后他以优良的成绩考入北京市第二十五中学。

"北京二十五中呀！"胡志勇激动地回忆说，"这所中学，在当时可是北京数一数二的学校，是北京近代教育史上最早引进西方科学开展现代教育的学校，20世纪三四十年代就已经驰名全国了！这么好的学校对我这样一个来自农村的孩子来说，仿佛就是天堂！尤其是母亲买下的院子在北京大学红楼对面，那里是一个新文化传播的地方，一个被知识包围的地方，让我受益良多！"到北京后，胡志勇的母亲不让他干任何学习以外的事情和杂活，希望他好好学习，走出自己的光明之路。少年胡志勇深刻领会了母亲的良苦用心，他把全部精力和时间都用在学习上，通过勤学苦读，取得了骄人的成绩，而且他从初一开始就担任校少年先锋队中队委，这让他从原生家庭的阴影中走出来，让他有了尊严，实现了超越。

北京市第二十五中学旧址

最让胡志勇难以忘怀的是在北京市第二十五中学担任校少年先锋队中队委期间，每年国庆节他都被选为红领巾仪仗队队员，步行经过天安门接受检阅。能成为少年儿童红领巾仪仗队队员是非常光荣的，更荣幸的是，他站在第一排接受检阅。检阅当天要穿白色上衣及裤子、白色鞋子，当年家里穷得买不起,胡志勇只好找表哥借来已发黄的旧白色上衣及裤子,他自己先把鞋洗干净,再刷上大白粉,鞋子看起来是白色的。虽然蹩脚的衣着让站在第一排的胡志勇尴尬万分,但这丝毫没有减少他接受检阅的自豪感。

红领巾仪仗队接受检阅

回忆起这段经历,他很自豪地说:"每次戴着红领巾走过天安门,我都要挺直胸脯,从内心里就有一种光荣感。"

"书山有路勤为径,学海无涯苦作舟"。通过这些苦读求学经历,胡志勇成功将自卑转化为自己前行的动力,至今回忆起来仍十分感慨,他说:"从自卑到自信,这段求学经历绝对是我人生的一个大转折。"

古语云:"松柏之志,经霜犹茂"。只有经历过风霜,战胜过自卑的人,才能拥有如松柏一般坚韧顽强的品格,才会具备接受未来风雨洗礼的能力。

每个人都有不同程度的自卑,但这种自卑,是因为我们都想让自己更优秀,想让自己过上更好的生活。所以很多时候,自卑其实是帮助我们逆袭的原动力。

## 二、童年梦想　未来希望

梦想是什么?梦想就是一种让你感到坚持就能幸福的东西。

1900 年,梁启超在《少年中国说》里写道:"少年智则国智,少年富则国富,少年强则国强。"少年之梦,亦是国家之梦;少年梦在未来,国家梦在千秋!

少年之梦,为自己,为家庭,为志向,为未来!

国家之梦,为崛起,为复兴,为民族,为世界!

### 《爱迪生》小人书启迪童年梦想

爱迪生虽文化程度较低,但他一生对人类的贡献却那么大。小人书中的爱迪生思想很活跃,他对所有的事物都充满好奇,最可贵的是他还会想方设法去持续探索。当他对某件事物表现出浓厚兴趣的时候,他会不断地去证实和探索出更多有价值的东西。他不满于现状,有敢于大胆尝试和求新的精神,认为事物只有在不断的创造更新中才能得到完善和提升。

年幼的胡志勇,深深地被爱迪生的经历和精神所吸引,开始不断尝试自己的设想。

### 童年立志当工程师

胡志勇回忆,幼年时的人生启蒙对他整个人生相当重要。上小学时他反复看《爱迪生》这本书,并领悟到:爱迪生是一位了不起的发明家,"爱迪生除了有一颗好奇的心,更有一种亲自试验的自驱力,工作中具有超乎常人的无穷精力和果敢精神"。所以,儿时的胡志勇经常抽空闲时间模仿爱迪生,自己研究并动手做一些小的科学实验和发明。例如:用棉油灯作为光源,用玻璃片作为光片制作出幻灯片,令街坊邻居惊讶不已;用纸筒、

启迪梦想的第一本小人书——《爱迪生》

棉线作为材料，和小伙伴一起研制电话机。

这些研究实践把胡志勇带进了科学的殿堂，小发明、小创造赢得了同伴和邻居的认可，他暗下决心，长大后一定要成为工程师。

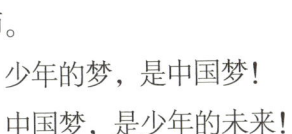

和小伙伴一起做实验

少年的梦，是中国梦！

中国梦，是少年的未来！

人，有了梦想，也就有了追求、有了奋斗目标；有了梦想，就有了前进的动力。也许在实现梦想的道路上，会遇到无数挫折，但没关系，跌倒了自己爬起来，为梦想而前进，相信前途是自己创造出来的。

## 三、发奋学习　改变命运

都说穷人的孩子早当家，在小时候尝尽了孩童不该承受的苦难，年少时候遭遇少年不该有的困境，青年时期会更加发奋图强，只为远离贫穷，改变命运。

### 半工半读　放弃考大学

胡志勇一直和母亲相依为命，当时因为家里没有收入，经济很困难，他的母亲经常教导他要好好读书。他听从母亲的教诲，发奋学习，学习成绩一直名列前茅，在北京市第二十五中学学习期间，他任班内的学习委员。同时，懂事的胡志勇也在思考：不能因自己上学再给家里增添负担，我能为家里做些什么？1958年，胡志勇放弃了上高中考大学的想法，16岁初中毕业后，他选择了一个半工半读的中专学校，并在校办"574"工厂当了一名工人。这个中专学校不仅管吃管住，胡志勇还能利用课余时间干活挣些工钱，每月可以挣13~18元。在当时相当于一个工人近半个月的工资呢！这份收入不仅消除了母亲对家里柴米油盐的担忧，而且为家里增加了一些生活补贴，这让他欣喜不已。但母亲看在眼里，疼在心里："孩子真不容易，这么小就开始工作，既工作又学习真是辛苦，孩子真的好有志气！"

**孜孜不倦　求知若渴**

虽然没能考入大学，但胡志勇求知求学的欲望始终强烈，他想尽一切办法多学、深入学。中专毕业以后，他留在当时教育部管辖的北京教学仪器厂（"574"工厂），用1年时间自学完成了高中3年的课程，考上了北京广播电视大学物理系，学习了3年。工人出身的胡志勇想结合自己的技术岗位学习专业知识，后来又到业余机械制造学院学习机械制造专业，1981年取得工程师证书后，又进入工程师进修学院学习。工程师升高级工程师时要考外语，当时所里组织报考人员在北京广播电视大学学习，由北京大学的英语老师开设公共英语专业课程。一开始报名参加学习的有300多人，经过一年半的学习，考试结业的有10人左右，胡志勇就是其中之一。

胡志勇的英语结业证书

胡志勇合理安排个人时间，工作之余挤时间学习。在学习高级工程师职称外语时，他每天早晨很早就起床背英语，背会了两三千个英语单词。回头想想，他一点也不觉得苦。有时夜班和上课时间冲突，他会主动找领导申请延长工作时间来完成工作任务，做到工作和学习两不误。休息日，他经常去劳动文化宫附近的图书馆看书学习，渴了就喝口水，饿了就啃自己带的馒头，在图书馆待一整天是常有的事，苦并快乐着……

**在工作中学习　在学习中成长**

不仅热衷于学习书本上的专业知识，在车间工作的时候，作为一名车工，胡志勇特别爱钻研、爱创新、爱学习，学习特殊技术和特殊工艺。他用自己学到的知识和个人的聪明才智，不断刷新领导和同事们的认知。

"吾生也有涯，而知也无涯"。胡志勇用他持续学习的知识为个人积累了丰厚的资本，为他后来创业腾飞奠定了基础。这些知识资本让他在商海搏击中得心应手，游刃有余，他为富乐谋篇布局，把舵定向；他带领富乐人乘风破浪，勇毅前行。

"活到老，学到老"。学习是没有止境的，多年来，胡志勇一直保持着学习的习惯，直至今天他依然坚持学习。他刻苦、勤奋、坚持不懈的学习精神为富乐人树立了好榜样。

# 第二章
## 创业积累

20世纪70年代，被同事称为"笨鸟"的技术员胡志勇，练就了精湛的技术；80年代中期，作为管理者的胡志勇坚持走群众路线，收获了信任和友谊；80年代末期至90年代初期，胡志勇兼职"星期日工程师"，扩展了眼界和人脉，让他感受到自己掌握的技术可为社会创造更大价值，决心要闯出一片天地。在家人的鼓励和支持下，胡志勇走上自主创业之路——成立富乐研究所！

| 追 求

## 一、"笨鸟"高飞　展技航空

"轰——"

"哇！！！"

这一声"轰"，来自呼啸而过的歼-20战机；这一声"哇"，来自目睹歼-20通场而过的人群。两种声音交错，响彻珠海上空。

2021年9月28日，第十三届中国国际航空航天博览会（以下简称航展）在珠海举办。当天，胡志勇在电视机前观看了这次航展。他看到了歼-20以新涂装、新编队、新姿态出现在这次航展中。歼-20是中国自主研制的新一代隐身战斗机，首次亮相是在2016年第十一届中国航展中，接着在2018年第十二届中国航展中进行编队飞行，2021年首次以新涂装出现在第十三届中国航展……

歼-20战机在第十三届中国航展中亮相

歼-20的每一次出镜，都让国人骄傲不已，胡志勇更是引以为豪。因为他曾是一名航空人，一名歼-8测试平台、仪器设备的主要研制工程师，他把整个青春奉献给了中国战机！让我们一起了解怀揣蓝天梦想的航空人——胡志勇是如何一步步练就高超技艺，拥抱蓝天的！

**"笨鸟"埋头苦干　掌握加工技术**

20世纪70~80年代中期，胡志勇工作于三机部六院"574"厂、航空部

"634"所。刚工作时，他是一名普通技术工人、工艺员，因平时话少，同事们都叫他"笨鸟"。

胡志勇原单位——三机部六院"574"厂老厂房

**厂领导特批"笨鸟"专心搞研发**

2021年5月，在两院院士大会和中国科学技术学会第十次全国代表大会上，习近平总书记说："决不能让科技人员把大量时间花在一些无谓的迎来送往活动上，花在不必要的评审评价活动上，花在形式主义、官僚主义的种种活动上！"这是习近平总书记对科技工作者的重视和关心。无疑，对于43年前在航空一线搞科研的胡志勇来说，他是幸运的！20世纪70年代末，胡志勇所在单位响应国家号召，动员大家支援"三线"建设，他也积极报了名。单位领导知道后，当即做出决定："科研项目时间紧、任务重，小胡是科研能手，他走了咱这项目就黄了！小胡不能去支援！"

正是因为单位领导重视科研，善于做"减法"，胡志勇受到了厂领导的特殊照顾——专心搞研制。这样，他

1960年5月，胡志勇在三机部六院"574"厂车间进行车床加工

的信心更足了！这让他有了充足的时间投入研制任务，也因此在一项项科研任务中练就了一身高超的技艺。1981年3月，他取得了工程师职称证书。

*胡志勇的工程师证书*

### "笨鸟"战胜困难　攻克军工技术难关

为落实国家"备战、备荒、为人民"的战略，航空工业部"634"所党委积极响应国家号召，组织所内技术人员开展科研项目攻关。1965—1984年期间，胡志勇有幸参与了直-7旋翼轴、歼-8开仓作动筒、水轰五浪高仪、歼击机雷达罩、导弹雷达模拟测试平台等共22项科研项目，有些项目填补了国内空白。例如：胡志勇参与工艺设计的跨音速风洞设备项目，荣获航空工业部科研成果一等奖；TC-1仪器填补国内空白，获全国科学技术大会奖；他的论文在《航空测试技术》刊物上发表；连续6次被评为厂先进职工；连续2次被评为厂级标兵；1978年被评为航空工业部部直标兵；1979年被航空工业部推荐为中华全国青年联合会（以下简称全国青联）第五届委员会特邀委员。

胡志勇工作期间获得的荣誉证书（部分）

### 积极参与跨音速风洞工艺攻关　填补国内空白

让胡志勇记忆犹新的一项攻关任务是跨音速风洞工艺设计项目。

航天航空的发展对一个国家来说意义非凡，而风洞（wind tunnel）则对航天航空起着极其重要的作用。风洞实验是飞行器研制工作中不可缺少的一个组

1982年2月，胡志勇加班研制TC-1仪器——设计图纸

成部分。简单来讲，风洞能够将飞行器的真实飞行状态模拟出来，以完成数据测试。胡志勇与其他科技人员共同进行跨音速风洞设备的工艺设计，填补了国内空白，荣获航空工业部科研成果一等奖。

1982年2月，胡志勇研制跨音速风洞仪器——现场修改图纸、进行工艺交流

### 主动挑战　啃下"硬骨头"——TC-1仪器研制成功

在胡志勇的带领下，TC-1仪器研制成功，这块"硬骨头"被"笨鸟"毅然啃下。对此，时任航空工业部"634"所党委书记高世瀛亲自撰写了一篇文章——《"笨鸟"翔空》，详细记录了胡志勇研发制造TC-1仪器的来龙去脉，并在中国航空工业部《神鹰》期刊1984年第1期刊登，全文如下。

《神鹰》期刊封面及文章首页

## "笨鸟"翔空
### ——记自学成才的工程师胡志勇

谁愚蠢，谁聪明，什么是标准？谁迟钝，谁灵敏，什么是界限？

有人说小胡笨，常拿他开心，管他叫"笨鸟"，他不介意。自己是笨。嘴笨，平时本来话就少，急了，激动起来，脸憋得通红，一句话都说不出来。其实，小胡脑瓜好使着哩！在工作上默默地，总走在别人头里。

小胡心也大。一个小小的工艺员，几年工夫，竟成了厂里出了名的人物，被评为部先进标兵，出席了全国青联第五届代表大会。"笨鸟"简直令人侧目，不可思议。这，到底为了什么？

路是一步一步走过来的，从一个普通工艺员，到主管研制一项大型测试设备的工程师，小胡走过了漫长的道路。坎坷，失败，挫折，成功，一步一个脚印；寒冬，酷暑，黄昏，黎明，多少不眠之夜。"笨鸟"终于扑棱棱展翅飞起来了。

七六年，部里下达了 TC-1 的研制任务。望着一沓沓图纸，人们面面相觑，全都傻了眼了。这叫大家说什么呢？过去，厂子是个生产民品的工厂，这么个玩意儿，谁干过？见也没见过吧！难度，精度，技术指标高得吓人。任务接是接下来了，但整整干了五年，最后，还是失败了。损失了二十多万元。二十多万元啊！想想，就让人心疼。

研究所修改图纸后要求再上。几位水平高的工艺员打了退堂鼓，有的提出个"调研"报告，打算先到处参观它半年再说。

正在众说纷纭之际，年轻的胡志勇把刚刚到手的去北京航空学院进修班深造的学员证退掉，毅然接受了 TC-1 的工艺设计任务。它就像一声炸雷，轰动了全厂，不少人被惊呆了。有人摇摇头："他——？"再不往下说了。一位同行撇撇嘴，笑了："小胡若搞成了，我把脑袋输给他！" TC-1 是个啥玩意儿，惹出这么大风波？飞机、导弹、火箭在茫茫太空中航行，能够准确地投向目标，靠的是雷达这双眼睛。TC-1 就是保护眼睛的眼镜。这副眼镜能否适应瞬息万变的飞行状态使用呢？过去我国是靠手摇的一种设备进行单项测试，而 TC-1 则可自动模拟进行综合测试。进口一套需要几百万人民币。这是建厂二十多年来，承接的头号高精尖产品。

胡志勇在上小学时，曾听老师讲过：唐代诗人贾岛骑着毛驴作诗，吟出"鸟宿池边树，僧敲月下门"后，尤其第二句的"敲"字改用"推"字，犹豫不决，就用手做推、敲的样子，正巧碰上韩愈，向他说明来龙去脉。韩愈琢磨一下，说用"敲"字好，由此构成了"推敲"一词，传于后人……当时他竟天真地联想，科学的大门是"推"还是"敲"呢？并立下志向，要敲开科学的大门，去追求、探索……

小胡把任务接下来了。

一切从头开始。大家眼睁睁望着他。这活比佛爷的眼珠子还金贵，全厂上下谁不关心？可干了没多少日子，小胡来个急刹车，要求任务马上停下来，不能再干了！到底出了什么事儿？

小胡翻阅了全部图纸，他发现了毛病，原设计有问题！一个普通的工艺员，胆敢怀疑主管部门的设计？这无疑是向人家挑战！他冷静地思考着，掂量着，应该怎么办？

有人说：小胡这回是吃不了兜着走吧。

此时，小胡什么也顾不得了。跑去找主办方设计师。他摆出了一个个数据，指出原设计有严重问题。

主设计师望着这个青年人，一时愣住了，半晌竟没有说出一句话。他似乎不相信自己的耳朵，难道真是这样？不会的！他说："这次设计有总工程师、总设计师、室主任签字嘛，有问题上面负责。"

在京郊秀丽的八里桥畔，一簇高低错落的建筑物，被郁郁的丛林所环绕，显得生机勃勃。这里就是六二五研究所。TC-1 的图纸就是所里的一个室设计的。

小胡一次又一次跑出四十里外，直接找设计室的毛主任谈。几个月过去了，还不见动静。工人们对照图纸进行加工，可实际上都在加工废品啊！他再也耐不住了，有一次跑来。他见到毛主任就说："这项设计肯定又是失败的，绝不能再拖了！"事情僵住了，矛盾调和不下去了，主办设计师被调回，毛主任带领一个设计班子来到厂里，按照小胡提出的问题，又花了八个月的时间,将原设计修改二百五十多处,补图一百七十多张,在结构上作了较大的修改。可能再次造成的几十万元损失,竟被小胡挽救了。了解小胡底细的人都惊叹不已,还用老眼光看他的人说:"开场的锣好打,收场的戏难唱,骑驴看唱本——走着瞧吧!"

生活就是这样。一向默默无闻的小胡,一个从来充当配角的人物,忽然成了一台戏的主角。他的全部神经和细胞,和TC-1的四百七十多张图纸溶在了一起。他为了解决底座主体部分四十八种薄板件在六个不同方位的焊接问题,熬过了一个又一个不眠之夜,查阅了大量焊接技术资料,五次和工人座谈,请了六个单位的高级焊接师傅来会审他的工艺。在焊接时他细心观察,并摸索着薄板件形状和位置变化的规律。眼睛被弧光闪得红肿流泪,他轮换着罩起一只眼坚持工作。经过四十多天的奋战,终于闯过了难关,完全达到了设计要求。

大链轮的工艺设计与加工,是TC-1的又一个关键。小胡认为,美国新采用的圆柱形齿,结构的刚性差,变形大,影响设备精度,运转时容易爬行。他在设计单位支持下,决定突破它,采用全链齿形配做的方案。但要经过一个周期半个月的试验,不知要多少个周期才能找到合理的数值。这太耽误时间了。他创作了一种模拟试验方案,很快攻克了难关,大大缩短了试验周期。

小胡的心整个系在厂里,家里的事,一点也顾不上了。

秋雨连绵,家里的房子漏得不成样子,他抽不出时间去修;母亲孩子有病,全指望爱人照顾。家庭这副重担,全压在爱人高慧贞肩上……

这是一个很普通的家庭,像许多知识分子的家里一样,拥挤,简陋。房间不大,却挤得满满登登,屋里唯一像样的家具,还是结婚时买的双人床。一架缝纫机和二屉桌,就是他和孩子天天各自做功课的地方。墙上挂着一张白纸写下十条英文词汇,是他和爱人、孩子每周的"作业"。就在这间小屋里,当母亲、爱人和孩子都熟睡了,全院各屋的灯都熄了,胡志勇还在孜孜不倦地用功……

每次回家,他的爱人高慧贞看着他瘦下去的面孔,心里就不好受:"志勇,妈半身瘫痪,我得了肺结核,孩子也常生病,你的身子再……"她眼睛湿润了，再也说不下去了。

一阵沉默之后，胡志勇深情地望着他的妻子："慧贞，我明白你的意思。可是你想想，如果在我的工艺设计中，达到一次成功的比例越大，那将为'四化'节省多少人力、资金和时间啊？你再想想，还有什么比祖国的利益更高的吗！"

这，不说小高也明白。她在工厂这许多年，作为一个车工，她加工过无数张图纸。她清楚图上的每个符号、每一个尺寸、一条线、一个点的分量。也知道那些为设计图纸呕心沥血的人的艰辛，更理解自己的爱人，理解他的工作的全部意义……

小高明白爱人的心愿。他说，他所寻找的是工作的最佳点；他说，他所追求的是设计的一次成功率。然而，一项产品工艺设计的一次成功，和无数项产品的一次成功率，是从一个个零件开始的，又聚集成光芒万丈的"四化"中的一个个闪光点。"最佳"不仅仅是无比的美和无比的好的缩写，而且是辛苦和汗水的结晶。

为了小胡，自己苦一点，累一点，这有什么呢？她心甘情愿……

TC-1任务紧张而有节奏地进行着，终于迎来了总装的时刻，谁心里不为小胡捏把汗呢！

TC-1的关键是装配底座大轴承，它要承受两千多千克的重力而旋转自如，精密度相当于一根头发丝的六分之一那样高。上次装配时是用二十磅大铁锤往里砸的，一时传为笑话。这次人们倒要看看胡志勇的工艺有什么神奇。开始装配时，围观人的心脏跳动的频率都不约而同地加快了，手心里也都慢慢地浸出了汗水。他的表情倒是给了大家一点镇静剂，然而在大轴承被吊起来，慢慢向轴座下降的时候，人们的心又都一个劲地往上提，简直像是顶到嗓子眼要蹦出来似的。仅几十秒的时间，大轴承落在轴承座上，几个人用虚拳轻轻一压便吻合了，稍加推力旋转自如。大家的心一下子落了下来，紧绷的脸上露出了笑容。人群里不知谁冒出了一句："小胡真行！"

TC-1经鉴定完全合乎设计标准和使用要求，某些指标还超过了美国同类产品。它满足了航空测试的急需，填补了我国的一项空白，获得了全国科学大会奖。在这项研制中，胡志勇搞成了几十项重大革新，并整理出五万多字的技术资料，写出的论文被发表在《航空测试技术》刊物上。

去年由某研究所设计，他和其他科技人员共同进行工艺设计的跨音速风洞设备，又获得了航空工业部科研成果一等奖。由他主办工艺设计的直升机、歼击机等重要部件，还有离心机、浪高仪和比 TC-1 精度更高的 TC-2、TC-3 等仪器设备，都达到了一次成功。为我国填补了一项又一项空白，节省了数以万计的一笔又一笔外汇。现在，他又投入了 TC-4 的研制……

当你看到编队飞行的歼击机，穿云捍卫祖国领空的时候，当你看到一架架大型运输机，满载着各国旅客平稳地飞行在各条航线上的时候，你能想到当初对它进行测试仪器设备的，是一位不起眼的年轻人所搞的工艺设计吗？他一年又一年地被评为先进生产者，一次又一次地被评为部标兵。

"笨鸟"高高地飞起来了。平展展的蓝天，淡淡的白云，小胡的视野更宽阔了。然而，前面还有闪电，雷暴……只有那些强者，不畏艰辛地去奋斗、搏击，去寻求生活的最佳点，这才是人生的最大乐趣。

"路漫漫其修远兮"，今后的路还长，此时此刻，小胡啊，你又在想什么……

——航空工业部原"634"所党委书记　高世瀛

"干一行、爱一行，干一行、精一行"。一个个"高精尖、高难度"的科研项目，充分展示了胡志勇用爱岗敬业履行着肩上的责任，用付出和奉献诠释着共产党员的奋斗初心，用"高技艺、高水平"为航空事业的发展奉献青春和热血。

## 二、相信并依靠群众　坚定不移走群众路线

每当我们在现实中遇到困难和挑战，甚至不知所措时，总会从历史和前辈的经验中寻找智慧和办法。2020 年开始的三年抗疫之战、企业发展爬坡过坎都是如此。唐代李世民说："水能载舟，亦能覆舟。"这充分说明人民群众在创造和改变历史中的作用。胡志勇作为领导者和管理者，也十分重视群

众的作用，依靠群众的力量来创造价值，推动业绩增长和团队发展。

**牢记"相信群众、相信党"两个原理**

中国革命取得成功的法宝之一就是毛主席所说的："我们应当相信群众，我们应当相信党。"这是两条根本的原理。如果怀疑这两条原理，那就什么事情也做不成了。自1958年在国有企业上班起，16岁的胡志勇就经常参加厂内党组织的学习活动，还记得毛主席的这段话当年被刷在墙上，谱成歌曲。

习近平总书记用更为形象的词语表达了党与群众的关系，他说："党群关系是同心圆，党是核心。"

如果我们忽略或放弃"相信群众、相信党"这两个原理和"党群关系是同心圆"这个"圆心"的话，困难打不倒我们，我们却可能被自己打倒！

胡志勇牢牢记住了毛主席"相信群众、相信党"的教导，这让他在工作中更加充满信心，遇到事情能做到心明眼亮，23岁时就获得了"双革积极分子"荣誉，1983—1985年担任事业部二部主任时的一些经历让他受益至今。

**改造群众，相信并依靠群众——与"小丑"交朋友收获信任**

20世纪80年代中期，胡志勇被任命为航空工业部"634"所通用机械事业部二部主任。

他所在的事业部有一名员工，在工作中经常出一些"幺蛾子"，大家管他叫"小丑"。当时，胡志勇刚上任事业部主任，好多同事都替他担心：那个没谱的"小丑"谁都管不住，他能管得住？

胡志勇相信群众是可以改变的。当时他专门抽出业余时间，主动找"小丑"交心，一起谈话，交流彼此的想法。经过几次谈心后，"小丑"被胡志勇的做法感动了，有一天，他主动找到胡志勇并表态："主任，你放心吧，我知道我这个人一身坏毛病，以前在工作中老是调皮捣蛋，我保证今后改正，绝对不给你添乱，你说怎么做咱们就怎么做……"后来，他们成了交心的朋友。以后的工作中，"小丑"不但不捣乱，还经常积极主动倡导大家好好工作。其他人看"小丑"都那么积极上进，也都跟着好好干了。

胡志勇认为：怎么去做好，是一个习惯，对群众来说无所谓，但作为领导，相信群众非常关键！首先确定跟群众是平等关系，好朋友关系，假如处得更深一层，就是亲情关系。没有做管理工作时体会不深，担任事业部主任后，他对"相信并依靠群众，平等对待下属"的体会非常深刻。

**把群众的困难视为自己的困难——竭力为同事争取分房福利**

在工作和生活中，胡志勇总是把同事当作自己的兄弟姐妹来看待。在他眼里，领导取得的成绩并不能说明个人能力有多强，而是取决于基层员工，只要大家愿意跟着自己干，各自做好分内工作，就没有什么克服不了的困难。

20世纪80年代，福利分房是计划经济时代特有的一种房屋分配形式。1985年，胡志勇所在单位也有给员工分房这项福利，并有一套考评体系（根据级别、工龄、居住人口辈数、人数、有无住房等条件进行评分），但因房屋建得少，符合分房条件的人却很多，所以有的困难能解决，有的就解决不了。

当时所里有一名老电工，1958年参加工作，一米八的大高个，是电工骨干，也是胡志勇的下属，大家都知道他家里十分困难，但分房委员会公布的分房名单里却没有他。老电工很沮丧，对待单位安排的工作任务也没那么积极了。

胡志勇得知这个情况后，认为他应该亲自到老电工的住处去看看困难程度。随即便骑着自行车专程来到了数十里外的老电工家。一进门，他当场愣住了——一间不足8平方米的房子，确切来说就是一个棚子。他一边环视一边问老电工："你们夫妻二人和上中学的女儿一直挤在这？"老电工看了看他，有点羞涩地说："靠墙边的这两块木板，是我的床铺，白天太占地方就收起来，晚上再搭成床铺；这是我们全家人吃饭的小木桌……"他看到老电工一家人生活在这么局促狭小的空间里，心里很难过，并暗想要为老电工争取福利分房！

从老电工家返回后，他连忙找到分房委员会的工作人员，如实反映了自己看到的老电工家的实际住房情况，而分房委员会的工作人员给他的答复是：这次分房轮不上这位老电工！胡志勇认为他们这样做不合理、不公平，当场便与工作人员急红了脸。接着，分房委员会把这件事反映给了所里的领导，所里党委书记亲自找到胡志勇，他便详细汇报了关于争执的前因后果及老电工的实际住房困难，党委书记听后对他的做法表示理解和赞同。最终，分房委员会为老电工分了一套两居室。

"老电工分到福利房了，胡主任真是好样的！"这个消息在事业部迅速传开了。胡志勇的做法，感动老电工的同时也感动了其他同事。同事们都认为"主任真是贴心，真心为员工解决最迫切的困难"。

在担任事业部二部主任的三年间，他还经常和员工谈心，一起梳理图纸、选择产品，在工作中与同事相处得很融洽，心情很舒畅。在大家的同心协力下，事业部做出了不凡的业绩。谈到这些成绩，胡志勇总结道："领导者心里要装着群众，要为群众多办事，办实事，这样大家愿意跟着你干，就没有什么克服不了的困难。"

"作为一名领导者，要真心为群众解决实际困难；而不是高高在上，光让大家干活，不给他们解决困难。只有把员工当作自己的兄弟姐妹，处理好每个人之间的关系，才能最大限度地激发每个员工的潜能，从而做出成绩和业绩。"胡志勇如是说。

**重视群众　打好群众基础　凝心聚力共前进**

自从走上管理岗位，胡志勇一直坚持"从群众中来，到群众中去"的群众路线，充分尊重群众，重视并满足群众的实际需求，全心全意为群众服务，积累了广泛的群众基础。对于管理者来说，动员会就是统一思想、建立信心、扫除未来障碍的过程。管理者要充分认识动员会的重要性。

20世纪80年代，胡志勇完全接受党的领导，主动学习党内很好的做法，开展任何工作之前都要开一个动员会。开这个动员会的目的就是要交底，把可能遇到的问题提出来，明确目标，确定努力方向，把大家的积极性调动起来，号召大家拧成一股绳往前进。

在创业过程中，胡志勇的这个体会也非常深。他认为，作为一名管理者，首先要平等看待每个员工，遇到事情时，首先要把你的出发点告知大家，这样大家会主动思考自己能够去做哪些工作。其次，管理者把位置摆正了，把关系处理好了，开展工作时就肯定能让大家变被动为主动。领导心中有员工，员工自然会主动去做领导安排的工作。领导布置完工作后，下面的人是仔细思考、认真去做，还是马马虎虎，甚至带有抵触心理去做，结果是完全不一样的。

胡志勇在创业过程中也经常开动员会，事先跟大家交底，说明"为什么、做什么、怎么做"，目标明确了，认识统一了，事情就好办了。他认为做工作不是一个人单枪匹马做，而是要团结和依靠群众，组织全体人员共同前进，达成目标。他一直坚持按照这个思路和方法来做，创业过程虽有坎坷，但大方向还是不错的。

胡志勇说："对创业者来说，要相信党和国家，相信各项方针政策，相信群众，任何一个时期都存在大的宏观调控，任何一个企业都需要战略选择，作为一个企业，目标定位要跟国家行业形势保持一致，这样企业才不容易走弯路，在前进的道路上坎坷会少一些。"

## 三、提升价值　超越自我

蛹因为不安于现状，追求高远，才会脱壳而出，化为翩翩飞舞的蝴蝶；苗因为不安于现状，追求高远，才能在岩石缝中扎根，开出艳丽的花朵；鸟因为不安于现状，追求高远，才能有飞越太平洋的毅力，最终拥有一个幸福的家庭。万物因为不安于现状，追求高远而创造更美好的世界。

胡志勇因为不安于现状，追求高远而创立了富乐科技公司。

**兼职"星期日工程师"　打开创业之门**

第二十届中国上海国际艺术节演出的原创话剧——《星期日工程师》，是 2018 年改革开放 40 周年的献礼之作，主要回顾了前辈们在改革开放之初的艰辛与坚定，歌颂了他们为迎来国家的复兴不惜牺牲、勇于开拓的时代

追 求

《星期日工程师》剧照

精神。

该话剧根据真实事件改编，讲述了改革开放初期，国有企业的工程师韩琨利用业余时间，帮助濒临倒闭的社办企业起死回生，为国家填补技术空白，却因为接受已被批准的报酬而被扣上了"受贿"的罪名。基层党员干部刘正贤、正直记者谢军等坚信"解放思想，实事求是"的人们仗义执言、艰难相助，最终不仅为韩琨洗刷了冤情，还为中国知识分子卸去了"一副沉重的枷锁"。

20世纪80~90年代，不仅上海乡镇企业活跃着像韩琨一样的一批兼职"星期日工程师"，北京也出现了"星期日工程师"。

出现这个现象的背景是：改革开放初期，一边是国有企业科研任务少，员工上班没工作干，一边是很多精明而大胆的农民在一穷二白的基础上创办了企业，乡镇企业和民营企业迅速崛起。但是新兴企业的技术力量很薄弱，不少乡镇企业面临很多技术难题。当时，北京市科学技术委员会、北京市总工会、北京市乡镇企业局迅速把目标聚焦到国有企业的科技人员身上，并组织了一大批科学技术人才加入"星期日工程师"队伍。他们在宣武区（现已并入西城区）办公，每周末开展一至两次集中活动，主要任务是为北京市各乡镇企业和小企业提供技术服务、解决技术难题，同时相应获得一些报酬。

20世纪80年代中期，胡志勇所在的国有企业因国家对军工投入减少，军工科研项目几乎没有，企业只能转型自谋出路求生存，工作时间员工均是等待工作任务的状态。作为单位的技术骨干，胡志勇被北京市科学技术委员会聘为"星期日工程师"。1987—1994年退休前这一阶段，胡志勇在完成本职工作的前提下，利用星期天和其他休息时间竭尽全力帮助乡镇工厂攻关技术，将自己的技术贡献给乡镇企业、民营企业。

当时，怀柔区的一家乡镇企业——富乐汽车厂与石家庄一家汽车厂合作开发胜利牌小面包车，胡志勇作为骨干技术工程师，主要负责对英国的吉普车样品进行测绘、设计、计算数据,并组织北京市汽车专家进行论证。

这段汽车研发的经历,让胡志勇感受到个人所学、所掌握的知识可以创造更大价值,为社会创造财富。这种知识被尊重、被敬仰的感觉让他觉得非同一般。兼职"星期日工程师"期间,他结识了众多乡镇企业、乡村企业的领导和各行业的企业家,扩展了人脉,也积累了丰富的技术经验。

**超越自我　决心走创业之路**

1992年,胡志勇在工作之余一直给304医院开发外固定架,经常骑着一辆破旧自行车穿梭于北京城的大街小巷和郊区的乡间小路。

1993年,一个机会出现在他面前:怀柔富乐汽车厂的领导找到胡志勇,希望他凭借自己的技术优势、市场优势和管理优势,成立一个技术研究所。这让一直在国有企业工作接近退休的胡志勇犯难了,是安于现状,还是打破原有的安逸生活,去追求更有意义和充满挑战的生活?这个两难的问题常常困扰着他:国有企业没有风险,工作稳定,吃穿不愁,但在当时的大环境下,没有项目做,缺乏成就感,这不是自己想要的生活。跳出舒适圈,发挥个人特长,闯出一片新天地,创造更大的社会价值,这才是他内心真实的想法。

贴心的爱人高慧贞深知胡志勇现在的难处,她知道丈夫想的不仅仅是他个人和家庭,更多的是为国为民……她鼓励丈夫:"我知道你想干事业的心,你就放心大胆地去干吧,咱们全家大力支持你!"母亲也表态:"从小你就能吃苦,学习能力强,又肯钻研,爱动脑筋,现在积累了这么多的实践经验,相信你能干出一番事业,出人头地。"

家人的鼓励让胡志勇下定了决心——创业!

他将自己的创业打算第一时间向单位时任党委书记如实汇报。让胡志勇欣慰的是,党委书记当场表示赞同,还鼓励他:"有能力就要发挥出来,为国家、为社会做出更大的贡献!"

**成立富乐研究所　走上自主创业之路**

因外固定架业务往来需要接收支票、开具发票,再加上怀柔富乐汽车厂经营管理提升的需要，1993年9月26日，胡志勇向北京市工商局怀柔分局提交注册申请，注册了北京市富乐科技开发研究所（富乐科技前身），性质是个体户经济，注册资金3万元，注册地址在怀柔富乐汽车制造厂内。

从此，胡志勇真正"下海"了，走上了自主创业之路，也由此开始了漫长的企业经营之路。

"我'下海'有两个优势：一是有个小木船保佑着我，可以向前划行；二是我从童年时学会了游泳，对水有了一定的认识，所以'下海'对我来说风险相对较小。但毕竟是'下海'了，我必须掌握自己的命运，创造自己在社会上存在的价值。我相信我有能力、有智慧为社会做出一些贡献。"胡志勇这样说。

# 第三章
## 艰辛创业　起航

创业之初，胡志勇在探索中前进。因一个意外事故，他走上了自主研制外固定架之路，并掘得富乐第一桶金！

21世纪初，因一次行业座谈会，富乐面临"大洗牌"！因一个细则，富乐面临"大挑战"和"大抉择"！

胡志勇凭雷厉风行的做事风格，带领平凡的富乐人创造了奇迹——富乐新厂区在平谷区马坊镇拔地而起，富乐以新面貌驶入飞速发展的车道！

## 一、自立自强　艰苦奋斗　在探索中前进

中华人民共和国就是依靠自力更生建立起来的，中国人民取得的一切成就是依靠自力更生奋斗出来的。胡志勇深知，想发展就要靠自己苦干实干，不能寄托于别人的恩赐。但是，独立自主不是闭关自守，不是盲目排外，而是要学习先进，不断吸收先进成果，只有这样才能真正做到自立自强。

每个白手起家的企业家回首他们的创业过程都会感慨万千，他们背后付出了多少艰辛、汗水和泪水，遭受了多少冷眼、创伤和挫折？对于创业早期的艰苦，胡志勇记忆犹新。其实在下定决心要干事业的时候，他已经做好了吃苦的准备。创业初期主要有三项业务：研制汽车、无土栽培芽菜、研制医疗器械。

**果断放弃汽车研制**

20 世纪 90 年代初期，胡志勇在富乐汽车厂研制"W"汽车，这辆"W"汽车是英国的一款战地吉普车，在中印战争时期被误投放到中国阵地。胡志勇先是对它进行解剖，解剖完以后再研制，这些工作都是利用业余时间来做的。同时，他作为汽车厂的技术工程负责人，主要研制汽车减速器，减速器是汽车的主体，很关键，用富乐汽车厂厂长的话来说就是："如果能把减速器研制成功，再安四个轮，装个方向盘，就是汽车。"胡志勇认为，汽车制造投入资金太多，又需要大量人员，并且国家对汽车制造行业管控得特别严格，当时国家明文规定只允许国有企业开展汽车研制，不允许个人开展。受到诸多因素的影响和制约，他决定放弃汽车研制，不再继续投入精力。

**适时终止芽菜培植**

民以食为天，食以菜为先，蔬菜是人们生活必需的产品，由于其具有易腐烂、季节性、区域性等特点，决定了蔬菜在贸易中的特殊性。20 世纪 70 年代的邦交正常化为中日双边贸易发展创造了政治条件，中国的改革开放也

第三章 艰辛创业 起航

为中日蔬菜贸易提供了良好的基础，中日蔬菜贸易、种植呈现迅速增长势头。80年代末，中华人民共和国国家科学技术委员会和日本国际协力事业团将无土栽培列入中日两国政府的科技合作计划，在北京成立了中日蔬菜中心——中日长青开发有限公司。1989—1993年期间，胡志勇有幸成为该中心的技术干部，担任蔬菜中心温室工程负责人，期间他亲自设计工程图纸，在骄阳下测量尺寸，现场指导工程建筑人员安装、调试。

1989—1993年期间，胡志勇担任蔬菜中心温室工程负责人，现场指挥、安装

1994年8月，胡志勇在北京南五环小郊亭租了一个院子，投资2万余元，把院子改造为温室培植厂房，用来种植芽菜。当时公司由他和庄小霞一起经营，他负责调配、栽种、管理工作，庄小霞负责种子和营养液采买、播种、浇水、采收、温室卫生、芽菜销售工作。

芽菜种子和营养液需要到中国农业大学购买、采集，中国农业大学和小郊亭相距几十公里，当时没有公交车直达，庄小霞只能骑自行车，往返一趟需要6个多小时。她回忆说:"骑自行车驮回来一大麻袋豌豆种子,感觉只有一个字:累!不过我只是身体上累,多出点汗,睡一觉第二天接着干,但是胡工就不一样了,他除了调配、栽种这些技术活,还要考虑开拓市场……"

胡志勇和庄小霞用营养液培植的无土芽菜

芽菜种植好,要销售出去,主要由庄小霞骑自行车配送到香格里拉、王府饭店、前门饭店等北京的各大酒店。

1995年上半年,胡志勇在成寿寺扩建了几百平方米的芽菜培植厂。高产量是水培的一大特色,因为对泥土依赖小,芽菜可以全年无休地生长和收获,产量极高。当时国内人民生活水平不高,这些芽菜有价无市,除供应给北京各大饭店的国外游客,没有其他消费市场。水培成本高,效益低。1996年初,胡志勇决定以承包形式来管理温室芽菜,后来因一直没有广阔的市场需求,终止了对该项目的投入。

**全力投入医疗器械研制**

研制医疗器械最困难的是,公司刚成立,处于"三缺"状态:一缺资金,二缺办公地点,三缺核心团队。当时,胡志勇坚持量入为出的原则,尽量减少投入。

1990—1994年,北京东城沙滩南巷的家成了他测绘、画图、组装调试、联系业务等的办公地点。

期间,付出有两方面:体力付出和脑力付出。体力付出虽然辛苦,但比较简单，就是骑着一辆自行车往返于医院、外协加工点、办公地点（家），外固定架在协作厂加工完之后，胡志勇独自一人蹬着自行车驮回家里再组装调试。一天下来，经常有大半天时间都奔波在外，体力付出常人难以想象。

体力的消耗经过休息很快可以恢复常态，脑力付出就比较复杂了。从外固定架产品设计开始，绘制图纸、结构分析图、制定工艺、外协跟产、组装调试、编写产品使用说明书、亲手画产品宣传图册，到临床跟台、销售推广，现在需要全公司300多人联合才能完成的任务，当时胡志勇一个人就能出色地完成。这完全就是一个奇迹！他简直就是一个超人！

1994年，胡志勇在家绘制外固定架图纸

1994年，胡志勇在家办公，联系业务

慢慢地，胡志勇出名了，骨科界越来越多的医生和专家都慕名找他帮忙，自行车也成了陪伴他往返于这些专家所在医院的忠实伙伴。

有一次，北京小儿麻痹矫形医院的秦院长约胡志勇到他们医院。他要骑行几十里，一路骑一路问才能到达。他和秦院长一起研究小儿麻痹的骨骼治疗方法，设计专用的医疗器械。在周末休息时间，北京儿童医院的骨科主任也经常约胡志勇去他家商谈小儿骨伤的治疗。胡志勇总是提前到达，两个人面对面商讨研究特殊医疗器械的设计制作。商讨研究结束以后，胡志勇回家进行设计，然后落实到加工点加工，加工完成后马上由专家研究、试用、提出问题，再做改进。

当时技术攻关、科研合作、图纸设计、生产、货物的运输、销售等都由他一人来完成。胡志勇说："只要患者和医院专家有需求，不管多远，不管多难，我都义不容辞，有求必应。"

胡志勇在家里钻研小儿骨伤医疗器械的设计与制作

经过几年对医疗器械的研发、试制，胡志勇认为，一方面医疗器械可以自己设计，自己组织生产，投入小、涉及的面还没那么广；另一方面，当时国内医疗器械行业刚刚起步，行业内的企业还比较落后，一般做钳子、剪子之类的器械，骨科产品几乎是空白，市场的"空档"有其广泛的空间，无穷的潜力，骨科新产品市场缺口大。他对骨科市场的发展前景很看好。1994年4月，胡志勇运用"空档经营理念"开辟了别人还没有注意到的外固定架领域，开始了自主创业之路。

空档经营理念：打排球，寻找"空当"下手，往往能奏效。跑市场，善于钻市场的"空子"，打市场的"空当"，可称得上是一条上策。

市场的空间是没有"围墙"的，市场的需要是五花八门的。其"空子"到处存在，其"空当"随处可觅。有市场空缺的新产品，有被忽视的销售招数，有经营地盘中没被发现的角落。

古人曰："动莫神于不意，谋莫善于不识。"市场竞争是公平的，也是铁面无情的。能不能钻出"空子"，打进"空当"，需要你使出一定的商战谋略。比如就实避虚，避开强手的锋芒，另辟用武之地；比如捷足先登，看准了可乘之机，就争分夺秒打出去；又如出奇制胜，在激烈的市场竞争中，如能出人意料推出奇招，就能胜人一筹。只要看准了这个空当，钻进这个"空子"，定能领略无限的风光，定能品尝胜利的甘甜。

**富乐研究所变身富乐科技　连续两次变更营业执照**

1993年12月29日，中华人民共和国第八届全国人民代表大会常务委员会第五次会议通过《中华人民共和国公司法》，自1994年7月1日起开始施行。在办理富乐科技开发研究所营业执照工商年检业务时，胡志勇认识了北京市工商局怀柔分局的一位科长，他介绍说《中华人民共和国公司法》已公布，建议胡志勇成立公司。当时注册服务型公司需要注册资金5万元，注册生产制造型公司需要注册资金50万元，注册成立公司需要胡志勇办理退休手续。

第一次变更：富乐研究所变更为富乐科技

由于没有足够资金，胡志勇考虑先注册一个服务型的公司。1994年4月26日，注册成立北京市富乐科技开发有限公司，经营方式是技术服务，业务包含医疗器械、汽车设计、生物环境工程等，经济性质是私营有限责任公司，注册资金5万元。同时，胡志勇开始积极办理退休手续，他向时任"634"所所长提出退休申请，并获得批准，1994年6月1日正式退休。

富乐第一版营业执照

胡志勇与原"634"所所长合影

当时和304医院合作研发的外固定架骨针想要取得注册证，由于富乐公司经营范围是咨询和研究设计开发，不包含生产制造业务，而三类产品注册证必须是生产型公司才可以拿到，所以胡志勇考虑必须进行工商变更。

第二次变更：经营方式由技术服务变为生产制造型

在北京市工商局怀柔分局的支持和指导下，胡志勇做了很大努力，将公司经营方式由技术服务变更为生产制造型。主要有两项准备工作：一是通过原北京市怀柔区环境保护局①（以下简称环保局）审批；二是准备注册资

---

① 现为北京市怀柔区生态环境局。

金 50 万元。胡志先到怀柔区环保局，向环保局科长说明了变更营业执照的想法和目的，得到了大力支持，最后顺利通过环保局审批，取得环境影响评价批复文件；接着他又到北京市工商局怀柔分局，在科长的推荐和指导下，请怀柔某会计师事务所两名工作人员到公司现场进行审计，对公司所有资产（含现金、在制品、产成品、加工设备等）进行估价评定，终于凑齐了 50 万元注册资金。1996 年 6 月 28 日，取得了变更后的企业法人营业执照，标志着富乐科技成为生产制造型公司，即现在的北京市富乐科技开发有限公司，企业类型为有限责任公司。

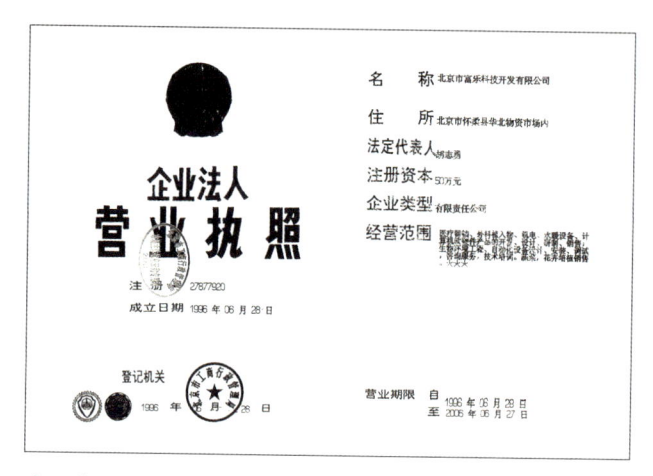

富乐第二版营业执照

了解了公司创立初期的两次变更过程，可以明确北京市富乐科技开发有限公司（简称：富乐科技）成立于 1994 年 4 月 26 日。每逢周年庆贺之日，都是富乐人最为欢庆的日子！

## 二、富乐第一桶金的由来

中国有一句老话：顺势者昌，逆势者亡。

顺势者，生命舒展勃发，即使凡人也可能成就大事；逆势者，生命蜷曲枯萎，即使伟人也可能面临失败！

当你抓住时代的脉动、掌握发展的趋势，再加上因势利导，那么你所做的一切就能顺理成章，水到渠成，当然也会因此而事半功倍。

改革开放初期，"下海潮"一时兴起，国内很多领域都有空白，加上作为"星期日工程师"服务于北京各乡镇企业，胡志勇积累了精湛的技术和广泛的人脉。在这样的大好形势下，他充分发挥个人聪明才智，紧紧把握时代脉搏，经贵人启发和引导，自主研制外固定架产品，为富乐掘得第一桶金。

**富乐首个外固定架诞生——缘于一个"事故"**

1993年春天的一天，胡志勇原单位一位同事的儿子因淘气偷偷爬上了楼梯栏杆，不小心摔了下来，摔断了手腕。同事急忙带孩子去医院骨科就诊，当时接诊的是侯主任，经过检查后，他给出了治疗方案：通过打石膏的方式做固定治疗。但打石膏有两个问题：一是不好看，二是石膏容易错位。第二个问题是家长最担心的。

同事也很担心打石膏的治疗方法能否很好地康复，于是向侯主任咨询是否有其他治疗方法，侯主任说他有一个国外的外固定支架，并介绍："这个架子是意大利生产的，它是当前治疗小孩手腕的最好方法！用它固定后，孩子的手形不会变化，且能直接接上，但国内目前没有外固定架，只能采取夹板、石膏的方法。"侯主任显得有些无奈，问道："你是做什么工作的？"同事回答说："我是从事航空服务，搞工艺的。"侯主任满怀期望地问道："你能仿照做一个吗？"同事仔细看了看并答应："我自己想办法试试。"

同事随即找到胡志勇帮忙。他俩把这个外固定架仔细研究了一番，胡志勇说："这个架子结构比较简单，我可以试试看！"回到加工点后，他立即开始研制这个外固定架，从尺寸到结构，他反反复复测量了许多遍，仅用两三天就做出了四五个一模一样的支架。

当这几个外固定支架放到侯主任的办公桌上时，侯主任诧异地说："这些目前进口十分困难的精密支架能在这么短的时间、在中国就能制造出来，简直让人难以相信！"侯主任当即拿去试用，结果更是让他惊讶不已——这些支架非常适用，操作方便，而且质量也相当不错！

**集资研发首批外固定架**

侯主任对胡志勇初次研制的外固定架非常满意,希望有更多的国产外固定架用于骨折手术的治疗。一方面是出于对制造的热爱,另一方面是出于对医生的尊重,胡志勇提出希望能和侯主任合作研发制作外固定架。这个提议当场得到了侯主任的赞同。

仿制骨科外固定支架,对于刚刚起步的富乐来说,简直就是天大的好事。面对这样的大好事,胡志勇却犯了难:没有启动资金,没有钱,说什么也是白搭。他心急如焚,四处筹措资金,但在那个大多数人还比较贫困的年代,周围的亲戚朋友都没能力借钱给他。

侯主任知晓此事后,当即组织医院骨科的医生和护士凑了2万元交给了胡志勇。有了这笔资金,胡志勇开始亲自设计画图、找外加工点、跟产、组装、调试,完成了50套外固定架,满足了当时医院的临床急需。

这一批外固定架得到了侯主任和医院骨科医生的一致好评,他们根据使用情况向胡志勇提出了一些很好的改进意见和建议,为富乐外固定架的发展提高打下了良好基础。

**为填补国内空白　开始自主研制外固定架**

随着一批批外固定架的成功研制,侯主任对胡志勇了解得更深入了,同时也被他精湛的技术、一丝不苟的作风、诚信严谨的做事风格深深地吸引。后来,他与胡志勇进行了一次深入交流,分享了国际国内骨科医疗行业的形势:我国平均每天发生交通事故695起,受伤人数达408人以上,全国每年大约有14.8万人受伤,这些病人急需骨科外固定支架,但国内几乎没有,也没人能做,只能从国外进口。虽然世界各国的医疗器械,特别是骨科外固定支架发展都很快,但进口产品不仅价格昂贵,而且进口量非常少,很多患者不是找不到合适的支架,就是支付不起高额的费用。他鼓励胡志勇从事骨科医疗器械的研制:做医疗器械不仅对我们国家医疗行业发展很有利,而且能帮助病人摆脱病痛的折磨,这不仅是一份慈善事业,更是一件利国利民的大好事。因为有着共同的目标和追求,胡志勇听从了侯主任的建议,开始走上了自主研发外固定架的道路。

**富乐外固定架首次亮相获捷报**

经侯主任介绍，1994年10月，富乐科技作为独立法人参加了全军骨科技术研讨会，这是富乐科技自主研制的第一个外固定架产品首次亮相。在研讨会期间，胡志勇详细讲解了外固定架产品的结构、功能、开放性骨伤使用的优点、预期治疗效果等，结果引起骨科医生的广泛关注。许多参会的骨科专家、医生在展台前交流着："这个支架是国外哪个厂家的？还是哪个合资厂家的？""这种支架的质量档次很高，是目前市场上从未见过的！""这应该是一个大厂研发的支架，咱国内只有夹板、石膏，国内厂家没有能力研制出这种支架"……参会的众多专家对这套"国产外固定架"非常感兴趣！他们纷纷下单订货，当场就签订了24万元的订单。每每回忆起来，胡志勇的喜悦之情溢于言表，"是侯主任帮了我们富乐的大忙！"

自此，富乐外固定架轰动全国骨科界，各大医院、经销公司纷纷来电咨询订购，包括全国著名的北京积水潭医院、北京儿童医院、北京大学第三医院、空军总院、301医院、514医院、辽宁阜新医院、甘肃省中医院、昆明总院等众多医院。1994年，富乐科技销售外固定支架及各种辅助器械共370套件，手术均取得成功，外固定架产品质量达到了国内领先水平，当年总收入达33.6万元，这是富乐在商海搏击中掘得的第一桶金！这类型产品填补了国内空白，之后胡志勇又创新了一系列外固定架产品并获得了专利。

**外固定架广受欢迎　决心扩大经营规模**

随着工作的逐步开展，1994年秋天以后，一些专家认为新型的外固定器械非常好用，尤其是对于开放性骨折，钢板和打石膏效果都不好，利用外固定架的治疗方法解决了很多疑难问题。外固定架在骨科界受到了非常热烈的欢迎，市场需求也越来越大。因为有了前期的宣传和认识，又抓住了市场的空白点，经历了了解、认识和使用的阶段，胡志勇和他的外固定架产品被越来越多的专家知晓和认可，例如北京大学第三医院、积水潭医院等国内三甲医院的骨科专家都主动打电话联系胡志勇，要求供货给他们。根据实际需求，胡志勇在 1995 年下半年开始筹划建厂，扩大生产规模。

翻开胡志勇的工作记录，他在 1995 年 7 月 14 日记录了对"追求"的阐述：

富乐人的追求——在坎坷的人生道路上寻求自身价值，勤奋、拼搏、兴我中华、事业有成。

企业的追求——在激烈的市场经济竞争中寻求自己的位置（产品新颖、高质量），开拓奋进，励精图治。

读完胡志勇对"追求"的解读，我们了解到他创业初期的坎坷和艰辛，也从他身上汲取了敢想、敢干、敢闯、敢试以及自强不息的精神力量。胡志勇经历了全年无休息日的劳苦奔波；经历了独自一人设计、生产、销售外固定架的超负荷劳动；经历了销售芽菜遭人冷眼的波折；经历了经济拮据和无数个不眠之夜的煎熬……苦难岁月磨炼的坚强意志和攻坚克难的艰辛奋斗换来了外固定架产品由鲜有人知到小有名气，胡志勇由默默无闻到被众多骨科专家赞誉。事实证明，创业路上无捷径，一路披荆斩棘，一路脱胎换骨，熬过创业的苦就能尝到成功的甜。

## 三、行进在行业发展的最前沿

"莫道君行早，更有早行人"。成功的背后，是一次次"早行"的勤奋，是由不轻易停歇的努力所养成的运气。

不了解胡志勇经历的人，觉得他的运气实在太好了。胡志勇却认为，"从事骨科植入医疗器械研发，不能坐等'天上掉馅饼'，要做一个勤奋、热情的脊柱拓荒者"。所谓的运气，其实是他多年的技术积累、居安思危、勤奋、热情、敢为天下先和系统的规划等成功企业家所具备的能力的体现。

### 转战脊柱行业　立志振兴中华骨科

据胡志勇介绍，1994—1997 年，富乐科技生产的外固定架年均增长率达 30% 以上，因质量好、服务好，一直备受市场青睐。但他并没有被胜利冲昏头脑，而是凭着敏锐的洞察力和预见能力抓住了绝处逢生的机会。胡志勇平时除负责公司研发、生产、质量等管理工作外，还经常与销售人员交流，了解市场动态，正是对周围事情经常关注的做法，练就了他超凡的洞察力。早在 1998 年 1 月，胡志勇便谋划开发新产品：内固定产品、空心固定钉、加压钉、人工关节、配套器械。1998 年下半年开始，把研制新品——脊柱产品作为富乐科技的发展重点。

**居安思危　正视困难　谋求新出路**

1998 年是富乐科技比较困难的时期。当年，祖国大江南北的外固定架生产厂家增长到十多家，因国内当时对知识产权的保护意识还不强，不管有无注册证都可以生产，排他性、不道德竞争占上风，市场上低价低劣品、无证产品涌现，各厂家打起了价格战，导致富乐科技的利润几近为零，公司生存和发展成为突出问题。"企业要发展还是就此不干？想干，该怎么干；不干，又怎么办？"这些问题时时萦绕在胡志勇的脑海中。

1998 年 11 月，胡志勇参加了在广州召开的第七届全军骨科学术大会暨 SICOT 国际骨科学术研讨会。会上有 6 家国外企业展出钛合金脊柱产品，而国内企业却没有此类产品展出，胡志勇暗想：这是不是富乐生存发展的一个好机会？

1998 年 12 月，胡志勇认真分析了当时公司内外形势：从外部来看，外固定架市场出现"劣币驱逐良币"的现象，致使富乐科技很被动；从公司内部来看，富乐科技是站在市场前沿、主动策划，还是被动应付，他认为这是公司的战略战术问题，当前到了关键时刻。一方面，胡志勇分析了公司的竞争力：一是弹药储备丰厚；二是占有了一定的市场份额；三是用户对公司的产品及服务有一定的信任感；四是有 304 医院的医学前沿支援。另一方面，胡志勇计划新品要在 1999 年上半年开始进行批量生产，下半年大批量进入市场，进行产品全面更新。

"机遇是争来的，不是等来的；一切难题，只有在实干中才能破解；一切机遇，只有在先干中才能把握；一切美好愿景，只有在快干中才能实现。"

胡志勇决心要带领富乐人正视困难，采取行动，绝不能错过研制脊柱产品的好时机。

**抢抓机遇　主动热情　连接名专家**

304医院的实验室是骨科医生专家进行学术研讨的场所，见证了1992—1998年胡志勇和侯主任合作研制外固定架的点点滴滴。这个实验室是除了公司以外胡志勇经常去的地方，也是他那6年间最喜欢去的地方。因为在这里他可以与骨科专家一起探讨学习、交流沟通手术治疗和器械使用的一些问题，这里有国内最前沿的骨科资讯。这个实验室无论是对于胡志勇个人还是对于富乐科技，意义都非比寻常。与骨科专家沟通交流后，胡志勇再进行改进和设计，然后带着改进思路和设计草图返回公司后绘图、施工，亲自跟产。就这样一天天重复着，很累也很苦，但胡志勇仍然热情十足！

304医院第三科室是脊柱科室，史亚民是当时这个科室的骨干主任，他医疗技术精湛、善于创新、始终追求精益求精，一直在寻找"医工结合"的伙伴。胡志勇在实验室全神贯注绘图的样子，在手术室不知疲惫、精神抖擞的样子，史主任看在眼里，记在心里，他非常欣赏胡志勇刻苦钻研的精神和勤奋踏实的作风。1999年元旦前的一天，胡志勇正在实验室专心绘图，一个身穿白大褂的医生走到他身旁，他就是史主任。他默不作声地站在工作台前，直到胡志勇抬起头来，才把随身带的一把骨科手术工具递给胡志勇："这是进口的，国内买不到，你能帮我做一个吗？"史主任是国内骨科行业的顶级高手，胡志勇明白这是和史主任合作的好机会！"国外能做出来，我们自己也能研制出来，总不会比歼-7、歼-8还难吧！"胡志勇这样想。"您的困难就是我的困难！我保证给您做出满意的手术工具！"他热情而坚定地说。随即拿起尺子和笔就测绘起来，测绘完成后马上骑着自行车返回公司。

胡志勇召集公司全员开紧急动员会，一方面统一思想和认识，另一方面告诉员工这次机会很难得，关系到公司的发展大计。号召大家加班加点，严把骨科手术工具质量关，做好复检，要在最短的时间内交付产品！

胡志勇带领工人们埋头加班干，画一张图，就转给车间一张图……员工铆足干劲突击生产。就这样，富乐科技全员齐心协力连夜奋战，第二天上午，胡志勇就赶到医院，把新做好的脊柱手术工具交给史主任。史主任看这个工具既漂亮又符合自己的心意，震惊之余又欣喜不已。他对胡志勇说："你们公司这种雷厉风行的做事风格我很欣赏，你们就是我要寻找的合作伙伴！"从此以后，史主任每次使用国外器械做脊柱手术前，都会在实验室给胡志勇介绍每件器械的用途和使用方法，有时还让胡志勇到手术室观看手术，深入了解器械的使用方法。

听史主任介绍，脊柱侧弯是脊柱弯曲异常的一种常见类型，尤其是到骨科病房就诊的病人，到了手术阶段情况都很严重。脊柱侧弯对青少年的危害极大，除了外观问题（例如侧后方鼓起一个大包），还会对神经系统造成损害，压迫脊髓，导致无法行走；可能造成心肺功能异常，进而影响生命；还可能造成患儿心理和精神方面的问题。1999年，有一份有关脊柱侧弯中小学生普查的数据，广东26所小学的18329名学生（7~15岁）中，10度以上脊柱侧弯患者112例，患病率达0.61%；张光博等普查北京郊区20418名学生，发现脊柱侧弯患病率为1.04%；1988年，协和医院普查北京21759名学生，10度以上脊柱侧弯患者有230例，占1.06%；1999年，我国青少年脊柱侧弯患病率达0.61%~2.4%。按脊柱患病率1%估算，其中需动手术的按0.01%估算，全国总共也有几十万至上百万例，需要康复和轻微矫正的有几百万例。史主任讲述这些数据时有一种无奈，更多的是期待，他认为脊柱侧弯治疗对青少年的身体健康意义重大，希望富乐科技能向脊柱骨科方向发展。听到国内脊柱病患的惊人数字时，胡志勇内心久久不能平静，更让他感动的是史主任的那颗救治患者的善心。胡志勇认为治疗国人脊柱疾病是一件救死扶伤的大事，尽管这副担子很重，但他有责任挑起这副担子，把国家、医生、脊柱病患的需求作为个人追求的目标。

胡志勇和史主任互相砥砺，把对科学的追求融入振兴中华骨科的伟大事业中！

## 勇做国产骨科植入物的开拓者

开垦一片农田，种下一粒希望的种子，需要付出夜以继日的辛勤汗水，才能等到它结出丰硕的果实。在外人看来，这无异于一种徒刑，而对于垦荒者，这却是一种莫大的享受。

开荒是一种开创精神，热情是一种人生的财富，两者兼而有之，所向无敌。

### 敢为天下先　富乐首个脊柱钉产品临床试用成功

在1999年1月2日的日记中，胡志勇写道："庆祝新中国成立50周年、澳门回归，公司将以新面貌进入21世纪。""过去我们已达到了一点目标，现在我们正在拼搏着去追求，将要达到更高的目标。"

正是与史亚民主任的结识，让胡志勇带领富乐科技迈出了脊柱产品研制的第一步。好医生却没有好产品使用，面对这种"巧妇难为无米之炊"的困境，胡志勇敢于挑战、迎难而上的精神一下子被激发出来了：有条件要上；没有条件，创造条件也要上！我们一定要做出适合国人使用的钛合金脊柱钉！

早在1998年12月，胡志勇便跟原材料厂商了解钛合金TC4的化学元素、抗拉强度、硬度、金相组织、价格等；并仿制国外产品，初步设计脊柱样品。做出几种临床样品交给史主任，史主任试用完都会提出脊柱产品的设计问题。对于史主任反馈的问题，胡志勇会非常认真地对待，尤其是新设计的产品，医生做手术时他会全程跟台，观察了解产品使用情况。他认为只有这样，才能更精准、更深入地了解医生的需求。为了提供更适宜的产品，胡志勇除亲自到手术室跟台学习外，还自主学习脊柱解剖学、参加304医院的脊柱学术班，学习关于生物力学试验机的运行原理、模拟机（模拟人体走路、负重、冲击），查阅有关亚洲人体的资料，并找来工作人员现场测量，逐一核对，找相关数据，然后反复修图、交流，直到临床满意。

1999年2月2日，是富乐新产品脊柱钉首次临床试用的日子。胡志勇满怀期待，上午9点便跟随史主任进了手术室，直到下午2点手术才结束。手术很顺利，史主任对新产品脊柱钉的使用效果非常满意，他当即给胡志勇竖起了大拇指，两双手紧紧地握在了一起……新产品脊柱钉在首次临床试用中取得成功，让胡志勇成就感十足："自己研制的第一个脊柱产品不仅为医生提供了手术方便，更为患者解除了痛苦！""这份事业很有意义，我们要一直做下去，为更多的国内脊柱病患解除痛苦。"他的信念更坚定了。

**自主创新圆形脊柱钉　达到国际领先水平**

1999年2月13日（农历腊月二十八），春节放假后员工都回家过春节了，勤奋的胡志勇仍忙碌着，一早便坐公交车赶到304医院，和史主任探讨启动脊柱产品申报专利、修订图纸及配制整箱产品等事宜。

1999年春节过后，富乐科技第一个钛合金脊柱产品诞生了。这是仿制国外的产品，经过多次使用，史主任总觉得操作起来有问题：脊柱钉头是四方的，固定块两边是燕尾槽结构，连接操作很困难。

经过反复沟通和研究，胡志勇发现当时国外同类型产品的钉体大多是方形的，方形钉体不仅占据体内空间大、影响手术顺利进行，对病人身体的影响也很大，往往会增加不必要的痛苦，且加工工艺也复杂、成本高。

胡志勇从机械连接结构、强度和减少手术体内空间等方面进行分析研究，并向史主任提出改进建议：将四方形钉头改成圆柱形钉头。史主任听完后认为可以改改看。为了改良这种钉体，胡志勇亲自设计图纸，安排生产，将新改进的脊柱钉产品在力学机上做强度试验，不知熬过多少不眠之夜。一次次的改进，一次次的试用，并没有让胡志勇退缩，史主任也同样努力坚持着，每次试用后都会提出一些手术中出现的问题。胡志勇便针对问题进行改进，直至史主任认为没有问题了才上手术台……胡志勇追求精益求精，经过十多轮意见反馈—改进—再设计—再验证的努力，最终史主任认为圆柱形钉头完全满足临床需求，手术操作更方便了，手术时间也大大缩短了。

| 追 求

  1999年3月中旬，史亚民主任和胡志勇见面详谈申报脊柱产品三项专利的事宜，分别是单臂悬吊式提拉撑开复位脊柱钉、球关节式脊柱钉、矫形球形钉。1999年8月2日，富乐科技的钛合金脊柱钉成功申报专利2项。2000年4月28日，富乐科技获得腰椎滑脱复位内固定器专利授权；同年5月4日，获得脊柱侧弯矫形内固定器的专利授权！

*2000年，富乐产品获得的第一批实用新型专利证书*

圆柱形钉头的脊柱钉主要应用于椎弓根钉内固定技术治疗各类脊柱侧弯和后凸畸形，降低了医生的手术难度，也大大减轻了病患的痛苦。胡志勇研制的圆柱形脊柱钉帮助304医院骨科在脊柱严重畸形治疗方面积累了丰富的经验，治疗效果达到国内领先水平。随后，国内外厂家纷纷效仿，市场上的方形头脊柱钉逐渐销声匿迹了。直至今天，国内外骨科行业依然沿用圆柱形钉头设计理念和风格。

圆柱形钉头的诞生意味着富乐科技掀开了世界骨科行业的崭新一页！

钛合金脊柱钉产品专利申请完之后，胡志勇需撰写详细的产品使用说明

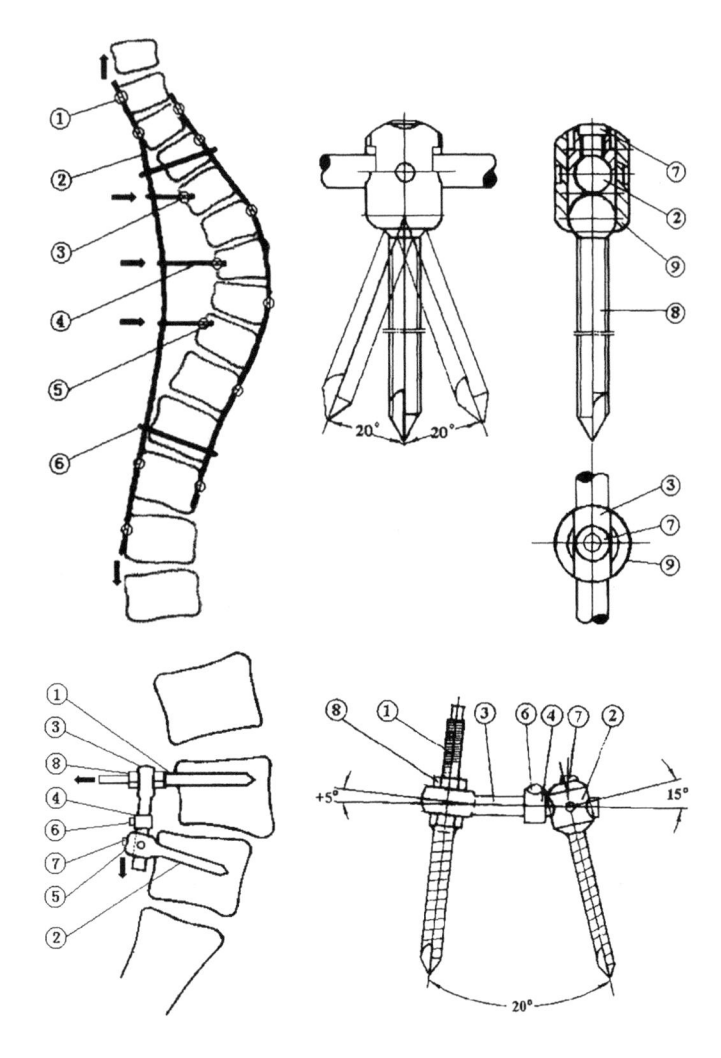

圆柱形脊柱钉设计图

书，并制作操作使用画册，一方面扩大产品宣传，另一方面也为医生手术操作提供方便。他先把说明书初稿写出来，手工画好产品结构图后经侯主任和史主任修改，然后用定稿制成宣传图册，这也是完善产品的一项工作。

还有一项重要工作是在产品上市销售前，原国家药品监督管理局（以下简称国药局）要对产品进行鉴定，经专家审定通过以后，才批准产品注册证。2000年12月，原国药局组织专家召开了钛合金脊柱钉产品鉴定会。原国药局对于本次产品鉴定会十分重视，因为钛合金脊柱钉在我们国家是填补空白的一个项目。此次产品鉴定会共邀请了五位国内顶尖专家进行评议审定，分别是积水潭医院时任骨科主任周乙雄、协和医院时任骨科主任王以朋、北京大学人民医院时任院长吕厚山、清华大学材料学院生物材料室首席专家崔福斋、北京工业大学材料与工程学院时任院长史耀武，304医院的史主任作为临床专家代表也参加了鉴定会。会上，专家们对富乐研制的钛合金脊柱钉产品十分认可，产品顺利通过专家审定。2001年1月，富乐科技取得原国药局颁发的FJ系列脊柱内固定系统注册证，这是国内首个钛合金脊柱钉注册证。

富乐首个钛合金脊柱钉试字号注册证

"优质高效，争时间，抢速度，说了算，定了干，干就干好，干就干成，干就争一流。"正是胡志勇的这种理念引导他带领富乐人填补了国内脊柱领域的空白。钛合金脊柱钉的试制、专利申请、产品说明书、使用画册、临床验证、产品鉴定、取得产品注册证等一系列的工作，为富乐科技奠定了向脊柱领域发展的牢固基础。富乐科技近30年来之所以在脊柱领域得到肯定，脊柱产品被广泛使用，钛合金脊柱钉的成功研制是非常关键的一环。

"富乐一定要做一流的脊柱产品！"胡志勇的这个想法更加坚定，但一些问题随即又涌上他心头：人才如何培养、市场如何策划、脊柱产品标准如何解决、脊柱产品质量问题如何把控……

就这样，在史主任的引导和帮助下，胡志勇顺利地成为国内骨科脊柱领域的一名拓荒者。

## 四、富乐里程碑：2003年建设新厂区　展现新面貌

随着新世纪的到来，在平谷区马坊这片土地上——马坊工业区西区50号，诞生了富乐科技的新厂区。

随着岁月的流逝，富乐科技新厂区建设情况更是知者寥寥。让我们一起走近富乐科技，走近那段热火升腾的峥嵘岁月……

### 备战行业"大考"　顺势而为选新址

2003年对中国来说是不平凡的一年。2003年春天，一场突如其来的疫情袭来，将和平繁荣的中国卷入了一场前所未有的全民抗击SARS疫情（严重急性呼吸综合征，简称非典）的生命保卫战，富乐人也加入了这场战斗。

2003年10月15日，中国第一艘载人飞船神舟五号在太空飞行21小时23分并成功返回地面，绕地球14圈，完成中国首次载人航天飞行，实现了中国人千年的飞天梦想，使中国成为继苏联、美国之后，第三个能够独立开

展载人航天活动的国家。

### 行业严监管　富乐面临"大考"

**一次座谈会，富乐面临"大洗牌"**

2002年5月10日，北京市药品监督管理局（以下简称北京市药监局）召开关于《外科植入物生产实施细则（草案）》的座谈会，胡志勇作为外科植入物生产企业代表人参加了座谈会。此次座谈会传递出一个重大信号：政府在不久后将规范外科植入物生产企业管理，加强企业产品质量控制和质量管理，使这个行业走向正轨。这意味着史上最严的监管办法即将出台。对于全国从事外科植入物生产的企业来说，接下来必须提高企业硬件设施和软件管理水平，严格遵照法律法规的要求，从而提高产品质量，保障脊柱病患的生命安全。

刀郎演唱的歌曲《2002年的第一场雪》："2002年的第一场雪，比以往时候来得更晚一些……"就像歌中那场雪一样，外科植入行业"大洗牌"会不期而至。这场在2002年初夏召开的座谈会，给外科植入物生产企业带来阵阵寒意！如果不改变传统粗放的发展模式，将会被淘汰出局，而以质量求生存的生产企业将迎来发展机遇！"对于我们来说，这是一场大考，富乐该何去何从？维持现状，还是加快转型？"这是胡志勇急切想要解决的问题。

**一个细则，富乐面临"大挑战"**

座谈会提出生产企业的必备条件有两个：一是对生产条件的要求。企业应具备与生产产品和规模相适应的资源，要求生产场地不小于1000平方米，厂房高度不低于4米，厂房具备自流平地面；产品生产过程中，除车、铣、刨、磨、喷砂（丸）、抛光、清洗、焊接、钝化、标识、包装等多个过程应在本厂区内（或被委托企业）进行，要求配置相应的满足产品精度要求的设备和工装。不仅要配套特殊工艺设备，还要有特殊工艺的处理办法和场所，配建洁净间进行清洗、包装等。二是对管理体系的要求。企业应按照GB/T19001－2000标准和YY/T0287-1996标准要求建立、实施并保持质量管理体系有效运行，应建立符合《外科植入物生产实施细则》要求的技术文档（产品规范、生产规范、质量保证规范），生产记录、生产工艺要求和特殊工艺要求都是重点。对企业来说，不但要有生产场所、具备生产能力，更重要的是要考察一个企业整体运营能力和综合管理能力。当时富乐科技的地址在成寿寺，条件很简陋，根本就不具备"生产条件"。

一个信念，富乐做出"大抉择"——向前冲，建新厂

一方面，外部行业法规监管形势越来越严峻；另一方面，富乐科技内部厂房简易、管理粗放。胡志勇认为，这种经营发展模式已经难以为继，转型升级迫在眉睫。这次座谈会的行业监管信息，让胡志勇很震惊：今后的日子不好过了！要么投入资金创造条件，达到标准，继续运营；要是不投入，达不到标准和要求就无法运营。与生俱来的危机意识和超前意识告诉胡志勇，这是一次对企业命运的生死考验。他想：一定要不惧艰辛往前冲，迎难而上往前干，有条件我们上，没条件，逼着自己创造条件也要上！一定要速战速决，尽快落实新厂房的建设地址，在尽可能短的时间内建好新厂房，而且要完全按照座谈会提出的标准和要求来建设，还要提高管理能力，硬件、软件同时达标，一定要让富乐科技更好地运营。这个目标在胡志勇心里越来越清晰，他似乎已经做好了全面的布局。胡志勇回忆说："这次座谈会很重要，会上我了解到国家政策以及行业发展形势和发展方向，我瞄准发展机遇，审时度势，顺势而为，大胆决定打破原有局面，提前布局，在短时间内完成建设新厂、投产、正式运营这么浩大的工程，让富乐坐上了行业发展的快车，彻底改变了富乐和富乐人的命运。"

**初选建厂新地点　遭遇鄙视和怠慢**

早在2001年和2002年的时候，胡志勇就开始考虑选择建厂新地点了，2002年5月的座谈会召开以后，他加快了选址的步伐！可以说胡志勇和公司总经理胡桓宇在2002年跑遍了北京城：通州区，丰台区，怀柔区，大兴区，昌平区……最让胡志勇心酸的是在昌平区寻找新厂区地址时，他与胡桓宇父子二人开着一辆类似夏利的吉利美日牌小轿车，当时接待的人看见这寒酸的父子俩，露出鄙夷的目光，没好气地问："你们想要找啥样的地方？"胡志勇顾不上人家的不耐烦，回答说："要30亩地左右，最好有优惠，价格便宜些更好，能否带我们看看哪里有地？"结果人家把父子二人带到一处坑

坑洼洼的泥泞之地，并指着不远处的低洼地说道："前面布满鹅卵石的河滩那一片地，你们看行不行。"胡志勇仔细一看，心想：这哪里是工业用地，分明就是泄洪的低洼地！把厂子建在这个地方不是等着被淹没，自取灭亡吗？胡志勇意识到，人家是真的瞧不起他们这对穷父子，看来不得不服"人靠衣装马靠鞍"，因为驾驶的吉利车档次低被人家鄙视，真是又尴尬又无奈。还是另寻别处，再一展宏图吧。

### 与平谷结下不解之缘　　选定平谷马坊建设新基地

"2002年平谷区政府开始筹划在马坊建立工业区……"胡志勇从马坊蒋里庄村杨书记和张主任那里得知这个消息后，把自己想在工业区建厂的想法和他们做了交流，并询问在招商引资方面是否有优惠条件。杨书记很真诚地告诉胡志勇，如果征用30亩地，地价按3万元每亩算，同时给农民青苗补后，即可拥有50年土地使用权，而且可以先开工建设，然后办土地证。胡志勇考虑之后觉得还算比较合适，最终决定在平谷马坊建厂。当时之所以选择马坊，是因为胡志勇有两个目标：一是马坊南部是北京市规划中的工业园区，适合公司建厂发展；二是地价合适，与当地政府关系融洽，这两个目标他自认为都达到了。

2003年1月14日（农历腊月十二），胡志勇和马坊镇政府、蒋里庄村书记举行了隆重的投资建厂签字仪式，签订了《工业土地征地协议》，取得了30亩土地50年的使用权。至今回想起来，胡志勇还满怀欣喜地说："这是2003年办的第一件大事！"

2003年1月14日，胡志勇与马坊镇政府签订《工业土地征地协议》，征地30亩

第三章 艰辛创业 起航

2003年1月20日，胡志勇读南宋李清照的词有感而发，写下自己的创业《如梦令》：

长记单骑日暮，精疲力尽归路；
东西南北中，争度，争度，练就创业功夫。

其实富乐科技和平谷早在1998年就结下了不解之缘：1998年8月，富乐科技要组织员工外出游玩，这也是公司历史上第一次组织员工旅游。胡志勇考察了几个地方，最终选择了平谷金海湖景区，也许是冥冥之中对平谷有一种特殊的感情，当年胡志勇带领全体员工来到平谷金海湖景区游玩。

1998年8月8日，胡志勇带领富乐员工来平谷金海湖旅游，和平谷结下不解之缘

另外，2000—2002年期间，胡志勇同时经营着北京世纪杨苗公司，从事杨树苗的培育工作。那时经朋友介绍，他在平谷马坊南部（现桥梁厂西南方向）租了500亩地，取名"平谷苗圃"，在这里栽种环保抗旱无飞絮的转基因杨树。这片地是马坊镇蒋里庄村的集体土地，就这样，胡志勇和平谷区马坊镇蒋里庄村的杨书记和张主任结识了。

马坊工业区概况：马坊工业区地处北京市平谷区马坊镇南部，2000年1月，由北京市规划委员会批准成立；2002年10月，经平谷区人民政府批准成立；2006年8月，经北京市人民政府批准为市级开发区，更名为"北京马坊工业园区"；2007年12月，与中关村科技园区合作共建的马坊高新技术产业基地落户马坊工业园区。《北京马坊工业园区控制性详细规划》于

2008年8月审批通过，规划用地东西长约2.7千米，南北宽约1.6千米，总面积345.58公顷，自2008年至2021年8月，隶属于北京马坊工业园区管委会管辖。

## 全员齐心战斗　新厂拔地而起

2003年，对富乐科技来说是不平凡的一年，富乐人投入了一场没有硝烟的"战斗"：战胜"七不通"（通给水、通排水、通电、通信、通路、通燃气、通热力）和"一不平"（土地平整），在无水、无电、无路、无暖气等各项资源和能源都不具备的情况下建设新天地，实现了富乐人的"飞天"梦想。这一年里，胡志勇带领富乐人建造了"新"富乐，完成了从小作坊到规模化公司的蜕变。在荒地里建造现代化厂房和办公楼，在砾石中建起全新的宿舍区、食堂、多功能厅等。

### 新厂建设和生产经营两不误

2003年临近春节时，员工已经放假了，胡志勇却更忙了。新厂区建筑图纸设计、基础设施建设、新设备采购、建设进度要求等一系列事宜已经排上日程。

春节假期两个星期很快就过去了，2月10日是节后上班第一天，按照计划，胡志勇组织全员集中培训学习两天。第一天，主要学习党的十六大文件，以及有关企业的法律法规、公司的规章制度（销售、生产、质量、安全等方面），并做培训考核；第二天，胡志勇亲自做2002年工作总结和2003年工作计划，并宣贯了原国药局《外科植入物生产实施细则》（国药监械〔2002〕473号）文件。

胡志勇在公司全员大会上以"新年的机遇与挑战"为题发表讲话，分析公司所处行业形势，并分享时任北京市药监局局长讲的四种意识：要有忧患意识；强化发展意识；要有机遇意识；要有法律意识。胡志勇强调要艰苦奋斗、面对现实，运用科学管理方法，达到以情感人、以理服人、以法制人；再次强调企业文化"追求"两个字，主要从产品项目、质量、为社会做贡献、人员素质这四个方面来做；明确了2003年的工作重点是新厂房建设，执行原国药局473号文件《外科植入物生产实施细则》（以下简称《细则》），加快产品注册，拿下脊柱钉试字号，销售额突破1000万元，加快人才培养，办成高科技企业。

**才解旧愁又添新忧　新厂建设筹备工作拉开序幕**

富乐科技热火朝天建新厂的大幕已拉开。

在马坊建设新厂的第一关打通了——建厂地址有了着落，胡志勇心里的愁云散去，但这只能说是万里长征走完了第一步。随着2003年1月14日《工业土地征地协议》的签署和地款支付完成，紧接着就要开始整体筹备工作：建筑图纸和厂区效果图的设计，规划上报，建筑公司的选择……千头万绪、错综复杂的问题全部涌向胡志勇，他一时犯了愁。

工作繁杂没有关系，可以静下心来慢慢理头绪，一项一项做，最难的是资金问题。1000平方米的一家小作坊要在20000平方米的土地上建造新厂，粗略预算在3000万元，这简直是天文数字！胡志勇能拿出的钱实在是杯水车薪，当时民营企业没有资格向银行申请贷款，他是夜不能寐，食不知味。这么大的资金缺口该怎么解决？

既然不能通过外部渠道获得资金，那省钱就是第一要务！

胡志勇开始全方位盘算建厂事宜。

第一步，先解决新厂建筑图纸和效果图的设计问题。胡志勇的表妹夫刘建平在深圳一家建筑公司做图纸设计工作很多年了，先联系他，看他能不能帮忙设计新富乐的建筑图纸。刚好临近春节，刘建平从深圳回到北京，胡志勇与他相约一起来马坊看了这块土地，向他详细讲解新厂效果图的要求，并说明进度要求。胡志勇把自己的想法跟他做了详尽说明，哪里建办公楼，哪里建厂房，哪里建宿舍和食堂，还把土地位置图和马坊的规划图也交给他，请他安排时间尽快设计出新厂区图纸，再设计一个厂区效果图。刘建平答应了胡志勇，并保证按时间要求搞定图纸和效果图。这样就省下了找专业设计公司的费用——自己的亲戚能帮忙真是莫大的惊喜和安慰！在胡志勇的催促下，刘建平用了不到两个月的时间，新厂区图纸和效果图就做好了。胡志勇拿到整本的厂区设计图纸和厂区效果图，看后欣喜地对表妹夫刘建平说："这图纸和效果图完全符合我的想法，为我们新厂建设上报政府部门备案走流程，早日开工建设争取了时间，太感谢了！"

第二步，学习建筑基本知识。要建设新厂房，自己不懂建筑可不行！一窍不通肯定影响厂房建设，要么建筑材料不过关，影响工程质量；要么资金上蒙受欺骗，给公司造成损失。胡志勇在2003年春节过后，与爱人高慧贞到王府井新华书店查找有关土木建筑、彩钢板建筑的要求等基础知识，还有上下水、动力电等这类知识，买了好几本书。这期间胡志勇和爱人一起查阅资料，做了一些建筑方面的知识储备。正是因为有了这些知识储备，在谈合同时，他可以从多家建筑公司中做出最佳选择，选择能保证质量且价格公道的建筑公司。胡志勇自己做的建筑知识储备工作，大大节省了资金！不专业肯定会造成浪费，而专业却能创造价值！

第三步，找到合适的建筑工程公司，最大限度地利用资源。胡志勇一直在思考：在资金不足的情况下如何保证工程质量和工期不受影响？苦思冥想终于想出来一个解决办法——让施工的建筑公司垫付资金搞建设。他跟当地一些建筑公司联系，看有没有愿意垫资的。愿意垫资的，优先考虑；不愿垫资的，不予考虑。经过多方调查，胡志勇终于确定一家愿意垫资的建筑工程公司，让建筑工程公司先给公司垫付资金进行建设，双方协商好建到什么程度给付第一笔款；建到什么程度给付第二笔款。就这样，建筑工程公司垫资给富乐建好了三层办公楼和一层30间的宿舍，解决了当时公司资金不足的大难题，这是至关重要的一步。另外，胡志勇跟施工方签订合同时约定时限要求，要求他们既保证质量又保证时间，所有工程和安装工作必须在2003年9月底结束，因为胡志勇计划国庆节以后把原厂区成寿寺的设备搬迁过来，争取早日开工投产。

第四步，关于厂房和食堂轻钢结构的建造、建筑及装修物资采购问题，实现高标准，严要求。胡志勇说："谈合同时自己要有技术知识，更要有艺术性，否则没法跟对方谈。"他对采购材料提出具体要求，比如动力电是有国标的，国标有不同的厂家、不同的品牌，胡志勇都通过学习掌握建筑材料

第三章 艰辛创业 起航

的国标要求等，进而要求施工方按标准采购；还有各种上下水管道，哪些用钢管，哪些用水泥管，用多大直径，胡志勇都亲自过问。可以说一切工作都在他的掌控之中！

**万事俱备　一心一意搞建设**

2003年3月，新厂区建筑图纸和效果图设计好了。

新厂区效果图

胡志勇立即上报给马坊镇政府，马坊镇政府批准后就可以动工建厂了。紧接着，胡志勇投入了另一场战斗——把小作坊变为大工厂的伟大战斗，这可是一场硬仗！

在马坊建厂初期，正值抗击"非典"时期，好在平谷区没有传播感染的病例，疫情对富乐的建设工作影响不大。但摆在眼前的是更艰巨、更困难的任务——开垦荒田，平整猪圈，在瓦砾坑洼路上运送建筑材料，在土块堆里建筑高楼大厦，在荒野中探索，在骄阳下装卸物料……富乐人自力更生，克服困难，与时间赛跑，与质量较劲，历时5个多月，新厂投入使用。

2003年5月，富乐全面开始建设工作，胡志勇亲自担任现场总指挥。5—9月是最繁忙的建设时期。这期间，胡志勇最忙的时候同时接触7个建筑工程队，涉及彩钢装修、上下水、动力电和一般照明电、土木建筑等，他总体协调这些工程队，使他们互相之间没有造成干扰，均按预计时间如期完成。胡志勇说："这期间我最忙，可以说每天早晨一醒就跟他们打交道，一

57

直到晚上,我都穿梭在现场指挥。"

2003年,胡志勇亲自担任新厂建设现场总指挥

　　派人常驻建筑工地值守。2003年春节过后,胡志勇安排6个人(周道忠、冯庆福带领徐中万、赵同现、代新、柴长福)常驻在马坊,一方面协助他协调合作方和建筑队的工作,监督工程质量;另一方面,有事情时负责协调和联系。这6个人在工地值班,无论白天黑夜,他们24小时值守,保证建设工作没有障碍,顺利完成。

　　胡志勇回想起来,当时拉建筑材料的车辆车轮陷进低洼地和泥泞地里出不来,我们的常驻队伍用车拉了好多石子来填平低洼和泥地,建筑材料才得以运进建筑工地。

　　当时确实很困难,经常发生施工方开车运来材料却找不到富乐工地的情况,因为这是一片庄稼地,没有道路,也没有灯光,常常是柴长福和徐中万两个人开车去接。不管白天还是黑夜,只要接到电话就立刻赶去现场接应。显而易见,当时厂区建在荒郊野外,条件十分艰苦。

　　老板员工齐上阵,攻坚克难创奇迹。我们建厂房的地方原本是猪场和菜地。这块土地,一没有生活用水,二没有通电,三没有路(没有一条路能通到这里),四没有暖气。眼看着冬季就要来临,要考虑采暖问题,胡志勇决定公司自己打一口深水井,解决饮水问题和生活用水问题,于是打了一口120米的深井;他又跟马坊供电局商谈接通动力电,给公司配电室安装变压器;他买来锅炉安排公司自己烧煤供暖,安装调试。水、电、暖问题都解决后,开始修公司内部道路,同时也催着马坊镇政府修建公司前边那条路。公司一边搞建筑，政府一边修路，结果公司内部道路和外部道路一并修好了。可以说，他们在根本不具备建筑条件的情况下，在空白地区建起了新富乐，这是一件很了不起的事情，创造了马坊工业区的奇迹。

### 2003年冬天很冷　富乐人心里很暖

北京的冬天一直很冷，2003年冬天好像更冷一些，但富乐公司内部却是一片热火朝天的景象。大家汗流浃背，劲头十足，每个人都为建设新家园而奔波忙碌。

2003年10月底，从成寿寺搬迁至马坊的部分"搬运工"合影

整个厂房建设在10月中旬全部完成，10月下旬公司陆陆续续从成寿寺搬到马坊，这也是很紧张的过程。张国安带领全体员工拆卸机床，搬运机床到新厂房再进行安装，用了三天时间将机床全部搬完。搬过来以后，周道忠负责动力安装，机床很快就运转起来了。搬家的过程中，从拆机床装车运输，到卸机床再安装调试，一切工作都是张国安带领全体员工完成的；电和装备的调试工作由周道忠带领几个电工完成。

从成寿寺搬家至马坊的节奏：

10月27日，第一天2车；

10月28日，第二天4车；

10月29日，第三天4车；

10月30日，第四天4车；

11月1日，第五天2车；

11月2日，第六天1车，共计17车。

2003年10月31日，从成寿寺搬迁至马坊的搬迁现场

搬完家之后的紧凑安排：

11月3日，做底面漆；

11月3日至5日，各种生产用具设备就位；

11月5日至11日，生产部放假，做漆面；

11月12日，生产部准备工作已做好，开始试生产；

11月13日，试生产；

11月14日，线切割、数控车、车床、铣床、钳工各工序正式生产。

搬家过程中坚持的原则是：车到货到就是命令；成寿寺装车井井有条，上一车刚走立即准备下一车，新厂卸车紧张快速，货一卸立马就位。从10月27日开始到11月13日试生产，搬家总共用了半个月，搬运17卡车货，新增10卡车办公用具，全部安全就位，没有发生人身、设备事故，时间短、货物重、难度大，但很安全，富乐人搬家又创造了一个奇迹！

在11月刚搬到马坊厂区的时候，员工住在宿舍区。刚建的宿舍又冷又潮，用锅炉烧暖气，刚开始经验不足，烧的暖气不热，员工住宿条件较差，可是没有一个人叫苦叫冤，没有一个人说这不好、那不好。相反大家情绪非常高涨，干活劲头特别足。当时胡志勇非常感动，内心也异常温暖：我们的员工真是好员工，有这样的好员工，公司肯定能够办好！他跟大家同吃同住，刚开始连洗澡的条件都不具备，生活也有很多不方便，但大家毫无怨

2003年11月，富乐搬到马坊后的新生产车间和新厂区

言，他们心里想着：老板跟我们吃住在一起，所有的问题都将不是问题。很快，洗澡的问题解决了，不完善的工作也逐步完善了，所有人都觉得靠全体辛苦努力终于建好了共同的新家园，这是多么令人开心的事情！在这个寒冷的冬天，所有人内心却异常温暖。

## 全员共欢庆　富乐获新生

富乐发生了翻天覆地的变化：首先是整体面貌旧貌换新颜，由原来成寿寺承租的狭窄昏暗的小作坊变为自建的宽敞明亮的大工厂；其次是精神上更坚强自信，因为我们依靠自己的双手建造起新厂区——马坊工业区的第一家企业，这是何等的荣耀自豪！最后是富乐人行动上更勇猛果敢，有了建厂的艰苦奋斗和自力更生的精神做基础，做事情更有决心、信心和底气，而且相信自己一定可以做好。

### 多快好省建企业　富乐全员尽开颜

在各项建设工作紧锣密鼓开展的同时，胡志勇心里有另一个想法：要做原国药局审核验收的第一家企业。因为2002年年底他就得到消息，原国药局要按《细则》的规定对生产企业进行验收，确定哪些合格，哪些不合格。所以胡志勇想尽早完成建设工作，提前申请接受验收，在9月时他就安排了洁净间的设计和施工。这项工作之前从来没听说过，也没见过，后来跟天津的一家单位商谈后一起提出要求，进行设计，再做安装。工作十分繁杂，但在胡志勇的安排下，一切都是那样井井有条。

在建设马坊新厂区的过程中，可以说富乐的每个人都是建设者。胡志勇说："一般建企业，都要求'七通一平'，我们是在'七不通''一不平'的情况下建的企业，建企业困难重重，但我们一一克服了，这是很突出的，我们富乐人真了不起！"胡志勇当时亲自组织建设，工地上所有厂房和设备的安装都是自己人做的，主要是从省钱的角度考虑。如此浩大的工程，如果整包出去估计得3000万元。而胡志勇分项目与工程队洽谈合同，大大压缩了投资额度，整个投资仅花了约1000万元。全体富乐人多干活、多出力确实给公司省了一大笔钱，虽然胡志勇个人累点辛苦点，全体员工也累点辛苦点，但是对于公司后期的发展打下了好基础。建新厂的过程，富乐确实达到了多快好省的目标。

多：多付出，多参与，多收获。

快：速度快，5个多月建成，7个月实现正式生产。

好：多个好，形象好，质量好，口碑好。

省：资金省，用1000万元完成了3000万元预算的大工程。

富乐在多快好省的同时更看重的是什么？是全体员工在这次建厂的过程中感情得到升华，大家对富乐的认知发生了巨大变化。大家齐心协力，凝聚了强大的精神力量，能够互相贴心，互相交流，互相支持，为同心协力做好各项工作奠定了坚实基础。这对于富乐的创业和二次创业都非常重要，大家都很珍惜，都很怀念。

### 新厂区　新面貌　新起航

从 2003 年 11 月搬入新厂区以来，富乐科技日新月异，进入了飞速发展的快车道！

宽敞明亮的办公室、干净整洁的大生产车间、多功能厅、员工宿舍等设施配备齐全，生产用各种机床设备 100 余台，拥有 200 平方米的 10 万级洁净室。

*2003 年 11 月，富乐马坊厂区的崭新面貌*

在 11 月中旬至 12 月 23 日这一个多月的时间里，富乐人在新厂区继续投入了另一场战斗——接受《细则》现场验收的攻坚战！全员日夜奋战，准备审核文件和资料，编写制定质量手册、程序文件等，洁净间及现场各项设施设备的规范化管理，检查各项记录是否规范，内部宣贯培训等，各项工作紧张有序、有条不紊地开展。一直到 12 月 24 日审核团队到来后又陪审三天，他们几乎没有喘息的时间和机会。审核结果为整改再验收，整改之后于 2004 年 1 月终于取得认证结果通知书。至此富乐人总算是松了一口气——完成了重大的任务和使命之后每个人脸上都绽放出开心的笑容。

### 齐聚一堂共欢庆　坚定信心追求更高目标

2003 年 12 月 31 日，一场全员大会在富乐新厂区会议室召开。会议室内有 70 多人，所有员工仔细聆听胡志勇汇报 2003 年不平凡的一件件大事。

富乐新厂区的设施设备

"2003年国家GDP增速达到9.1%,我们公司2003年的销售额达到900多万元,比2002年增加80%!"全员热烈鼓掌,掌声震天……

"我们这一年做了几件大事:20000平方米的新厂区落成,建筑面积达7000平方米,形成了一定规模的生产企业,可喜!"全员再次鼓掌。

"质量管理方面,《外科植入物生产实施细则》验收顺利通过!ISO9001、YY/T0287质量管理体系认证都获得通过!"会议室里的掌声一次次响起,

第三章　艰辛创业　起航

这是为富乐发展鼓掌，为富乐人鼓掌。平凡人做出了不平凡的事！

汇报结束后，胡志勇与全公司人员在新建的食堂大厅会餐，欢聚一堂，举杯同庆，欢庆富乐科技新厂房落成。对于富乐科技来说，这是一件极有纪念意义的大事。聚餐从中午12：30持续到下午3：30，气氛热烈，人人欢欣鼓舞！大家更加坚定信心，要在2004年再打一场辉煌的战役，更上一层楼，以崭新的面貌庆祝公司成立10周年！

胡志勇对2003年全员共同奋斗的壮举做了总结，并认真地记入他的日记本中："2004年1月21日，今天是大年三十，过年的气氛非常浓了，自制了擀面棍下午包饺子，晚上公司开始放烟花及鞭炮！不平凡的2003年，我们公司发生了天翻地覆的变化！自我感觉很不容易，2003年是我一生当中变化最大的一年，是富乐公司二次创业的奠基年，是重大转折的一年。我们公司已经迈入二次创业进程，这就是我的追求，并将继续下去。"

在新厂区办公楼前广场有最闪亮的两个钛金字——"追求"，时刻引领和激励富乐人在新征程上不断前行！

富乐新厂区办公楼前的"追求"二字

# 第四章
## 二次创业再出发

金融危机、市场价格战、企业规模小、管理水平低……富乐危机四伏。胡志勇居安思危，科学谋划，从企业文化、营销技术及管理模式、硬件设备等方面进行根本性的变革，不断创新产品和服务，加强质量管理，实现加工自动化、智能化，工艺现代化，管理规范化，带领富乐品牌走出国门，走向世界，为振兴中华骨科做贡献。

二次创业是企业发展到一定阶段所进行的一次战略转型,是企业发展过程中一次革命性的转变。这场变革对企业和企业的每个人来说都是一个脱胎换骨的过程。

众所周知,任何企业都有周期性,到了一定发展阶段,都需要"适时的变革"以适应内外部环境的变化,以便迎来新一轮发展机遇。

在年近60周岁的胡志勇看来,这个"适时的变革"就是企业的二次创业,他心中早已为富乐科技的二次创业绘制了一张蓝图:通过"以情感人、以理服人、以法制人"的管理理念,全力实施企业战略变革,推动企业在更高水平上保持量的持续增长和质的稳步提升,实现更加高效的发展,为中华骨科事业贡献力量。

二次创业时期踌躇满志的胡志勇

自2000年起,富乐科技踏上了实施价值观建立、管理转型、技术转型、硬件配套转型的征程。实施二次创业变革,旨在尽快从调整期跨入增长期的曲线上来,实现新旧动能转换。

在行动上,胡志勇不仅建立企业核心价值观,打造有影响力的企业文化,还发出"质量革命"动员令,让"品质优"保持领先;在管理上加强科学管理、信息化管理;在营销模式上进行改革,建立品牌营销理念,形成经销商、代理商的厂商合作模式；在技术创新上坚持从"吸收再创新"走向"自主创新"；在硬件配套上从简单机加工设备提升到自动化、规模化智能设备，实现生产工艺现代化。通过企业核心价值观的引领，富乐科技从小作坊逐步走向制度化、科学化、规范化的企业。

胡志勇的经历正如中国著名诗人汪国真《热爱生命》一诗中所写的："我不去想是否能够成功，既然选择了远方，便只顾风雨兼程。"诗句很美，道出了生命的真谛，生命的价值在于什么？不在于成功的那一刻，而在于为成功而奋斗的历程。

## 一、初次创业危机重重　二次创业势在必行

现代企业家除了要具备敏锐的市场洞察力，还要像狼一样具有较强的危机意识，做到居安思危，防患于未然。经营企业期间，胡志勇时刻保持危机意识，他说："没有市场危机意识的企业犹如温水中的青蛙，对环境的变化反应不敏感，等到了一定程度时毫无应对之力，只好惨遭淘汰了。"1996年、1997年是富乐外固定架产品的高速发展期，但胡志勇却感到危机已来临。

**高速发展隐藏危机**

截至1996年12月，富乐外固定架产品销售额比1994年翻了一番，人员增加至30人，与1994年刚成立时相比虽然初具规模，但国内外固定架生产厂家从1994年的2家发展到20多家，富乐科技面临严峻的市场挑战；企业规模小、竞争能力差、管理水平低、机制优势弱等问题更是让胡志勇感到危机四伏。1997年年初，胡志勇提出当年的重点工作是加强企业管理，建立科学的管理机制和体系，推动企业管理走向制度化、规范化和科学化。1997年2月，他在内部销售会议上提醒销售经理们6点：一要有居安思危意识，要有紧迫感；二要打市场占领市场，近水楼台先得月，尤其是北京地区的医院，要抢占先机，想办法走访3遍北京地区的200多家医院，服务到位，随用随送；三要采取阵地战策略，想办法抢占市场，一时不成缓冲再争；四要改变销售态度，主动热情联系医院和医生；五要有毅力有韧劲，克

服艰难困苦，一往无前，发扬"挤劲"精神，挤进市场；六要挤时间学习销售方法、销售章程。

**初次创业　危机四伏**

1998年1月，胡志勇深入思考了日益壮大的富乐团队的未来。针对企业文化建设、产品质量、稳市场增份额、育人才创新品、天时地利人和等方面，他提出"居安思危"主要包含5个层面：一是有了好的产品，有了很大的市场，能否站稳脚跟，产品质量在新的一年里是提高还是降低，是企业成败的关键；二是市场很大，竞争对手很多，能否站稳脚跟，关键在于服务，产品商品化程度的高低是企业成败的关键，销售服务也是竞争关键点之一；三是企业是否能长远发展，有没有本企业的文化建设是重要标志；四是企业的后劲来源于产品的开发、技术的储备、人才的培养，若不重视这三项工作，企业就无法发展，无法生存；五是企业有没有凝聚力，天时地利人和是否具备，企业的组织、领导能力如何，也是企业发展的必备条件。

1998年2月25日，胡志勇召开全体员工会议，分析当前形势，他认为虽然赶上了党的十五大解放思想的好时机，未来形势很好，但眼前困难重重。首先，分析富乐面临的有利形势：党的十五大是第三次思想解放的大会，有利于综合国力的提高，有利于生产力的解放，有利于人民生活水平的提高；国有企业改革对于富乐是很好的机会，用工供求比例1.4∶1，市场上人才充足；富乐员工从5~6人发展到39人，产品从7种发展到30多种，销售额从40万~50万元发展到300多万元；富乐得到社会的广泛认可。其次，分析富乐面临的危机：国际经济危机波及中国，富乐也会受到影响。第一，从厂房到设备的投入、研制品的投入、履行社会责任的投入不断增加，资金需求量大，目前公司流动资金不足，资金回笼困难，贷款无门。第二，商场就是战场，竞争激烈。包括资金投入的竞争，新产品科研费占15%以上；用户利益的竞争，谁给的好处有特色、给的好处多谁占上风；价格上的竞争；冒牌品的竞争；最重要的是质量、服务的竞争。第三，领导意识落后，没有主人翁意识，管理理念缺乏。第四，员工危机意识弱，得过且过，缺少爱国主义精神、集体主义精神、爱岗敬业的奉献精神和艰苦奋斗的精神；一切向"钱"看，自私自利。最后，最重要的是要找到应对策略。一要占领市场，口号是"争夺中原，稳住后方，渗透南方，抢占西半边天"。二要降低成本，降低加工费用、管理费用；开展厉行节约、减少浪费活动。三要学为人民服务的精神、愚公移山精神、白求恩精神，重新树立做人的信念，培养同舟共济、利益共享、风险共担的思想意识，鼓励人人多关心集体，多承担义务和责任，把困难留给自己，把方便让给别人。

**有价无市　深陷危机**

胡志勇在日记中这样记录：1999年1月20日，今天我体会到企业的创办和企业的发展应该着重于人才的引进，单纯依靠老职工，私营小企业不能求得发展，因为他们带着封建、极"左"等愚昧的思想，加上现代雇佣关系的恶化，不会把企业推到正确的道路上。我们应选拔年轻有为，尤其是高素质高境界，在人生道路上能选择自己位置的有识之士作为我们企业的主导力量，这才是关键。我要找的人才确实很难得，这种人才本身就很少，现在只能挖掘和培养这种好苗子。

1999年7月，组织销售办公室人员学习"民企危言"5个问题。

1999年9月，胡志勇提出目前外固定架市场环境恶化，全公司员工都要有危机感，号召大家加强学习……

有关资料显示，跨国公司一般寿命10~12年；集团公司一般寿命7~8年；中小企业一般寿命3~4年。富乐科技自1994年至1999年在竞争激烈的外固定架市场搏斗了5年，虽然在市场上占领了一席之地，得到了医生和专家的认可，但有的同行为了经济利益丧失了人格，有的丧失了职业道德，在这个战场上你死我活地竞争着。这种同行间的恶性竞争、激烈的价格战导致富乐科技的市场空间极度萎缩。公司还能延续多久？

**二次创业　箭在弦上**

由此可见，此时的富乐科技进行二次创业已是箭在弦上、势在必行。在富乐科技成立5周年之际，胡志勇吹响了二次创业集结号："要想让富乐继续发展下去，实现以管理效益最大化为追求目标，就必须彻底摒弃封建、极左等愚昧的思想，必须进行二次创业，在已有的基础上不断挖掘内部潜力，进行科学化管理，对富乐进行根本性的变革。"

那么如何构建"共享、共担、共赢"的创业机制，让员工与企业形成利益共同体，促进二者共同健康成长，使二次创业迈出坚实的脚步？胡志勇又是如何以转型变革、提质增效为主要抓手，厚植企业创新创业沃土的呢？

## 二、树立企业核心价值观　培育优秀企业文化

曾经蒸蒸日上的公司，现在效益下滑，员工精神不振……这些现象让胡志勇心急如焚，为什么原来团结向上的组织在有了一定规模后反而效益下降、人心涣散了呢？"要想改变这种状况，必须进行二次创业，而二次创业的关键在于企业文化的建设。"他暗下决心。

企业文化是员工价值观、思维方式、行为和态度等方面的集中体现，是企业员工内在的行为准则，是企业可持续发展的动力。有学者认为，企业文化是决定企业兴衰的关键因素。有人曾这样概括：如果企业是一个房子，那么企业的业务能力，包括产品能力、营销能力等是屋顶；企业的管理、架构、运作等是墙身；企业的制度、文化、用人机制是基础。优秀的企业文化是民营企业生存发展的核心软件，即操作系统。胡志勇认为，在"二次创业"过程中，企业文化建设处于十分重要的位置。优秀的企业文化对内能够增强企业的凝聚力和向心力，激发人的精神、塑造人的灵魂，增强责任感，调动积极性、主动性和创造性，增强企业活力，提高企业市场竞争力，延长企业寿命。例如日本的松下，美国的微软、通用，我国的华为、腾讯、海尔等民营企业都有优秀的企业文化。

### 二次创业　从培育企业文化入手

2003年2月3日，胡志勇日记中这样写道：清华大学的魏杰老师提出

"新生代民营经济"的新概念。20世纪90年代初成长起来的经济群体不同于90年代之前的群体，新生代民营经济有五大特征：一是形成于中国经济从短缺走向相对过剩的时期，靠自身的竞争能力和对市场需求的开发与创造而发展；二是创业者具有较高文化素质，具有较强的技术和管理创新能力；三是经营活动非常理性，在经营理念及管理方式上具有极强的现代化意识；四是创办者创办企业具有自我选择的自觉性，把创办企业当成自我价值实现的自主选择；五是企业文化也逐渐形成了自身特征，具有现代企业制度的特征。

经过十余年的摸爬滚打，胡志勇练就了创业功夫。他认为，企业文化建设是公司二次创业的核心动力，是企业成功不可缺少的条件，对于企业发展主要发挥四个方面的功能：一是凝聚功能。可以产生吸引力和感召力，促进内部团结协作、同心协力。二是约束功能。对背离企业目标的思想和行动可起到约束或制止作用，有利于形成自我约束、自我控制的机制。三是调节功能。企业文化突出员工个人的自觉调节和自我调节，可调节和协调好人际关系，从而直接提高生产率。四是辐射和渗透功能。企业文化通过宣传展示自己的产品影响社会，通过培训和熏陶职工为社会培养优秀人才。

**用好思想"金钥匙" 当好职工领路人**

重视学习、善于学习、善于探索是胡志勇一以贯之的优秀品质，这也折射出他独特的精神气质。可以说，在公司每一个转折变革时期，面对新形势、新任务，胡志勇总能及时带领全员共同学习，并且每次学习热潮都能推动公司实现大进步。胡志勇认为，只有通过学习，才能提高本领、适应变化、掌握主动，不断开创事业发展新局面。

刚刚踏上二次创业征程的富乐科技，面临种种问题：组织缺乏活力，人心涣散，队伍整体素质不高、自私自利；员工没有目标动力，责任感不强，工作消极被动；青年不求上进，缺乏诚信；生产力下降，工作效率低等。胡志勇认为，要想改变现状、发展壮大，必须培养具有较高忠诚度和较强职业技能、综合素质较高的员工，唯一的途径就是加强企业文化建设，重视员工的培训学习教育。为了让员工树立企业文化是二次创业的生命线的观念,将企业文化建设渗透到每个员工,胡志勇主要从政治理论学习、做人做事宗旨、树立理想目标、5S 管理方面组织全员学习。

**学习"三个代表"重要思想　提高全员思想觉悟**

胡志勇一直坚信高素质的员工队伍不是一朝一夕就能培养起来的,而是需要一个长期持续的培养过程。他一直在学习的路上,学习一个企业家应该学习的经营理念、法律法规、方针政策、处世哲学等。与其说胡志勇是一个企业家,倒不如说他是一个政治家,因为他总是密切关注国家政策导向和行业发展动态,把握市场机遇,因时因地制宜,统筹公司布局。作为一名共产党员,同时作为富乐的掌舵者,胡志勇除了自己不间断学习,他还积极响应党和国家的号召,在全公司范围内开展政治理论学习。

胡志勇说:"企业也要讲政治,学政治,我们要以正确的视角判断是非对错,在大是大非前保持清醒的头脑,坚持自身的政治立场,坚定不移。"2001 年 7 月 15 日,他组织公司全员学习江泽民同志"七一"讲话重要精神,正确认识和全面贯彻"三个代表"的要求,力求通过政策、策略、好的制度使企业成本降下来,效益提上去。

一是中国共产党始终代表中国先进生产力的发展要求。全党同志无论在什么岗位上,都要对自己所从事的工作加以检查和总结,看是不是符合先进生产力的发展要求,符合的就毫不动摇地坚持,不符合的就实事求是地纠正。针对公司销售人员出差期间的怠工现象、利用公司资源办私事现象,胡志勇告诫销售经理:"人是生产力中最具决定性的力量,要不断提高思想道德素质和科学文化素质,充分发挥积极性、主动性,纠正自己自私自利的违纪行为,要利用有限的时间,接触更多的与销售有关的人员,多开发客户,开发大客户以达到多销售、多创造价值的目的。"

二是中国共产党始终代表中国先进文化的前进方向。面向现代化、面向世界、面向未来,民族的、科学的、大众的社会主义文化的要求,促进道德素质和科学文化素质的不断提高。发展社会主义文化的根本任务是培养一代又一代有理想、有道德、有文化、有纪律的公民。针对当时公司部分员工只讲物质利益和金钱,不讲理想和道德的情况,胡志勇教导他们要反对和抵制拜金主义、享乐主义、极端个人主义等腐朽思想,要坚持以科学的理论武装自己,以正确的舆论引导自己,以高尚的精神塑造自己,树立正确的世界观、人生观和价值观。

三是中国共产党始终代表中国最广大人民的根本利益。党始终坚持人民的利益高于一切,党的一切工作必须以最广大人民群众的根本利益为最高标准。富乐科技生产的产品为患者使用,全体员工就应该一心想着患者,全心全意把产品做好,这就是为了社会、为了广大人民的根本利益。

胡志勇按照"三个代表"要求加强和改进富乐员工队伍的建设,使得员工的精神面貌发生了新的变化:销售人员的思想得到了净化;拜金主义、享乐主义、自私自利的行为也有很大改善。在"三个代表"思想指引下,富乐人的思想认识水平明显提高,工作效率大有改观,一定程度上节约了成本。胡志勇坚持贯彻"三个代表"要求,力争为富乐建设一支素质高、能担重任、经得起风浪考验的队伍。

**学习"科学发展观" 推动企业又好又快发展**

越是艰难时刻,越要坚定信心。2006年"齐二药"假药案和"欣弗事件"相继爆发,前者系齐二药厂原料造假导致破产,后者因欣弗制剂厂擅改生产工艺而发,其总经理上吊自杀,揭开了药业监管腐败黑幕。2006年,国内医疗器械、外科植入物注册产品被爆出70%以上虚假,医院停诊,富乐产品销售额下降23.7%,成本增加,制造费用上升18.6%;2007年,富乐产品连续两次降价,最高降幅超过55%……当我们了解这些事实的时候,胡志勇经历的这些考验距今已15年有余了。他用自己的真实经历诠释了什么才是真正的企业家:企业家靠的不是运气,而是无论环境好坏,都能用心做好自己企业的执念与能力。

胡志勇办企业的执念从何而来?他是如何带领富乐人一起化解危机,突破重围的?2006—2007年,行业危机和成本危机的严峻考验着实压得胡志勇有些喘不过气,但他深知作为20世纪90年代初期成长起来的民营企业,在发展中遇到困难和问题,不能责怪政府不救自己,而是要冷静一点,要勇于担当，自己救自己！如果企业需要等国家来救，那其他的十几亿国民指望谁来救他们？

胡志勇坚定地认为，公司二次创业初期只有在党的领导下，继续发扬艰苦奋斗的精神，保持坚定的革命意志和坚韧的革命品格，保持昂扬向上的精神状态和在困难面前不退缩的勇气，才能顶住重重压力，突破僵局，获得新生。

学习科学发展观，开创新局面。2006—2008年期间，胡志勇扎实学习中央精神——科学发展观，带领富乐在夹缝中求生存、求发展，开创又好又快科学发展的新局面。

2006年12月5日至7日，胡锦涛同志在中央经济工作会议上提出，"又好又快发展是全面落实科学发展观的本质要求"，将科学发展观的"又快又好发展"改为"又好又快发展"，将"好"字当头；2007年10月15日，胡锦涛在党的十七大报告中提出"科学发展观"，指出科学发展观第一要义是发展，核心是以人为本，基本要求是全面协调可持续，根本方法是统筹兼顾。

2008年9月16日，胡志勇组织公司全员深入学习科学发展观理论。他指出，科学发展观不仅适用于国家，而且适用于企业，作为企业也要思考如何才能促使自身健康、平稳、又好又快地发展。首先，要树立一种观念，以人为本，共建共享。公司的发展要靠全体员工共同努力，"心往一处想，劲往一处使"才能又好又快发展，要做到这一步，公司的主要负责人在发展中要首先想着员工，充分考虑他们的需求和利益，建立一种"双热爱"理念——公司是热爱员工的公司，并落实到行为上，只有这样，员工才会是热爱公司的员工，才会时时刻刻想着公司。其次，要统筹兼顾。精神虽然是统帅，但经济利益是实实在在的，要重视劳动报酬和分配制度，合理的分配制度与企业健康发展有直接关系。公司每年都有大部分人员提升工资待遇，但是发展到一定程度，光有工资和福利待遇是不能满足员工需求的，要考虑二次分配的问题，用什么样的方法和方式分配，需要深入研究。再次，全面协调可持续，除了理念、利益，就是管理技能的提高，基础管理工作对企业发展也很重要，没有健全的企业管理，就没有企业的发展。健全的管理也是相对而言的，随着公司的发展，各项管理工作需要补充和完善。最后，公司各项工作和全体人员做的执行计划是否能正常运行，要有监控、检查、考核、评价，最后给予相应的奖惩。

全员学习科学发展观，以人为本追求可持续发展。2009年11月10日，在总结当年公司管理改革重点工作和回顾公司15年的发展历程时，胡志勇联系公司实际，再次组织全员学习胡锦涛同志在党的十七大上提出的科学发展观理论。

**以人为本**：企业应承担社会责任，最重要的是善待员工。把员工的利益作为公司生存和发展的一个重要目标。以人为本，需从三个层次来理解和思考：第一，"人是决定性因素"，人的价值观和理念是其他方面的统帅，要充分重视人的因素。第二，物质方面以人为本，共建共享。富乐目前还处于发展初级阶段，公司发展和生存是前提；在工资待遇及福利上尽量考虑员工的利益及生活需求。第三，"以人为本，共建共享"，在企业文化建设上，核心价值观、企业理念等的宣传和执行都是从以人为本出发的。

**全面协调可持续发展**：富乐在开始创建时以外固定架产品生产为主，从1998年开始进行脊柱产品的研制和开发，2000年开始批量进入市场，产品比较单调，规格和品种不全，在开拓市场方面受到一些限制，所以从2006年开始脊柱产品全规格、全品种发展。刚开始时只涉及脊柱矫形，原发型病变治疗、进行病变治疗、创伤性治疗、肿瘤病变治疗，以及脊柱关节、单节多节治疗。椎间盘治疗、稳定性治疗、柔性治疗等都需要配套的产品，现在要全面发展脊柱微创、脊柱外固定产品，同时对四肢创伤产品进行研发开拓。在产品上下功夫，就要做全、做好，在为顾客服务上下功夫，就要贴近市场、主动服务。富乐人觉得自身已经发展很快了，但跟国家和行业比还是慢！富乐已经从多个方面为可持续发展做准备：抓紧培养管理人才；增加研发产品项目；在注册产品号上下功夫；生产设备升级；扩大生产厂房建设；为开拓国外市场做准备。

**统筹兼顾**：科学发展观概括得很全面，只顾其一，不顾其他就不是科学发展观。今天有饭吃，明天断顿不行；光投入企业发展，不投入员工福利待遇和报酬不行；光让员工上班工作，不照顾身心享受不行。只能企业发展，员工待遇同步提高，全面发展节节高。人才要全面培养，培养一专多能的复合型人才；产品分主项、副项；处理好公司内部员工之间的关系、公司外的社会关系；结合公司实际，阐释公司的企业文化、核心价值观、做人的宗旨及做事的宗旨等多个方面。

邓小平曾说："发展才是硬道理。"胡志勇运用发展的眼光，与时俱进，理论和实践相结合，重视人才在企业发展过程中的作用，做出了以人为本，共建共享，精神和物质相统一，重视企业和员工同步发展，利益合理分配，奖惩公平，加强落实和检查监控等一系列举措，促进了企业又好又快发展，学以致用，用实践诠释了科学发展观的精髓。

**宣贯道德规范　确立富乐人做人做事的宗旨**

2003年12月31日，胡志勇召开公司全员年终总结大会，为大家讲解做事的要求：事事有人管，人人有专责，办事按规定，结果能考核。

2003年12月，胡志勇在主持召开全员总结大会

2004年2月开始，胡志勇在每次的新员工入职培训会上都会结合公司实际，为新入职的员工宣贯公民基本道德规范：爱国守法，明礼诚信，团结友善，勤俭自强，敬业奉献。

爱国守法：遵守法律法规，企业要遵守国家公司法，员工要遵守公司的规章制度（职工守则、奖惩制度、考勤、安全操作规程等），爱祖国，爱公司，爱家庭。

明礼诚信：接触社会与人，要明事理，尊重别人，用礼貌语言，诚信对待别人；对待工作要诚实守信，尤其在产品质量上，要老老实实做人，踏踏实实做事，企业要讲诚信，个人也要讲诚信。

团结友善：大家来自五湖四海，有缘分走到一起，要珍惜，公司就像一个大家庭，有难大家帮，有福大家享，一定要克服自私自利的思想和小农意识。

勤俭自强：要求大家勤奋、简朴、追求向上、顽强拼搏，要处处节约，在生产上，要节约工具、刃具、易耗品、水电能源等。

敬业奉献：把公司的工作看成是一种事业，对工作要有责任感，对社会、对患者要负起责任，将目标放远点，将自己的担子看重点，为共同的事业贡献智慧和力量。

2005年9月，胡志勇将公民基本道德规范"爱国守法、明礼诚信、团结友善、勤俭自强、敬业奉献"20字确定为富乐人做人的宗旨。将"事事有人管，人人有专责，办事按规定，结果要考核"20字确定为富乐人做事的宗旨。自此确立下来，一直沿用至今。

富乐人做人的宗旨——爱国守法、明礼诚信、团结友善、勤俭自强、敬业奉献。

富乐人做事的宗旨——事事有人管，人人有专责，办事按规定，结果要考核。

小至个人，大到国家，从生活到工作，从做人到做事，从思想到行动，从责任到事业，毫不夸张地说，胡志勇用高尚的道德规范来熏陶每一个富乐人，这表现出来的是一种非权力的影响力，一种不威而严、不令而行的人格魅力，一种宽容大度、虚怀若谷的胸襟，一种言行一致、表里如一的诚信。

**以身示范　引导青年职工树立理想目标**

针对青年人在工作中表现出的"前途渺茫""没有什么出路""北上漂浮物，无根随流走"等思维、心理问题，胡志勇提出"五个一"，引导青年职工树理想目标，做好自己。2004年3月31日，胡志勇在公司举办聊天沙龙，通过自身的经历引导青年人思考应该怎么办。他认为，对于个人的成长成才，树立一个目标，培养一个爱好，具备一种特长，确立一个道德观，找到一个平衡标准是非常重要的。

一个目标：树立自己认为能达到的理想目标；明确达到这个目标应具备的条件；培养自己的毅力，为达到目标做心理准备；制定循序渐进的计划。

一个爱好：生活是美好的，要把自己融入社会中，享受美好的社会生活；爱好的坚持与毅力的培养是一致的；在爱好中开拓自己的思维。

一种特长：这是生存的本钱，是达到最终目标的得力工具，要慢慢培养自己的特长。

一个道德观：要诚信，不要做危害别人的事；要夹着尾巴做人，虚心求教；办事说话之前要多考虑对方，再说再行。

一个平衡标准：在成绩上、前程上不满足，向高处看；在生活上向低标准看，有满足感；在学习上，要活到老学到老。

胡志勇教导青年人，理想目标是人生修养的根本。人生如屋，目标如柱，柱折屋塌，柱坚屋固。目标坍塌，人就像茫茫大海上失去航标的一叶扁舟，随时都有触礁沉船的危险。要达到目标，就要付诸行动，要笃行、求诚、崇高。

笃行：重视行动，解放思想，开拓思维，坚持不懈。

求诚：不做假事，不讲假话，待人真诚，先人后己。

崇高：崇尚高尚的东西，学而不厌，知足常乐，持续学习。

胡志勇这种领路人的做法深深影响了富乐的一大批员工，引导他们坚持目标导向，艰苦奋斗，无私奉献，创造了宝贵的精神财富。公司法规部李洪艳的成长，就是一个典型。2022年12月她分享了自己的成长感悟：

自2006年入职富乐以来，我就兢兢业业、踏实苦干，持续学习，从技术部的一线技术人员成长为公司的技术骨干、法规部负责人。刚到富乐不久，我心中就有一个目标：要努力工作，实现自我价值！一直以来，我因幸福而工作，在我心里，胡工① 不仅是企业的领头人，更是自己的良师益友。有一

---

① 在公司，大家亲切地称胡志勇为"胡工"。

次，有人问我你这么拼命地工作是为了什么？我说我就是这样的人，要么不做，要做就全力以赴！我深知唯有全身心投入工作，才能回报胡工，回报富乐。我不只为了获得报酬而工作，更多的是为了践行自己的责任而工作。因为富乐在我心里早已不是一个打工的地方，而是自己实现抱负和理想的平台。17年间，我多次被胡工及公司的企业文化感染，激发自己持续钻研的斗志。还记得胡工讲到在那些艰难的日子里他是怎样磨炼自己的意志时，我内心有一种强烈的震撼，脑海中清晰地浮现出当时的情景，他是在燃烧自己的青春，用一生去实现梦想，为之奋斗！相比之下，同样的年华，我是怎样做的呢？我们又拥有怎样的环境呢？一直以来，这些思绪每每在无眠的深夜拷问着我。如今，我深刻认识到：在现在这样好的环境中，我们就应该在追求理想中尽情地燃烧、奋发！意气风发的我们，应当有危机感。我们应当珍惜现有工作，不断追求更好的工作业绩，燃烧青春，追求卓越！

**学习 5S 管理思想　促进全员行为习惯的养成**

21 世纪初期，80 后成为就业主要群体，他们生长在一个物质相对充足的时代，这种成长经历对他们的人生观、价值观有重大影响，他们更倾向于精神生活的追求以及对人生中美好事物的渴求。这种特殊表现成为一种直接改变商业环境的巨大推动力，启示企业在员工培养中要充分考虑主流人群的行为变化，顺应时势促进员工行为习惯的养成。

胡志勇认识到，富乐公司 2003 年以来新入职的大学生大都是 80 后，这些新生力量的加入有利于公司推行 5S 管理。所以在 2004 年开始组织学习 5S 管理，并推行 5S 管理，通过规范现场、现物，营造一目了然的工作环境，培养员工良好的工作习惯，使生产现场有了很大改观。

5S 是整理（Seiri）、整顿（Seiton）、清扫（Seiso）、清洁（Seiketsu）和素养（Shitsuke）这 5 个英语单词的缩写。5S 起源于日本，是指在生产现场中对人员、机器、材料、方法等生产要素进行有效的管理，是一种独特的企业管理办法。1955 年，日本的 5S 宣传口号为"安全始于整理，终于整理整顿"。1986 年，日本的 5S 著作逐渐问世，从而对整个现场管理模式起到了冲击作用，由此掀起了 5S 热潮。

为进一步巩固管理效果，2004年8月31日，胡志勇给公司全员普及5S的哲学思想：人造环境，环境育人，种下思想，收获行动；种下行动，收获习惯；种下习惯，收获品格；种下品格，收获命运。美国著名心理学家威廉·詹姆士说："播下一个行动，收获一种习惯；播下一种习惯，收获一种性格；播下一种性格，收获一种命运。"诚然，培养好习惯必须有实际行动，必须有完善可行的计划，必须有毅力。人的习惯一旦养成，就会成为一种潜移默化的力量，对人的思维和行为产生各种各样的影响。通过学习实践，深化富乐人对行为习惯的认识：习惯不是小问题，它反映着一个人的修养与素质，在很大程度上决定着一个人的工作效率和生活质量，进而影响他一生的成功与幸福，从而持续约束其思想和行为，为打造活力组织提供动力源泉。

除做好思想道德、政治理论、理想目标和行为习惯的教育，胡志勇还注重对员工加强爱岗敬业、在岗业务、法律法规知识等方面的综合培训，加大教育培训投入，构建有利于职工学习的积极向上的氛围，逐步建成一个学习型企业。

## 提炼、宣贯富乐优秀的企业文化

**确立富乐核心价值观**

价值观是企业文化的核心。统一的价值观使企业成员在判断自己的行为时具有统一标准，并以此来约束自己的行为。2006年，富乐科技先后组建党支部和工会，并确立经营理念、企业精神、企业核心价值观，充分体现企业"以人为本"的理念。

富乐经营理念：使世界更美好，让员工过上好日子。

富乐企业精神：尽职尽责的敬业精神，追求卓越的创新精神，精诚团结的团队精神，感恩戴德的服务精神。

富乐核心价值观：诚信为人，追求卓越，服务顾客。

**创始人解读富乐核心价值观**

2007年8月，胡志勇阐释了富乐核心价值观的内涵：核心价值观是企业精神,它是企业的"发动机";富乐要做好自身定位,为顾客服务,用感恩的心来对待内外部顾客。

**诚信为人——以诚为信,以人为本。**诚信为人是企业发展之本,更是富乐所有员工的为人之道。大家要事事处处注重信用,讲求信誉,言行一致,表里如一。人无信不立,商无信不誉,市无信不兴。不管你做什么,都要把诚信放在第一位。诚信是做人之本,事事时时讲诚信,人才有信誉;企业也要诚信做事,对患者负责,对社会负责,对员工负责;要注重形成诚信做人、做事的理念,营造诚信的公司氛围。

**追求卓越——发展的灵魂,自我的超越。**锐意进取,敢为人先,实现企业的可持续发展。从字面来看,追求是一个过程,卓越没有固定的目标、标准。追求卓越,应该先找到工作要求与实际情况的差距,看到自己面临的危机和风险,可以从成本和效率来找差距。自省:"吾日三省吾身,为人谋而不忠乎?与朋友交而不信乎?传不习乎?"制定个人目标:要改革,要创新,要有追求,对工作要精益求精,每个人都要给自己制定短期目标和长期计划。不断以新的目标来鞭策自己,达到新的卓越。

**服务顾客——以解决顾客的难点为己任,以服务顾客为天职。**我们要从广义来理解服务顾客:对外,社会上的患者、医生都是顾客;对内,下一个工作流程中的人称为顾客。给自己定好位,在公司内每个人都是顾客,又都在为顾客服务;在办公司的理念上,老板将员工看成顾客,以人为本,人人平等,注重情感交流;在生产过程中,上一道工序要将下一道工序看成顾客,多给人方便;各部门之间,公司内以产品为主,公司外以市场为主。怎样才能做好服务?一定要做好工作职责边缘的事情,甚至职责以外的事情。

要有感恩的心,首先老板要感谢员工在不同岗位上做出的努力;碰见好医生给你很认真负责地诊断,精心医治你的病,我们应该感恩;食堂师傅们辛勤劳动,为我们做好餐食,我们应该感恩;公司销售人员在外服务客户,不分假日、白天黑夜开拓市场,提高销售额,我们要感恩;后勤人员努力工作,让我们的顾客用上了好的产品和服务,我们要感恩。感恩的作用:一是对别人的服务和工作的肯定;二是情感上的交流,有助于成为和谐的合作者,互相促进。

创始人解读富乐核心价值观

**全员学习富乐核心价值观**

2007年7月至9月,富乐开展了大规模的关于核心价值观的学习活动。

各部门学习:召开关于核心价值观的座谈会,先分部门学习,然后进行深入讨论。

管理人员学习:在例会上宣讲40分钟,班组讨论40分钟,每个人提交一份书面总结。

党员学习:党支部组织全体党员开展广泛学习,号召党员在部门和公司内发挥先锋模范作用。

工会内学习:开展演讲比赛,主题是"富乐核心价值观之我见——自我表现,追求卓越"。

全员再学习:在学习了核心价值观之后,2007年8月,公司开展了全员再学习活动,围绕"降低成本,提高效率"展开思想学习。工作要有计划性,改变惰性;安排工作要有要求,有时限;布置工作要讲清楚完成任务的要求和时限,分清楚正常业务和紧急业务,按计划时限分阶段检查正常业务,按完成时限倒推计划流程,完成紧急业务。同年9月,围绕"衡量一个人生命质量的两个标准"开展学习活动,倡导富乐人人具备健康的体魄和崇高的精神追求。衡量一个人生命质量的高低,可以有许多标准,其中有两个最重要的标准,一是看他有无健康的体魄;二是看他有无崇高的精神追求。没有健康的体魄，萎靡不振，表明生命质量低下；没有崇高的精神追求，随波逐流，也表明生命质量低下。健康的体魄，不是医学意义上的健康或不生病，而是指一种内在的活力，生命力旺盛和坚韧，热爱生命。这种品质与身体好坏无直接关系，有些残障人士生命力很旺盛，有些体格强壮的人内在生命力却十分贫弱。这两个要素其实是密切关联、互相依存的，健康体魄若无精神目标的指引则是盲目的，精神追求若无健康体魄的激发便是空洞的。二者的关系犹如土壤和阳光，一株植物唯有既扎根于肥沃的土壤，又沐浴着充足的阳光，才能够茁壮地成长。

2021年2月，在党支部民主生活会期间，富乐时任总经理白云生在公司党员、骨干员工会议上重新诠释了新时期富乐科技的核心价值观。

**服务顾客**：不推责任，不争对错，主动解决客户的问题。

**追求卓越**：精益求精，创新发展，追求完美，同等价格提供最高品质的产品。

**诚信为人**：不急功近利，与合作伙伴利益共享，为顾客提供高品质的产品和服务，高质量共同发展。

2021年2月，时任总经理白云生诠释新时期富乐科技的核心价值观

新的时代，新的思路，变化的是日益复杂的市场竞争环境和不断涌现的创新产品，不变的是富乐人精益求精、追求卓越、诚信铸造优质产品和服务的核心理念，即以"诚信为人、追求卓越、服务顾客"为企业核心价值观。

多年来，富乐人依靠这些积极向上的思想理念引领，进而让这些精神内化为富乐人诚实守信、拼搏进取的实际行动，使富乐在商海搏击中劈波斩浪，勇立潮头。

## 积极践行企业文化理念

践行企业核心价值观

在企业经营过程中，胡志勇始终做到诚实劳动，守法经营，公平交易，而不是靠投机取巧、违法违规和挖国有资产墙角来聚敛财富；重视"以人为本"育人才，多次组织全员学习企业核心价值观，把经营哲学、价值精神等内容渐次注入企业文化建设中，形成传递正能量的氛围，时时刻刻感染和引导全体员工自我约束、自觉行动、自觉提升个人素质。在企业文化塑造中，不仅发票子，而且发权力、发健康、发关怀，激发员工的使命感、凝聚员工的归属感、增强员工的责任感，也大大降低了沟通成本，提高了执行效率，凝心聚力实现上下同欲、协同共赢的目标。

在"诚信为人、追求卓越、服务顾客"核心价值观的正向引导下，党员和群众员工在日常工作中也积极践行富乐的核心价值观。

创伤车间崔晓明2022年12月表达了对"追求卓越"的认识和实践：精益求精，创新发展，追求完美，同等的价格提供高品质的产品，首先要提高产品的加工精度，为客户提供高品质的产品；同时通过创新和精准化管理，降低加工成本。创新永无止境。印象最深的是加工多孔解剖板，之前的加工工艺为线切割下料，加工中心打预钻孔、铣外形、铣内腔，然后转入钳工工序热压型，再转入五轴加工中心加工锁定螺纹孔，一共经历6次工序周转，这样加工不仅浪费人力、物力，而且产品质量也不稳定，产品报废率在30%左右。通过不断尝试和实践，改为全铣方法加工，现在由线切割下料后在加工中心一次性完成。随着牧野五轴机床的投入使用和德国LANG牌先进工装夹具的引进，加工出来的产品不仅周期短而且质量稳定。不同机床的加工效率差别很大，加工方面，外形和螺纹孔在丽驰五轴加工，每件需要52分钟；在哈斯五轴加工，每件需要41分钟；而在牧野五轴加工，每件只需23分钟，效率提升1倍多。对于"服务顾客"，生产车间首先要做的就是满足客户需求，保质、保量、按时把产品交付给客户，在解决问题时要认知清楚，解决问题要彻底，给顾客满意的答复。

脊柱车间鄢玉伟2021年2月谈了他对"诚信为人"的认识：诚信是做人之根本，是我公司核心价值观的精髓。人无信不立，商无信不誉，市无信不兴。诚信不仅仅是一种道德规范，也是能够为企业带来经济效益的重要资源，在一定程度上诚信甚至比物质资源和人力资源更为重要。公司的诚信实际上取决于全体员工个体的诚信。企业有了乐于沟通的诚信文化环境，人与人之间才能相互尊重，不搞表面一套、背后一套。我个人承诺，在生活中诚信为人，工作中以诚相待，不急功近利，表里如一，踏踏实实做好每一件产品，认认真真做好每一件事，对自己负责，对公司负责，对客户负责，与合作伙伴利益共享，为客户提供高品质的产品和服务，实现高质量共同发展。

生产管理部张惠仲2021年2月阐述了自己对富乐核心价值观的认识："诚信"是公民应该具备的基本素养，富乐科技在核心价值观中对此进一步明确，说明公司对员工的重视，因为所有的设计、科技转化，甚至最好的管理制度、体系最终都需要"人"来实现、落地。如果员工对公司、对客户缺乏诚信，会导致产品设计、产品质量存在天然的不可控风险。作为技术人员，如果做到了"不急功近利，为顾客提供高品质产品和服务"，也可以理解为对客户的诚信，因为我们承诺的我们做到了，甚至做得更好，协助顾客实现了高质量发展。"服务顾客"：我们的顾客不止经销商，还包括主任医师、器械护士、病患、医院涉及产品器械的管理人员、经销商下属的跟台人员。在产品设计过程中，不仅要考虑产品的实现，更重要的是要考虑产品使用环境中的相关人员，他们关注的重点不同，需要我们结合人因工程学、客户经济承受能力等进行优化设计。作为一名生产管理者，作为富乐科技的一员，应牢记公司核心价值观，将核心价值观文化体现在产品的设计、制造及对客户的服务上，让问题止步于自己，为客户提供更优质的产品和服务。

**工程部张成伟这样描述：** 2002年4月来到富乐，至今20年有余。这20年我见证了公司不断发展、壮大和成长，我深刻感受到公司的飞速发展。公司人员从50人发展为现今近400人；公司销售额从几百万发展到3个多亿；生产车间不断整合完善，由最初的一个车间发展到合并后的3个车间；车间设备也从普通设备几乎全部更换为位于行业领先地位的数控设备等。我深刻意识到必须不断提高专业技能，必须敢于向自己挑战。于是，我在保证8小时满负荷工作的前提下，充分利用业余时间学习提高。记得刚来公司时我只有2年车工经验，为提升技能，我自学了数控车、车削中心以及纵切加工中心等高端数控机床的编程和操作。多年来，我始终保持与公司机加工设备同步提升。我用业余时间学会了CAD、Pro/E等绘图及设计软件的应用，实现了从机加工操作人员到全方位技术人员的转变。在工作中我不断努力，追求卓越。感谢公司给予我平台和机会，我每天都怀着感恩的心，保持工作的热情，不断提高技能水平，与富乐共成长。

**质检部马龙这样描述：** 2019年入职富乐，刚开始对公司不了解，觉得富乐是个普通的制造厂，后来通过了解企业文化和接触一些业务知识，慢慢了解到原来我们公司的核心价值观"诚信为人，追求卓越，服务顾客"并不是口头说说而已。公司领导员工上下一心，对生产的产品质量严格控制，层层把关，拒绝不合格品流入市场，竭尽全力让每一位使用富乐产品的患者都能用上优质的产品并享受到体贴的服务，公司也为实现"振兴中华骨科"的目标而一直奋力前进。我觉得作为富乐的员工是幸运的，是光荣的，是具有荣誉感和使命感的！在富乐即将迎来30岁生日之际，我想对富乐说：三十而立，正值壮年，希望富乐在以后的发展中可以开疆扩土，越来越好！

**改善员工工作环境**

胡志勇追求大力提升厂容厂貌，加强劳动保护，加强文化娱乐场所与文化设施建设，以丰富职工业余文化生活，促进职工身心健康，增强企业凝聚力和向心力，推动企业健康发展。他认为在营造和改善工作环境方面加大投资是最有价值的，因为环境文化建设是企业文化建设的基础。在脏、乱、差的企业环境中，职工的质量意识肯定难以提高，难以形成积极向上的企业风气。企业建筑、企业工作环境、文化设施布局以及职工服装等均体现企业文化风貌。企业构建整洁、融洽、和谐、向上、充满活力的环境，可以满足员工的精神和物质需要，否则，企业留不住原有员工，又招不到人才，怎能实现二次创业！

富乐的工作和学习环境

### 组织丰富多彩的企业文化活动

组织庆祝公司成立10周年活动、20周年活动、25周年活动，组织春游、夏季旅游、职工运动会、妇女节茶话会、新年年会、走访慰问困难职工和发生重大变故的职工家庭等，用种种仪式感提高员工的参与度、认可度。党支部开展红色活动：参观革命战争纪念馆、改革开放成果展、抗日根据地旧址等，引导党员传承红色基因，艰苦奋斗，不忘初心、牢记使命，

2004年，富乐科技成立10周年厂庆合影

筑牢公司发展的思想防线；党支部开展美化环境从我做起活动，为广大职工创造干净整洁的工作环境，时刻保持共产党员的先进性；开展双培养活动，"把骨干培养成党员，把党员培养成骨干"，开展党员亮身份活动……

2019年，富乐成立25周年厂庆——共享蛋糕

富乐职工趣味运动会

2022年10月，富乐科技在全公司范围内开展"我与富乐共成长"征文活动，员工分享了在企业核心价值观的激励下，工作和生活中发生的变化。

### 我与富乐共成长

一起努力，一起奋斗！2009年5月4日，我入职富乐公司，成为富乐大家庭的一员。我很荣幸与公司共同成长，公司的核心价值观——诚信为人、追求卓越、服务顾客也一直激励着我进步。我与富乐相伴已十几年，从生产一线到财务，从学看工艺图纸、给每件产品刻字到销售对账，再到财务部负责产品成本核算，我在富乐学到了很多。部门会组织培训学习，同事之间相互帮助学习，公司对进修的同事也给予激励，让我们处在一个积极向上的工作环境中,处处都有正能量!

生活中,公司领导的关心无处不在,慰问患病、困难职工,申请政策性补助,发放节假日礼品等。公司每年年底举办文艺晚会、正月十五元宵节灯会、五一运动会等,让我们在工作闲暇之余劳逸结合,丰富了我们的业余生活。记得公司20周年大庆的时候,员工组织了"产品+时装秀"活动,让人眼前一亮!公司每年都会组织运动会,督促员工认真工作的同时也不要忘记运动,强身健体。2020年新冠肺炎疫情以来,过年不能回家的同事越来越多了,公司会组织大家在富乐过年,家在公司附近的同事会带着孩子及家属过来和留京人员一起包饺子,公司的领导们也都赶过来和大家一起过年,一起吃团圆饭,我们这个大家庭相互关怀,其乐融融!

十几年间,我见证了富乐的成长,从1个生产车间到现在的3个生产车间,纵切、五轴、加工中心等一系列自动化设备排排站;产品遍布大江南北,甚至出口国外;我们的家越来越壮大,我们的生活越来越幸福。时间不止,一路向前,希望富乐越来越好!

——财务部 雷蕾

一名老员工满怀感恩写下《富乐给我全家人第二次生命》的文稿,讲述了胡志勇慷慨出钱出力,帮助他抢救妻女的事。胡志勇用实际行动践行着企业核心价值观,用感恩的心和以人为本的理念对待员工。

**富乐给我全家人第二次生命**

我是赵营军,来富乐整20年了,我从青年到中年,公司从初步壮大到日渐成熟,我与公司共同成长进步。个人感慨万千,对于富乐,对于胡工一家人,对于富乐的兄弟姐妹,我有太多的话想说,我们全家人的生命都是富乐给的,如果没有富乐,没有胡工的帮助,我无法想象现在自己会是什么样子。千言万语汇成一句话:感恩富乐,感谢胡工一家人,感谢富乐人!

2005年我娶妻结婚,开始过起了自己的小日子,爱人身体不太好,一直没有上班。2013年,在胡工的帮助下我们两口子在三河买了楼房,同年爱人到公司钳工班组上班，享受了公司的"五险一金"待遇，也就是从这时候开始，我的生命发生了重大变化：因身体原因一直没能成功孕育的爱人在2014年1月怀孕了，9月17日一早她因高血压、贫血、水肿导致呼吸困难，我立即陪她去平谷妇幼保健院检查。医生说情况很危急，必须住院治疗，并且需交住院押金8万元，然后才可以实施手术，不然的话大人孩子一个都保不住。当时我就蒙圈了，父母亲戚都在老家，远水解不了近渴，真是欲哭无泪，数额如此巨大的钱我去哪里凑？一时之间我乱了方寸，爱人和孩子如果有意外了我怎么办？

当时我想到胡工和高老师一直都把员工当成自己家人，"我相信，这次胡工肯定会帮我的！"我连忙从医院往公司赶……

我一回到公司，径直跑到办公楼三层，我记得特别清楚，当时正是胡工午休时间，我敲响了胡工的宿舍门，胡工开了门看到我气喘吁吁的样子就问我："有什么急事吗？"我把爱人的危急情况告诉了胡工，胡工立即说："救人最要紧，其他什么都先别说。"于是他连忙找财务王连红给我送来了支票，拿着救命钱我急忙向医院奔去，顺利安排爱人住院并马上做了手术，女儿出生了。接着，胡工考虑到我家人远在河南老家，特意安排公司同事高海如来医院帮忙照顾，我内心的孤独无助感全然消失：遇到一个好老板是我一辈子的幸运！

爱人因高血压、贫血住进了重症监护室，还需要输血，当时医院的血库血液存量不足，医院提出，需要先往血库里补充血液才能给她输血。公司再次伸出了援助之手，胡工和工会的领导又组织了一拨富乐兄妹志愿来医院献血。生完孩子后爱人又做了几次手术，其中一次我没在场，是公司仇总帮忙签的字，做了手术输了血后爱人得救了！

女儿出生后因为早产和宫内缺氧也面临危险，需要转院至原北京军区医院，胡工又安排庄小霞开专车护送女儿到北京的医院，女儿转院到北京的所有事项都是小霞忙前忙后全程负责，从17日早上一直忙到18日凌晨……

这期间，公司还给我老家来的人安置了住宿的房间，帮忙解决吃饭问题，所有能想到的需要解决的困难，胡工都替我考虑周到并且全部帮我解决了。

大恩不言谢，我深知胡工和富乐科技对我们全家人的恩情远远不是"感谢"二字所能表达的。每每想起这件事，我都泪如泉涌，这份恩情我无以为报，唯有努力工作以报答胡工和富乐对我的再造之恩。

——工程部 赵营军

优秀的企业文化不一定能造就成功的企业，但成功的企业背后必有优秀的企业文化。一直以来，胡志勇坚持"以理服人"的理念，即用文化来理人，用价值观引导、教育、激励人，优秀的企业文化获得了员工的认同，引导员工的行为，保持公司活力，促进企业良性发展，为实现二次创业打下牢固的基础。

## 三、加强质量管理　护航企业发展

质量就是企业的生命。我们从事的医疗器械行业是高风险行业，涉及人身安全问题，是人命关天的大事。国家监管从自愿管理转变为强制管理，我们必须要改变，从人治走向法治、从重视质量意识变为闭环管理程序，做到精益求精，实现产品可追溯，使各方面工作有章可循，有法可依。

### 建立质量管理体系　绘制二次创业蓝图

早在1998年富乐就开始了脊柱内固定产品的研制；1999年2月，富乐新产品脊柱钉首次试用成功；2000年5月，腰椎滑脱复位内固定器、脊柱侧弯矫形内固定器取得实用新型专利授权；2001年1月22日，富乐自主创新产品FJ系列（FJD/T/Z/B/J/L/H/G/X）脊柱内固定系统获国内首个试产医疗器械注册证；经过两年试产，2003年1月23日，公司试产产品FJ系列脊柱内固定系统获国内首个准产医疗器械注册证。

回顾富乐脊柱产品研制、试产、准产上市的过程，可以自豪地说，创始人胡志勇带领富乐人开了国产脊柱产品的先河。

识时务者为俊杰，看清时局尤为关键。富乐之所以能站在脊柱行业前沿

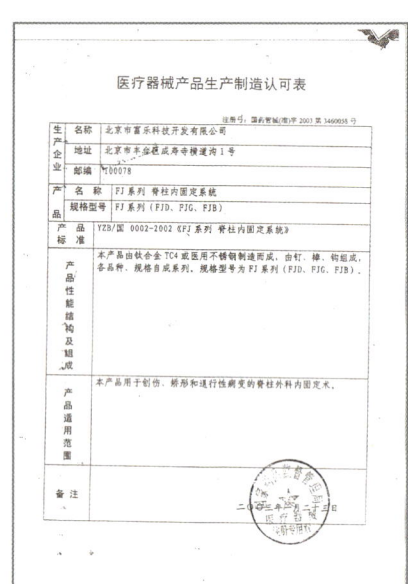

富乐首个准产医疗器械注册证——FJ系列脊柱内固定系统

领跑，得益于胡志勇高瞻远瞩、运筹帷幄的能力，他时刻把握国家政策、紧盯行业动态，根据实际情况及时地变革经营管理方式，适时做出战略调整，瞄准目标不放松，坚定信心搞变革。富乐质量体系的认证与发展历程能成为国内同行业质量管理体系的一面旗帜、一个标杆，得益于胡志勇审时度势，精心谋划，超前布局，在追求科学管理、寻求更高目标的发展过程中，带领富乐人在企业内部建立科学的管理体系——质量管理体系。毫不夸张地说，富乐质量管理体系建立、完善、规范的实施过程，就是国内骨科植入医疗器械行业法规形成、发展、规范的过程，二者相得益彰。

国际、国内医疗行业质量体系标准的发展经历了三个版本。

国际医疗行业体系发展。

第一版：1996年国际标准化组织（ISO）发布了ISO13485：1996《质量体系—医疗器械—ISO9001应用的专用要求》标准，该标准不是独立标准，而要和ISO9001：1994标准联合使用。

第二版：国际标准化组织（ISO）/TC210（技术委员会）2003年7月15日发布了ISO13485：2003《医疗器械质量管理体系用于法规的要求》标

准，该标准是专用于医疗器械领域的独立标准。

第三版：国际标准化组织（ISO）/TC210（技术委员会）于2016年3月1日发布实施第三版的ISO13485：2016《医疗器械质量管理体系用于法规的要求》标准，即目前使用的有效标准。

国内医疗行业体系发展。

第一版：1996年，原国家医药管理局同步转化ISO13485：1996《质量体系—医疗器械—GB/T19001-ISO9001应用的专用要求》标准为YY/T0287-1996idt ISO13485：1996，1996年5月1日开始实施。

第二版：2003年，原国家食品药品监督管理总局将ISO13485：2003《医疗器械质量管理体系用于法规的要求》标准同步转化为YY/T0287-2003idt ISO13485：2003，2003年9月17日公布，2004年4月1日开始实施。

第三版：2017年，原国家食品药品监督管理总局将ISO13485：2016《医疗器械质量管理体系用于法规的要求》标准同步转化为YY/T0287-2017idt ISO13485：2016，2017年1月19日公布，2017年5月1日起实施。

古人说："善为理者，举其纲，疏其网。"这句话告诉我们，企业发展能不能沿着正确方向前进，取决于我们能否准确认识和把握主要矛盾、确定中心任务。在胡志勇带领下，富乐质量管理体系的建设主要经历了初步建立（1998年5月至2000年12月）、完善实施（2001年1月至2004年1月）和成熟规范（2004年2月至今）三个阶段。

**主动应战　初步建立质量体系**

一次会议，引发转型深思。1995年4月21—23日，胡志勇赴江苏张家港参加国家医药管理局医疗器械行政监督司主持召开的骨科内固定器材质量分析会议，会上公布：抽查30家企业的42种产品，其合格率只有78%；有21家企业合格，私营企业合格率为50%。会议声明国家规定比较重要的七种产品要按ISO9000标准来执行和实施，富乐的外固定架是其中一种。此次会议引发了胡志勇的深入思考：被抽查私营企业合格率只有一半的现实摆在面前，富乐科技正处在最困难时期，接下来公司的质量体系认证工作该如何开展？他深刻意识到：企业生存必须经过市场的洗礼和考验，面对市场的变化，企业可以选择的应对方案其实十分有限，转型可以说是企业适应市场不得不采取的策略，并且转型最好是由企业主动来完成，而不是被逼入绝境了不得已而为之。也只有这样，企业才能在市场上找到属于自己的一席之地。

决心实施科学管理并部署质量体系认证工作。1998年7月，胡志勇召开全体员工质量管理反思会议，这次大会成为富乐科技将质量管理定为核心战略的一个起点。但质量体系的建设是一个十分漫长、曲折的过程。

随着现代化工业的迅速发展，产品性能结构越来越复杂，高新技术含量越来越高，顾客的要求也越来越苛刻，不仅要求产品性能指标的先进性，而且对产品的可靠性、安全性、维修性、环境适应性等方面都提出较高要求。顾客关心的是供方是否有令人信服的质量保证能力来生产出让其放心又满意的产品。"不能等出现问题再解决，要从忙着解决问题向系统地预防问题转变，同时要从改进产品质量向变革质量文化转变。"胡志勇决心引入科学的管理体系——质量管理体系，并在公司内部开始紧锣密鼓地部署质量体系认证工作。

第一，分析企业实情。1998年7月，胡志勇分析质量认证的必要性：医疗器械质量直接关系人类安全健康，这要求我们的产品必须安全可靠；企业质量管理要以顾客为轴心，除了高质量的产品，我们更需要提供高质量的销售服务；目前市场反馈我们的产品质量不佳，我们要通过规范管理、提高工作质量来提高产品质量，使产品质量、服务质量满足顾客需求，力争超出顾客预期。

第二，策划质量认证。1998年8月，胡志勇召开质量会，策划质量认证事宜，要求严格按照YY/T0287-1996《质量体系—医疗器械—GB/T19001-ISO9001应用的专用要求》对应的每一条款来推进工作，由公司质检部科长袁燕生主讲质量认证的要求，提出质量、生产、技术、销售等各部门要明确部门职责，写出规章制度；做好文件资料的管理，保持文件有效性，做一个总目录。

第三，建立质量制度。1998年9月，胡志勇召集公司相关人员研究质量认证的体系文件，要求写出《质量岗位责任制》初稿。1998年10月，针对市场反馈的产品质量问题，富乐科技制定了加强质量管理的制度和程序文件：《质量检验管理制度》《质量管理制度》《可追溯性管理制度》《质量跟踪管理制度》等，形成并完善了规章制度；在工艺和工作程序上，用明确的文件要求指导工作的运行；为保证公司生产正常运行，又附设库房管理、质量管理等岗位。

第四，组建质量考核机构。1998年12月，富乐科技召开质量体系考核问题会议，加强落实质量管理工作，成立质量考核班子，共4名成员，文件起草小组由质检部科长袁燕生牵头，其余三名成员朱包合、彭秀荣、周道忠配合。

第五，确立质量岗位责任制。1998年12月，富乐科技制定出公司的组织结构图；确立了岗位责任制度，包括总经理质量岗位责任制、生产部主任质量岗位责任制、质检科长质量岗位责任制、质检员质量岗位责任制、产品售后服务质量管理制度等基础性制度。

第六，加强质量意识教育。1999年2月，公司召开中层管理人员会议，再次分析公司做质量体系认证工作是出于各方面的需要：管理工作的需要、适应环境的需要、企业发展的需要、行业发展的需要、国内市场的需要、增强凝聚力和稳固劳动关系的需要、产品走向世界的需要。1999年3月，公司组织销售人员会议，明确市场竞争就是产品质量和服务质量的竞争，强调售后服务质量的重要性，提出在质量认证中要进行规范化、程序化管理，同时学习1993年9月1日施行的《中华人民共和国产品质量法》。1999年3—9月，在全公司范围贯彻讲解有关ISO9001的文件和知识，继续加强质量意识教育，贯穿以质量为核心的质量管理、全过程管理；总结质量体系管理工作的推进情况。

**迎难而上　首批取得医疗器械生产企业许可证**

2000年是千禧年，中国加入世界贸易组织（WTO）的进程在加快，胡志勇的心情却很沉重。因为对于医疗器械生产企业来说，2000年就是法规年、监管年，国家对医疗器械行业开启了严管、严查的监管模式。国内医疗器械行业条例、办法等法律法规文件相继出台，可以说，只要有一条不符合要求，企业将会在医疗器械行业出局。

国内有关医疗器械的强制性法规，也是国内第一部针对医疗器械的法规文件——《医疗器械监督管理条例》（国务院令第276号）2000年4月1日起施行。

《医疗器械生产企业监督管理办法》（原国家药品监督管理局令第18号）2000年4月20日起施行。

《医疗器械生产企业质量体系考核办法》（原国家食品药品监督管理局第22号令）2000年7月1日起施行。

《医疗器械注册管理办法》（原国家食品药品监督管理局令第16号）2000年8月9日起施行。

胡志勇迎难而上的精神又一次被激发出来，他逐条学习这些法律法规文件。

《医疗器械监督管理条例》第二十条规定：开办第二类、第三类医疗器械的生产企业，应当经省、自治区、直辖市人民政府药品监督管理部门审查批准，并发给《医疗器械生产企业许可证》。无《医疗器械生产企业许可证》的，工商行政管理部门不得发给营业执照。第二十一条规定：医疗器械生产企业在取得医疗器械产品生产注册证书后，方可生产医疗器械。

《医疗器械生产企业监督管理办法》第八条规定：开办第三类医疗器械生产企业，由所在地省、自治区、直辖市药品监督管理部门批准后，报国家药品监督管理局备案。第九条规定：省、自治区、直辖市药品监督管理部门收到第二类、第三类医疗器械生产企业的申请后，必须根据企业资格认可实施细则，对企业进行现场审查，并于三十个工作日内做出是否发证的决定。

《医疗器械生产企业质量体系考核办法》第四条规定：企业在申请产品准产注册前，要填写《医疗器械生产企业质量体系考核申请书》，向省级以

## 第四章 二次创业再出发

上药品监督管理部门提出质量体系考核申请，企业提出质量体系考核申请的同时，向国家药品监督管理局提交被考核产品的《质量保证手册》和《程序文件》。

《医疗器械注册管理办法》第三条规定：境内企业生产的第三类医疗器械由国家药品监督管理局审查，批准后发给产品注册证书。

1999年4月，胡志勇组织富乐员工学习行业法律法规

胡志勇严格按照以上法规要求，完善富乐科技内部管理和制度。2000年12月，富乐科技向北京市药监局提交了《医疗器械生产企业质量体系考核申请书》，向原国药局提交《质量保证手册》和《程序文件》，通过YY/T0287-1996 idt ISO13485：1996质量体系考核现场审查，2000年12月31日，富乐科技取得医疗器械生产企业许可证（编号：京药管械生产许20000047），成为北京市首批取得医疗器械生产企业许可证的企业之一。

2000年12月，富乐科技在北京市首批取得医疗器械生产企业许可证

取得医疗器械生产企业许可证标志着富乐科技获取了生产通行证，也标

志着富乐科技质量管理体系初步建立。经过第一阶段的改进和提高，富乐科技实现了基于流程来抓质量，这套体系通过严格的业务流程来保证产品的一致性，保证富乐科技可以在骨科植入物行业继续走下去。

**稳步推进　完善质量体系建设和认证工作**

经过1998—2000年的质量体系建设过程，富乐科技已初步实现制度管理，全员素质基本提升，公司走上了快速发展道路，大家在忙着开拓市场，以期获得尽可能多的订单。2001年2月，新春伊始，胡志勇亲自主持召开了一次全员质量大会，将2001年确定为"质量提高年"，提出质量就是效益，把考核工作重点从质量体系考核转变为质量认证。他主要分五个步骤来巩固质量体系建设成果，完善质量体系建设。

第一步，做好企业战略定位。管理定位：以认证为中心，完善管理制度，做到自审复查。生产管理：提高效率，提高质量，降低成本，多品种小批量，随机应变。质量管理：以质量为中心，增强质量意识，严把质量关。销售管理：营销管理由销售型转为服务型。营销策划：注重"新、速、诚、实"四个字，新——服务功能与科技进步结合；速——搜寻与送货快速，信息、商品准确快速到用户；诚——周到的销售服务，倾听用户需求，细心答复，热情介绍；实——实惠折扣价格，让价格与质量变成有力的竞争抓手。

第二步，确立企业质量方针及目标。2001年1月中旬，胡志勇提出要打破情面提高质量，确定质量标准：第一要生存，第二要发展，第三要走出国门，所有员工在质量方面不能投机耍滑，确立企业质量方针和质量目标。

2001年1月，富乐科技的质量方针和质量目标展示在生产现场

质量方针：实行科学管理，实施优质生产，提供优质服务，创建"富乐"品牌，让质量成为企业的脊柱。

质量目标：建立质量体系，促进骨针准产，瞄准国际市场，开拓脊柱产业。

第三步，组织全员学习质量管理体系、标准。2001年2月，胡志勇组织全体员工集体学习2000年7月8日公布的《中华人民共和国产品质量法释义》；学习质量管理岗位责任制；学习公司质量方针、质量目标；由袁燕生讲解ISO9001认证的要求及工作的安排。2002年5月，提出富乐的"四化"目标：工厂园林化，企业知识化，管理程序化，加工数字化。2002年11月，任命质量管理者代表，分部门修改制度化文件，宣贯企业认证工作。

第四步，分步实施质量体系建设。2002年1—2月，内审员袁燕生、胡桓宇进行质量体系内审，内容主要涉及：库房管理、材料标识、过程控制、检验测量、试验、设备管理；营销过程主要以销售服务为主；设计开发的策划、设计任务书及风险分析报告等方面。

2002年8月，召开GB/T19001—2000版认证工作会议，唐仁伟、王小国、张京生、袁燕生、刘惠芬参会。

2002年10月，调整组织机构，明确各岗位职责。

2002年11月，组织GB/T19001—2000标准内审小组，各部门负责人参加，工作步骤为培训2000版质量体系要求—分部门修改程序文件—全员宣贯—按部门进行质量体系内审—编制质量手册—编写二级、三级体系文件—全面检查。

第五步，升级配套硬件设备。在制定完善各项质量体系文件的同时，胡志勇加快配套公司相应的生产场地、设备设施等硬件。2003年1月，他与马坊镇政府签订征地协议，同年，根据2003年10月1日实施的《外科植入物生产实施细则》（国药监械〔2002〕473号，以下简称《细则》）对企业的要求，在平谷马坊建成新的生产基地，包括生产厂房、材料库、成品库房、试验室、检验室、洁净间等，10月完成了从北京成寿寺到马坊生产基地的搬迁，11月14日正式生产。

## 迎接"大考" 接受现场审查验收

在厂区搬迁完毕正式投产之后，胡志勇和富乐领导班子成员开始紧张地准备实施《细则》验收的相关文件、检查现场环境和设备等，对照《细则》的每个条款、每项要求逐一检查。短短半个月内，公司内部开展了三四次自我审查，堪称"大考"前的查漏补缺。胡志勇回忆说："当初北京市的绝大部分企业都不具备《细则》验收的条件，所以都在观望，在等待，我们在行业里走在前边，富乐各种准备工作都朝这个方向走。在申报之前，刘惠芬带领一个小组进行分项检查，公司安排好多人按照标准来检查，在公司内部检查了三四遍，觉得可以申报了，我们才向北京市药监局申报。这项工作也挺复杂，我们做了大量的准备工作。"

2003年12月24—26日，富乐科技接受了北京市药监局检查组的现场验收，一共8个项目，27个条款，116个检查项，总分720分（其中：重点项38项，每项10分；一般项68项，每项5分；记录项10项，不记分）。

2003年12月，富乐接受《外科植入物生产实施细则》验收

现场审查验收中富乐科技最终得分601分，检查组判定初次审查不合格。主要有两个记录项不合格：一是质量体系问题多，文件粗、执行随意，记录表、控制程序涂改多。二是生产过程控制不合格，《细则》7.1.1规定应具有各类产品生产工艺流程，明确特殊过程和关键工序的质量控制点的控制要求，富乐科技对于特殊工艺和关键工序的控制未做要求；《细则》7.6.1规定应有制备纯化水要求的设备，制水能力满足生产需要。洁净室（区）用工

位器具应用纯化水清洗，对工艺用水应进行管理并按相关标准记录检测参数，洁净间水质化验每周检测一次，富乐科技未按照标准要求检测水质。

胡志勇深知，这次现场审查结果对富乐科技来说生死攸关！富乐人要为民族事业、为祖国、为社会、为脊柱病患争口气！待检查组离开后，当天晚上他便召开中层以上干部会议，通报了不合格的检查结果，与大家一起分析原因，并提出整改计划。第二天，胡志勇便带领全体员工开始全力整改。2004年新年即将到来，员工们主动放弃休息时间，对公司洁净间设施进行了改造。

经过紧张的分析整改，按照《细则》及检查组的要求，三天后，即2003年12月30日，富乐科技向北京市药监局递交整改计划，获得审批同意。2004年1月2日，又递交了复验申请；1月5日，北京市药监局检查组到公司进行现场复验，满分720分，实得628分，合格率88%，结论是"通过"！2004年1月，富乐科技取得认证结果通知书，这是北京市第一家通过《细则》验收的企业。经过这场"大考"之后，富乐科技扎下了质量管理体系认证的良好根基，成为北京市，甚至全国医疗器械行业质量认证企业的典范和楷模。

**首次接受并通过医疗器械质量管理体系认证审查**

《细则》验收复验通过了，还有一项重要工作是体系认证。2004年1月15日，富乐科技将首次接受医疗器械质量管理体系认证第三方审查。想要通过认证，首要的就是制定出公司的一级管理文件——《质量手册》。2004年1月6—7日，胡志勇召开各部门会议，一起讨论并确定《质量手册》的目录、内容等。2004年1月8日，由管理者代表、营销、质检等部门的人员编写和细化相关内容，确立企业质量方针、质量目标。经过一周的连续奋战，《质量手册》编写完成。1月15—17日，医疗器械质量管理体系认证检查组进行现场审查，发现有10个不合格项、5个观察项，最终审查结论为"推荐通过"。检查组给予3个月整改期，经验证有效，推荐至国家科学技术委员会，以信函形式进行复审。2004年3月，富乐科技脊柱内固定等6个产品首批通过GB/T19001：2000 idt ISO9001：2000质量管理体系和YY/T0287：2003 idt ISO13485：2003医疗器械质量管理体系认证。同时，检查组对公司《质量手册》提出建议：一是质量方针是企业总的质量宗旨和质量方向，要明确产品特点；二是质量目标是依据企业的质量方针制定的，应对企业的各项业务分别规定质量目标，尤其在产品质量、服务方面应制定2004年的新质量目标。

2004年富乐重新确立质量方针，一直沿用至今：

加强科学管理　严格生产工艺<br/>提供优质服务　完善富乐品牌<br/>——我们永恒的追求

2003年12月26日，胡志勇与药监局审查组人员在富乐质量方针展墙前合影

这是富乐质量体系建设的第二个阶段，在这个磨炼过程中，胡志勇更加意识到流程和标准对于管理的重大作用。随着产品在市场的广泛使用，富乐高品质的产品和优秀的品牌获得客户的认可。这个阶段，在流程基础上强化了标准对于质量的要求。只有将质量变成一种文化，让所有员工对质量有共同认识，让质量深入公司的每一个毛细血管，才可能向"高质量"推进。

**获得认可　成为北京市药监局审查业务培训观摩单位**

2003年是不平凡的一年，在胡志勇的带领下，富乐实现了跨越式发展，取得了令人瞩目的成就。在《细则》现场验收之后，北京市药监局把富乐作为观摩企业，因为当时没有可以借鉴的经验，下一步《细则》验收和体系审核工作开展又需要制定详细的条文，总结富乐的经验可以简化其工作程序。

2004年2月19日，北京市药监局的相关领导带领北京18个分局的领导及主管近80人来富乐参观，胡志勇亲自介绍富乐体系认证工作、原材料采购、库房管理、生产过程，详细介绍洁净室的建设、配置工作。参观人员分三组参观富乐的生产车间、库房、洁净间、试验室、检测室等现场，两个多小时后参观结束。北京市药监局领导和各分局领导高度赞扬富乐的质量管理体系建设工作，尤其对于2003年富乐翻天覆地的变化感到震惊。胡志勇也感触颇深，经历的种种困难和坎坷终于有了好结果，一切辛苦努力都值得！

**在质量管理体系建设方面持续做表率**

富乐科技在建立质量管理体系的过程中取得了多项好成绩：

2004年1月，取得《外科植入物生产实施细则》验收结果通知书，成为北京市第一家通过验收的企业。

2004年3月，富乐脊柱内固定产品首批通过了GB/T 19001：2000 idt ISO 9001：2000质量管理体系和YY/T0287：2003 idt ISO 13485：2003医疗器械质量管理体系认证。

2007年，富乐通过医疗器械生产企业质量管理体系规范试点审查，成为全国首批通过试点审查的企业。

2011年，富乐成为北京市第一家通过国家医疗器械生产质量管理规范（GMP）审核的企业[1]。

2012年，富乐被评为北京市医疗器械质量管理示范企业。

2021年，公司通过了CNAS认证、MDSAP体系认证……

多年来，富乐不断反思，不断构建公司的质量体系，坚持不放过问题的原则，全员参与质量管理，在"一次把事情做对"的基础上"持续改进"，使得公司的产品质量和服务水平不断提升，增强了企业的核心竞争能力，助力企业在激烈的市场竞争中不断发展壮大。"质量成败在文化，文化的变革才是管理变革的根本。质量管理从制度层面上升到文化层面需要一个长期的过程，质量管理体系需要介入公司的思想建设、管理理论建设等方面，形成富乐的质量文化。"胡志勇说。

推动变革，形成富乐的质量文化，任重而道远。

---

[1] 本次审核工作由原国药局组织，现场审查组成员由北京、上海、江苏、天津等地的药监局相关人员组成。

| 追 求

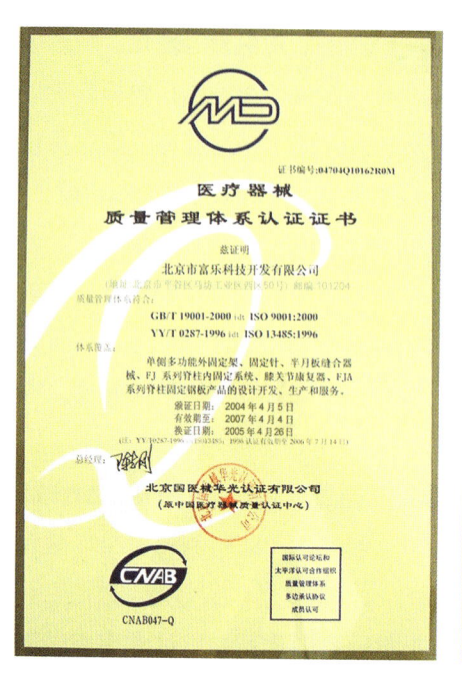

2004年4月，富乐科技首批取得医疗器械质量管理体系认证证书

2011年4月，富乐科技取得医疗器械生产质量管理规范（GMP）检查结果通知书

2012年1月，富乐科技荣获北京市"医疗器械质量管理示范企业"证书

## 标准先行　提升产品质量水平

要推动行业、企业转型升级和跨越式发展，产品标准升级必须先行一步。因为产品标准是产品质量的准绳——产品标准决定着产品质量，有什么样的产品标准就有什么样的产品质量，高标准带来高质量。让产品标准带动企业、行业乃至"中国制造"质量提升，首要任务自然就是打造高水平的产品标准体系。胡志勇用标准先行的方式，通过构建统一完善的高标准体系，用高标准倒逼质量提升，促进国内骨科植入物医疗器械质量水平不断提升。

胡志勇认为，"医疗器械标准是对产品做的技术要求，可保证产品的安全、有效，提升产品质量，助推产品创新发展，发挥标准管理的基础保障作用"。

### 用标准引领骨科行业发展

自1996年研发外固定架以来，胡志勇便学习国家标准、行业标准。当时没有行业标准，他就亲自编写外固定架产品注册标准，在产品申请注册前，经北京市医药总公司（1998—2000年）复核顺利通过。这表明富乐科技质量创新能力强、产品质量水平高，为产品上市、开拓市场打下了良好基础。2000年研制三类脊柱产品时，胡志勇亲自编写《FJ系列脊柱内固定系统》产品标准，顺利通过原国药局专家鉴定会复核，2001年1月，富乐科技取得钛合金脊柱钉试产注册证号，成为国内首家获得钛合金脊柱钉试字号的企业。胡志勇用标准先行的方式，实现标准"硬约束"，倒逼产品质量提升。2002年1月4日，原国药局发布《医疗器械标准管理办法》，2002年5月1日开始施行。事实证明，富乐科技的产品标准走在医疗器械行业标准之前。

### 用标准助力自主研制产品质量提升

为提升企业标准化管理水平，富乐科技在技术部设置标准化工程师岗位，要求岗位从业人员主动学习国家标准、行业标准，参加有关产品标准化的专业会议；根据国家、行业、企业技术标准来制定、修订企业技术标准及内控技术标准；参与新产品研制，签署产品开发的技术文件，做好图样的标准化审查；协同设计人员共同制定产品标准，保证产品标准充分反映产品的性能指标和技术要求，并对其一致性负责。截至2023年3月，富乐科技共制修订企业产品技术要求（标准）61项。仔细查阅富乐科技的产品技术要求（标准）不难发现，其产品技术要求（标准）高于行业和国家产品标准。胡志勇用高标准、高要求来助推自主研制产品质量提升。

**积极参与制定行业标准　提升行业产品质量水平**

作为全国外科植入物和矫形器械标准化技术委员会委员，胡志勇多次参加国内行业标准委员会会议，学习新的国家标准、行业标准。2004年3月26日，胡志勇参加中国医疗器械行业协会外科植入物专业委员会（TC150）成立大会暨技术研讨会，在会上提出规范组织富乐公司脊柱内固定产品标准。

2008年起，公司管理者代表仇万裕负责富乐产品标准化工作，并于2016年6月23日成为第六届全国外科植入物和矫形器械标准化技术委员会（TC110）委员，负责法规管理、产品注册、质量管理等专业事项。该委员会负责全国外科植入物和矫形器械等专业领域的标准化工作，由原国药局进行业务指导。

2018年1月29日，为深入贯彻《中共中央国务院关于开展质量提升行动的指导意见》（中发〔2017〕24号）和中共中央办公厅、国务院办公厅《关于深化审评审批制度改革鼓励药品医疗器械创新的意见》（厅字〔2017〕42号）的精神，提高医疗器械标准水平，加强对标准实施的监督检查，助推医疗器械创新发展，按照《医疗器械标准管理办法》和《医疗器械标准制修订工作管理规范》有关要求，原国家食品药品监督管理总局组织制定了《医疗器械标准规划（2018—2020年）》。

2017—2022年间，富乐科技参与制修订、验证国家标准、行业标准19项，截至2023年3月，已公布的国家标准1项，行业标准共13项，实现了用"高要求"的标准促进行业产品质量水平提升。

已公布的 1 项国家标准：

GB/T 23101.6—2022 外科植入物 羟基磷灰石 第 6 部分：粉末

已公布的 13 项行业标准：

YY/T 1122—2017 咬骨钳（剪）通用技术条件

YY/T 1137—2017 骨锯通用技术条件

YY/T 1141—2017 骨凿通用技术条件

YY/T 1655—2019 骨接合植入物 接骨板和接骨螺钉微动腐蚀试验方法

YY/T 1707—2020 外科植入物 植入医疗器械用聚醚醚酮聚合物及其复合物的差示扫描量热法

YY/T 1714—2020 非组合式金属髋关节股骨柄有限元分析标准方法

YY/T 0345.1—2020 外科植入物 金属骨针 第 1 部分：通用要求

YY/T 1133—2020 无源外科植入物联用器械 金属骨钻

YY/T 0342—2020 外科植入物 接骨板弯曲强度和刚度的测定

YY 0341.2—2020 无源外科植入物 骨接合与脊柱植入物 第 2 部分：脊柱植入物特殊要求

YY/T 1782—2021 骨科外固定支架力学性能测试方法

T/CAMDI 059—2021 增材制造医用金属粉末重复再利用 控制标准

YY/T 1864—2022 脊柱内固定系统及手术器械的人因设计要求与测评方法

标准先行的理念，不仅为构建行业统一完善的高标准体系提供了技术支撑，为生产企业规定了安全、有效产品的具体指标和要求，也助力生产企业生产出更多高质量的骨科产品。更重要的是，可以更好地为广大骨病患者服务，让他们更加放心、安心和舒心地使用骨科植入类产品。

富乐科技参与制修订的部分行业标准

## 质量就是企业的生命　严格控制产品质量

　　机器设备的功能和加工精度、产品工艺的合理性、测量方法的科学性和可实现性及环境因素都会对产品的最终质量造成影响，而原材料的质量更是影响产品质量的直接因素，所有影响因素都通过"人"这一环节作用于产品。每家生产制造型企业在生产的各个阶段都有可能出现产品质量方面的问题，究其原因，"人"是影响产品质量最重要的因素之一。

　　对于公司来讲，每一个层级、每一个环节都要把事情做对。胡志勇认为，想把事情都做对需要进行分层分解：管理层面，要明确管理层的责任；员工层面，要让员工有全员参与的意愿和能力。让我们一起看看胡志勇是如何从管理层面和员工层面实现产品质量控制的。

### 树立质量第一意识　多措并举严控质量

胡志勇多次对管理人员强调：要想有优质的产品，必须做好事前控制；要增强质量意识，同时转变管理理念，加强质量法律法规学习，完善质量控制制度，优化工艺流程；要尽量多依靠机器和工具工作，减少手工作业。

在公司最高层，每年会制定质量目标，实行目标管理。每年对客户满意度进行调查，并对质量打分，这个分数会成为第二年制定目标的基数。从管理层来讲，每年的质量目标被纳入管理者考核指标，督促每位主管尽最大努力坚持执行并达成质量目标，让管理层真正起到带头作用。

一是开展培训教育活动，提高全员素质。自创办公司以来，胡志勇一直重视对员工进行教育培训。他外派管理人员和质量监管人员到外部专业培训机构参加各种学习，让卓有成效的管理者、体系专员、内审员、理化实验员等持证上岗，为推动组织持续发展赋能。刚开始的几年，胡志勇亲自为员工培训制图、加工、管理、销售等方面的知识。他认为只有人员具备了必需的技能，才能保证生产出高质量的产品，"好产品是由加工相关各个环节的人做出来的，不是检验人员检出来的"。对操作人员开展操作技能培训，还转变了人员在生产中的角色：在2002年之前的手工操作时代，一线生产人员的主要任务是生产加工出产品，是操作者；2005年以来，自从有了数控车床、纵切加工中心、立式加工中心以后，由自动化设备加工出产品，一线生产人员从繁重的操作中解放出来，变为产品质量监督者，主要负责检验测量产品，保证产品合格、质量稳定。人员角色的转变为进一步把控产品质量和事前事中控制提供了人力保证。

二是用"法"控制产品质量，做到知法守法。对管理人员进行质量法规、质量管理培训，2000年4月，富乐组织全员学习《中华人民共和国产品质量法》，明确生产和销售企业的产品质量责任和义务；产品质量监督部门监督抽查产品质量状况；产品要符合国家标准、行业标准。2000—2003年，富乐组织员工学习《医疗器械生产企业质量体系考核办法》《无菌医疗器械管理规范》《外科植入物生产实施细则》等法律法规，明确提出要强化产品质量控制，使产品安全有效且具备可追溯性，保证病患人身安全。

三是用"制度"控制产品质量，完善质量控制程序。富乐2001年开始质量认证制度的建立和完善工作，修订完善了《设计评审制度》《技术文档管理规定》《生产计划管理制度》《库房管理制度》《质量检验管理制度》《可追溯性管理制度》《质量跟踪管理制度》等与产品质量相关的制度。质量控制贯穿产品整个生命周期。随着2001年质量管理制度的修订、完善，富乐相应制定了《采购控制程序》《生产提供控制程序》《服务控制程序》等多个质量控制程序。2006年2月，富乐对生产、设计、质量管理、采购、出入库、销售等管理过程提出相关质量要求。

四是升级生产硬件设备和质量检测设备。随着产品种类的增多，胡志勇认识到高精度的零件依靠普通的机床难以制造出来，单纯依靠人工操作既笨又慢，想要马儿跑得快，就要给马吃好草，必须投资更先进的、精度更高的机床设备。2002年，富乐新购2台二手数控车床；2004年，新购1台全新的数控车床；2005年，斥资52.242万元买进第一台立式五轴加工中心；2008年，投资302万元购进1台韩国韩华20的纵切加工中心、1台日本斯大的纵切加工中心、1台DMG的车铣复合加工中心。设备升级之后，原来需要好几道工序才能完成的加工任务在一台设备上一次就可以完成，提高了生产加工效率，同时降低了废品率，产品质量稳定性好。到2023年3月，富乐有纵切加工中心71台，车铣复合2台，立式加工中心27台，智能化生产设备从根本上改善了产品质量。产品检验检测方面，升级检测设备，购买适宜的检具、量具，尽可能借助工具实现检验步骤，降低人为误操作的风险。2017年，富乐购置微电子控制万能试验机、疲劳试验机等；2020年，购置图像尺寸测量仪。先进的检测设备为控制产品和原材料质量性能的稳定性和一致性，控制产品的有效性和风险性提供了强有力的保证。

五是用运用科学的质量控制方法。在产品加工和检验环节，运用科学的质量控制方法，注重落实生产加工的"首件三检"制度——加工者首件自检、相关人员首件互检、技术人员或检验员首件专检；加工者在加工过程中

第四章　二次创业再出发

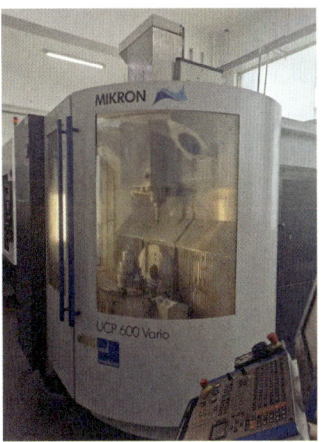

2004年，富乐购进第一台全新数控机床　　2005年，富乐购进第一台五轴加工中心

微电子控制万能试验机　　疲劳试验机

做好自检，做好产品分类和标识，首件、自检合格品、待定品和废品隔离存放；加工者按批次分别交检，避免多批次不同规格产品混放；控制废品和不合格品的签署；完善自检得分、质量得分、诚信得分等考核机制；巡检员不

定期巡检；通过严格按照图纸和产品标准来检验等控制方法，严控各道工序质量。

六是优化产品工艺流程。一方面，优化操作步骤和流程。工艺工程师根据图纸对加工工艺编制、加工程序确认、机床加工出成品等环节进行优化。他们经常深入一线与加工者沟通，确认工艺文件是否合理、可操作程度如何、是否可以进一步优化操作步骤和工艺流程。另一方面，严控人为误操作的可能性。加工过程中，工装和夹具一次装卡成功是影响产品质量的主要因素。大多数情况下，车间技术员会根据工件形状设计工装和夹具，保证一次装卡成功。无论操作者是谁，结果只有两种可能：要么装不上，要么一次装到位。举个很简单的例子，在客户吃完饭之后，餐厅工作人员需要把凳子放到桌子下边的架子上，但由于架子未设置相应的卡位，经常出现凳子放上去悬空挂着摇摇欲坠的情况，这是做了但没到位的典型表现。技术员在做工装和夹具设计时考虑到类似隐患会引发出错风险，所以严格控制操作失误，保证一次装夹成功。

**全员参与质量把控　　纠正错误质量行为**

在员工层面，胡志勇强调全员参与。全员参与有两个层面的问题要解决：一是意愿，二是能力。从意愿上，按月设定考核目标，将质量作为员工考核的重要指标，同时也设定质量奖、质量标兵等奖项对质量方面表现突出的员工给予奖励。从能力上，公司引进很多先进的管理方式方法，对员工进行培训教育，为全员提供提高质量的方法和工具，以保证每个人有能力去参与。

质量第一，重工时、轻质量害人害己。富乐生产一线的操作工真的很辛苦，白天班和夜晚班轮换着上，生产任务重的时候，一个人需要看好几台，甚至十几台机床。当班者要保证个人负责的机床正常运行，产品正常生产；抽检测量新生产出来的产品（脊柱钉、创伤板、融合器等）尺寸是否合格；机床加工完一批产品换下一批的时候还需要换料、上料、码放加工好的产品。操作工常常穿梭于大半个车间的多台机床之间，上完一个班次后往往疲惫不堪，虽然劳累，但他们内心却是欢喜的，因为他们操作的机床台数越多，生产的产品数量就越多，折合计算的工时及所得的工资就越多，公司操作工的收入水平位居一线生产人员的最前列。

张小虎就是一名操作工。刚来公司的时候工作挺认真，没有出过问题。时间久了，他对产品质量把控有所松懈，但对个人工时却很重视，一分一秒都不放过。1999年4月的一天晚上，张小虎当班，大概凌晨1点左右他有些犯困，就趴在工作台上眯了一觉，等他醒来从钉盒里拿出矫形螺钉检查时，发现3号机床新生产的20枚钉子头部都有深浅不一的裂纹，其中8枚矫形螺钉裂纹很深，毫无疑问会被判断处置为废品。个人生产出废品不仅扣工时得分，而且还会扣质量得分、文明得分，这样一来当月的工资会少一百多块。不能让工时受影响，收入也不能影响太多，张小虎心里这样想。他看了看四下无人，就将这8枚矫形螺钉装进了工作服的口袋，然后丢到了公司围墙外的杂草丛里。

后来又有类似情况发生。1999年10月8日，王小强将废品通知单私自撕掉，弄虚作假；实做工时同样有作伪现象，9月应有工时200小时，请半天事假，个人写实做工时214小时，据抽查他10天内只加班半小时，还有一次提前20分钟将机床擦好，等待下班；生产的产品质量较差，废品工时达20.99小时；1999年10月25日，李振因为打扫卫生迎接上级检查，要求给其增加工时，跟公司讨价还价，斤斤计较，因产品质量问题多干一点工艺之外的事也要工时，完全不反思造成产品质量问题的原因是其个人质量意识差、工作不到位。

坚决制止、纠正重工时、轻质量的行为。针对公司出现的产品质量问题，胡志勇在公司内展开了多次座谈讨论会，制定相关规章制度，采取相应措施来进行纠正和预防：1999年5月，针对厂区内随处可见废品的现象，明确规定确认废品的权利归检查人员，其他人员无权处理；废品确认后应做好标识，与使用品严格区分；废品集中销毁。

1999年7月，针对只看重工时而忽视产品质量的行为，公司组织操作人员召开现场质量讨论会，要求关键工序、关键步骤要定点定人，细活要细心人来做；组织专门人员攻关协商，技术人员、检验人员、生产管理人员、操作人员参加；图纸改动要有专人负责，检验人员以图纸为准；操作人员要统一工时与产品质量的关系。

1999年11月，公司针对生产人员生产出废品后不诚实，将废品抛掉而让前道工序的人员去补加工，因而屡屡发生不良事件的情况召开质量风气整顿会，改进和健全产品质量保障制度，弥补管理漏洞，严格落实库房材料领取制度，生产批量计划下多少产品就领多少料，不能多领，严禁弄虚作假给公司造成损失；要求全员树立正气，不能协助和包庇品行不端的人在产品质量方面欺骗公司和消费者。

2000年8月，公司根据当前产品质量形势召开质量问题分析会，质检负责人李维林总结说："员工要通过学习提高认识，明确眼前利益和长远利益的关系；质量始终有可以改进的地方，不能满足现状，争取做到我公司产品质量首屈一指，要彻底解决思想问题才能好好挣钱。"工艺负责人周之光提出，要严格落实派工单、图纸和工艺，自检要勤检，掌握公差，有超差公差时分析原因，马上采取措施。胡志勇提出了"争取中间工差，质量意识第一"的口号，号召产品加工环节所有相关人员为实现中间工差目标而不懈努力。

2001年1月15日，胡志勇召开质量与工时专题会议，纠正为了多挣工时而降低质量的错误做法，提出要打破情面提高质量，绝不能在损失质量的情况下去照顾情面；提倡敬业意识，号召全员对公司负责，对人民负责，对国家负责。

质量第一，重产量、轻质量不可取。2000年8月，公司召开生产调度会，胡志勇说："外固定架由产量要求转变为质量要求，脊柱产品要投入一个批量，但绝不能在批量生产时忽视质量要求"。如此这般，一方面是国家医药系统强制管理的需要、市场竞争的需要；另一方面是公司自身形势需要，要求精益求精。结合公司有的工种没活干、忙闲不均的实际，胡志勇再次鼓励大家抽时间加强学习，提高工作技能，实干加巧干，加工中要注意图纸工艺的要求，切不可凭印象和个人喜好蛮干。

2006年1月，赵新、万红两人成批报废加工件，材料损失达1万多元。胡志勇召开生产部质量事故分析会，强调质量的重要性：公司要承担社会责任，这既是社会道德问题，也是人命关天的责任问题，国家法律法规强调"安全有效",这是强制性要求。任何企业、任何个人都要绝对服从,没有别的客观理由,我们能做到就生存,做不到就别干。产品质量与企业命运相关,欧洲一家企业就因在美国市场上遭顾客抱怨导致企业破产了。《医疗器械监督管理条例》早已明确规定,对于假冒伪劣产品处以严厉制裁、惩罚、罚款、关闭企业,对企业法人追究刑事责任。在公司工作,多数工人的第一目标是挣钱,这在情理之中,但必须按国家法律法规要求,按公司规章制度来挣钱,绝不允许只顾个人利益,不顾公司利益,不顾患者利益去挣钱。在管理上各岗位要负起责任,任何情况下必须强调质量第一,不能忽视质量。

通过一系列的分析整顿及再三强调,质量第一的观念在公司逐渐深入人心,各相关岗位开始用实际行动来控制产品质量,真正做到高质高效发展。

**对照镜子反思企业质量问题**

2008年国内发生了三鹿奶粉事件,三鹿牌婴幼儿奶粉致幼儿死亡和多例婴儿患肾结石,这是国家一级食品安全重大事件。据调查,造成婴幼儿死亡和患病的原因是三鹿集团生产的多种婴幼儿奶粉中含化工原料三聚氰胺。作为奶粉生产企业,三鹿集团对生产原料的检验及生产过程的质量监控出现了严重问题。如果三鹿集团的领导足够重视产品质量安全,质量管理机构能真正履行其职责,原料收购、检测、生产过程监控和产品出厂检验等各环节的工作人员都尽职尽责,这样的事故是不会发生的。

胡志勇对于此次事件非常重视,他深知作为一家医疗器械生产企业,富乐的产品肩负治病救人的使命,产品质量就是企业的生命,也关系到病人的生命安全。

2008年9月19日,胡志勇召开部门主管会议。9月23日,召开全员大会,专项研讨产品质量问题,以三鹿奶粉事件为镜子进行反思,探寻公司运行过程中各环节存在的隐患和漏洞。首先,从思想、理念、道德层面进行反思,富乐人的言行是否符合"诚信为人"的企业核心价值观,富乐不能做伤天害理的事,不能做坑害人民的事。其次,查隐患、查漏洞。提出查隐患的方法:从自身做起,要用照镜子的方法,绝不能用手电筒的方法，只看别人的短处；提出查隐患的标准，要真实，要担责任，不能弄虚作假；要把质量管理体系规范和要求作为我们的标准。最后，建立正确的工作秩序，完善管理制度。遵循 5S 管理思路来建立工作秩序，确保公司产品全过程（产品上游—产品实现过程—下游顾客服务）达到"安全、有效"，并强调除对内部每个层级、每一个环节进行把控外，还要对供应链进行管理。

在供应链管理上，提出三点做法：第一是选择价值观一致的供应商，严格执行供应商入选制度，对他们从严监控，从产品源头进行严格的品控把关。第二是优质优价，绝不以价格为唯一竞争条件。对每一个供应商都进行合作全过程的评价，评分体系分为 ABCD 档，当供应商评分在 D 档时，停止供应合作，之后不再采用。第三是建立原材料质量检测制度和流程，从原料采购、进货检验、原材料批次检验到入库流程进行严格管理。

至今提起三鹿奶粉事件，胡志勇都说："这个人命关天的教训是惨痛的，必须警钟长鸣！"他自始至终把产品质量看得比一切都重要，他多次强调，我们万分之一或几十万分之一的差错，对顾客来说就是百分之百的伤害，在社会上造成的影响是巨大的，任何产品，只要存在一丝一毫的质量问题，就意味着失败，将可能给顾客带来致命的伤害。说严重一些，做出残次品甚至有可能会导致犯罪，不仅会给公司造成不良影响，而且会造成恶劣的社会影响。他说："我们的工作不能单纯以盈利为目的，我们的事业属于高科技的慈善事业，服务于广大患者。竞争对手的产品质量在提高，如果我们不想方设法精益求精、改进产品质量，就会被市场无情地淘汰。"

胡志勇不仅通过社会质量事件用照镜子的方法反思，还以内部质量事故为警戒，敲响长期警钟。他重视质量意识教育，要求全员参与产品质量管理和控制，提高人员技能和素质，不断完善质量制度，提高产品全周期的质量要求，升级生产及检测硬件设备设施，运用科学的产品质量控制方法严控产品质量，打造出优质的被市场广泛赞誉的骨科产品。

"质量是企业的生命，员工是企业的主人，质量的提高需要大家共同努力，我们一定要落实以质量为核心的生产管理，牢固树立质量意识，将生产管理、质量管理推向企业系统管理的全过程，让'质量第一、质量是企业的生命、质量需要企业全员参与'的质量意识深深烙印在所有员工心里，为制造零缺陷产品创造无限可能。"胡志勇说。

## 升级质量检测技术　提升核心竞争能力

### 富乐科技检测中心成立

富乐科技 2005 年成立检测中心，主要对材料、脊柱类产品等进行机械性能测试。经过多年的工作积累，富乐科技在 2015 年联合天津医疗器械检测中心开展协同创新，从产品的寿命、力学、疲劳、生物相融性、微动腐蚀等方面来检测产品性能，以便给用户提供高品质的产品。

*富乐科技的检测中心及实验室*

### 富乐科技检测中心通过 CNAS 国家认可实验室认证

2020 年 12 月 12 日，中国合格评定国家认可委员会派出评审组、技术评审专家根据评审准则和评审程序，查看了富乐科技检测中心现场、核查了仪器设备配置、查阅了体系运行记录，对检测中心的质量体系建立及运行情

CNAS 实验室认可证书

况进行了全面审查；通过常规试验、现场演示等方式，对检测中心申请认可的实验室检测能力进行了现场考核；通过面谈，对检测中心的技术和管理水平进行了全要素评审。

经过严格细致的评审，评审组专家认为，富乐科技检测中心在管理体系方面符合相关标准并能有效运行，检测设施、环境、仪器设备、检测方法、人员能力等方面均满足相关要求，评审专家一致同意通过现场评审，并对后续的工作提出了意见和建议。

2021年3月11日，富乐科技检测中心正式获得中国合格评定国家认可委员会（CNAS）批准，成功获得实验室国家认可证书（注册号：CNAS L 14492），一举跻身国家认可实验室的行列。

通过实验室认证的有检测中心的电子万能试验机、疲劳试验机、接骨螺钉扭矩测试仪等12台高端检验检测设备。

截至2023年3月，富乐科技检测中心CNAS认证的检测对象为医疗器械用金属材料、外科植入物接骨板、外科植入物金属接骨板、产品及材料、椎间融合器等16项骨科植入物原材料和产品，检测范围涵盖原材料及产品的强度、硬度、粗糙度等静态、动态性能和参数，可依据20项国家标准和医药行业标准开展30余项检测工作，并出具检测报告。

检测中心被评为CNAS国家认可实验室，不仅体现出富乐科技在外科植入物行业内品质管理上的强大竞争力，也标志着富乐科技的检测技术实力和质量管理已达到行业领先水平，能够提供"科学、准确、公正、满意"的检测服务，同步实现了国际范围内的检测结果互认，进而为富乐产品走向国际打下了坚实基础。

富乐科技的部分检测设备

大家可能对CNAS不是很了解，我们一起来了解一下CNAS的相关知识。

什么是CNAS呢？

CNAS是中国合格评定国家认可委员会的英文简称，是经国家认证认可监督管理委员会批准设立并授权的目前国内唯一一家有资格颁发国家认可实验室证书的机构。

CNAS申请认可必须满足哪些条件呢？

实验室具有明确的法律地位，具有承担法律责任的能力；实验室符合有关法律法规的规定；遵守CNAS认可规范文件有关规定；符合CNAS-CL01《检测和校准实验室能力认可准则》；申请人应在遵守国家法律法规、诚实守信的前提下，自愿地申请认可。CNAS将对申请人申请的认可范围，依据有关认可准则等要求，实施评审并做出认可决定。

CNAS认可的作用和意义是什么呢？

富乐科技检测中心获得认可，表明实验室具备了按相应认可准则开展检测和校准服务的技术能力；可增强实验室的市场竞争能力，赢得政府部门、社会各界的信任；取得了占领检测或校准市场的主动地位，可获得更高的经济效益。

检测实验室将被列入CNAS获准认可机构名录，在CNAS网站电子注册、发布，接受监督。获得认可后，公司网站、宣传品、检测报告上都可以使用认可标识；可提高实验室的知名度；出具的属于认可范围项目的检测报告，可加盖 CNAS 认可标识和 ILAC-MRA/CNAS 国际互认联合标识，检测结果在 61 个国家和地区可以得到互认，有机会参与国际间合格评定机构认可双边、多边合作交流，有助于消除非关税贸易技术壁垒，有助于工业技术、商贸的发展。

**荣誉背后是富乐科技对产品质量的坚守**

重视结果，更重视过程。富乐科技检测中心通过 CNAS 认可固然可喜，但其背后更值得关注的是：成立 30 年来，富乐科技对产品质量的坚守。为打造高质量的产品，富乐每一款产品从研发、设计、测试、批量生产到最后用户使用都会经过层层检测。

另外，为提高产品检测效率，使每个基础构件质量都得到严格把控，富乐科技研发技术人员在技术方面不断取得突破，持续提高产品质量检测能

技术人员在富乐科技检测中心进行产品检测

力、检测技术能力和管理水平。富乐科技也将继续引入先进的实验设备，吸纳更多专业人才，多管齐下，打造国家认可实验室的典范，进一步为企业产品研发和生产提供强有力的保障，增强整体市场竞争力。

在外科植入物行业，通过 CNAS 认可的企业屈指可数。富乐科技荣获 CNAS 国家实验室认可证书，是公司系统完善质量管理体系的一个重要历程，不仅展示了一流的管理水平、一流的检测技术能力，也展现了公司对产

品质量和卓越品牌的不懈追求。CNAS 国家实验室资质认可的加持，将持续为富乐科技研发创新产品保驾护航！

据统计，"富乐"品牌产品质量稳定，顾客满意率高达 90% 以上，国家抽检产品合格率达 100%，顾客投诉、不良事件为零。通过多年的努力，富乐科技搭建了融合国内外先进理念的质量管理体系，通过标准先行的方式为"富乐"品牌发展增加动能，通过建设质量检测中心升级质量检测技术，不断提升产品质量，增强企业核心竞争力，护航企业高质量发展。

未来，富乐科技将继续以"追求卓越"为使命，不断研发外科植入类相关产品，努力实现"百年富乐"愿景。

## 四、以客户为中心　实行品牌化营销

有人说："企业如果在市场上被淘汰出局，并不是被你的竞争对手淘汰，而是被你的客户抛弃。"

国内外许多成功企业的经营之道，就是无论企业规模有多大，在处理事情时都像一家小企业，即大企业懂得小经营，竭尽全力赢得顾客。市场没有贵贱差别，顾客也没有等级之分。有眼光的经营者总是将每一位顾客看作"重要顾客"，并提供细致周到的服务。胡志勇认为，企业的目的不是"股东利益最大化"，而是造福顾客，使顾客在这个世界上感受到更多美好！

### 以市场为导向　以客户为中心　建立品牌营销体系

富乐科技刚起步时主要产品为外固定架，营销模式以公司销售人员推广为主；经过近 10 年的发展，市场形势发生了巨大变化，旧营销模式明显不再适应新的市场形势。2002 年，胡志勇在思考：企业的服务理念和营销模式要如何改变才能扩大脊柱内固定系列产品市场？他提出"随需而变"的服务原则和"以满足顾客需求为关注焦点"的营销理念，将每一位客户、渠道合作伙伴都看成公司的重要顾客，主张以客户为中心，从销售服务、品牌营销、完善销售制度与流程、探索新模式等方面着手做好营销。

2007年8月1日，胡志勇给公司营销部全员宣讲企业核心价值观——诚信为人、追求卓越、服务顾客，强调要依靠创新发展的理念，把客户对产品和服务的需求引入企业管理，建立"以市场为导向，以客户为中心"的营销机制，形成客户对产品和服务需求的传递机制，有效协调企业生产、技术、经营等各个系统的整体行为，真正落实"始于顾客需求，终于顾客满意"的要求，全面推进企业向"经营型、服务型"转变。

**以客户为中心　用服务提升价值**

经历了1998年外固定架"价格战"之后，胡志勇认识到单纯降价没有出路！富乐面临的挑战，一是竞争白热化，以前是单纯的价格竞争，现在面临质量、成本、速度、服务等多方面的竞争；二是顾客需求个性化和多样化。于是他开始思考：如何激发员工的市场意识和客户意识，建立起企业自身的竞争优势，以满足顾客需求？

以客户为中心，重建公司价值链。本着"以满足顾客需求为关注焦点"的营销理念，胡志勇提出，首先要改变价值链的方向，建立以客户为中心的现代价值链。主要原因有两方面：一是客户从不成熟转向理性消费，必须把客户的个性化需要放在产品研发和销售的首位，与客户建立交流渠道也就必然成为厂商的第一要务；二是客户群与以往发展不同，客户有自己的需求和偏好，希望销售人员提供给他们与众不同的产品，同时需要专业部门、专业人员给他们提供专业的服务，这就是未来发展的趋势。

富乐科技是一个小公司，而且发展历史不长，为了适应市场需求，我们必须同时做好三方面工作：一是以技术为重点研发新品，抢占市场；二是以科学化的企业管理来保障市场；三是以品牌服务宣传，用实践运行来开拓、巩固市场。

重建企业经营价值链。用优异的产品和服务为顾客创造价值、带来利益，提升顾客满意度，获得忠实顾客，实现企业可持续发展。

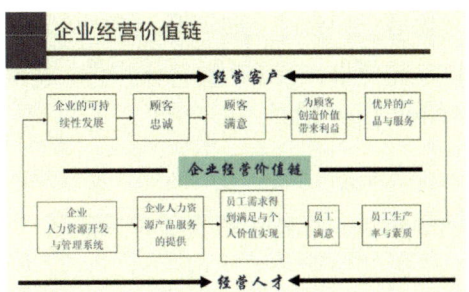

以客户为中心的现代价值链　　　　　　　　以实现企业可持续发展为目标的
　　　　　　　　　　　　　　　　　　　　　企业经营价值链

　　我们要实现"让富乐品牌成为服务的象征",必须做到:一要认识到在当今必须从技术导向转向市场导向;二要认识到品牌服务的重要性,我们要向服务要效益;三要加强销售人员的培养。选择销售人员要非常严谨,而且要对这些人进行不断的、系统周密的培训,要让其达到专业服务水准。销售人员首先要懂产品,更重要的是在客户使用产品的过程中做好跟踪服务,及时反馈信息,及时发现和处理问题,让客户满意。

　　重视服务意识。市场竞争不只是产品的竞争,还涉及企业管理、人员素质、质量意识、设备条件、服务等多方面的竞争。产品服务是很关键的竞争因素,在产品性能、质量、价格等不差上下时,优良的产品服务就可以赢得市场。海尔电器、格力电器等都拥有让顾客满意的服务。

　　2002年4月19日,在脊柱产品上市的第二年,胡志勇再次提出以销售服务为主。他说目前市场形势很好,市场空间很大,竞争对手很多,能否站稳脚跟,关键在于服务质量。

　　2002年11月11日,胡志勇召开销售服务专题会议,分析客户理性消费和消费偏好变化带来的市场发展趋势的变化,提出"以满足顾客需求为关注焦点"的营销理念,将"以市场为导向,树立品牌服务"作为发展目标。

　　学习核心价值观,提升销售人员的服务意识。人员素质及服务意识是服务能否增值的关键。2007年8月1日,胡志勇亲自给营销部人员讲解公司核心价值观。第一,诚信是做人之本,事事时时讲诚信,才会有信誉,做事才可靠。在公司发展初期，销售人员在工作中也存在不诚信的问题，如库房产品随便拿，货款向自己账户打，造成货款流失、窜货等不良现象，严重影响了公司的发展，更谈不上为客户提供优质的服务。第二，追求卓越。每个人都要制定个人短期目标和长期计划，不断地以新的目标来鞭策自己，取得新的超越。每名销售人员都要改革，要创新，要有追求，对工作要精益求精，在激烈的市场竞争中抱有积极进取的态度是关键。参与竞争，迎接挑战，是销售人员的本职工作。十家企业抢一个市场，能做到几家之上这就是能耐！第三，服务顾客。在营销管理方面怎样才能做好服务？工作业绩要想上一个层次，一定要连工作职责边缘的事情，甚至职责以外的事情都做好。例如销售经理如能与客户建立良好关系，那客户自然会把订单给他。所以要通过情感上的交流，成为和谐的合作者，与客户互相促进，推动目标达成。

变被动为主动，提供优质服务，创造顾客。胡志勇认为，顾客的需求是我们努力的目标，这是被动；我们要主动做工作，创造顾客、引导顾客，推动发展。2009年6月12日，胡志勇提出，要树立共同目标——创造顾客。要达到这个目标，营销部的任务不只是完成销售额，还要关注竞争对手、市场反应、顾客满意度等各种市场信息。

为了创造顾客，给市场提供优质服务，胡志勇指出营销部必须做到七点：一是对客户要热情、尊重、关注；二是帮助客户解决问题；三是迅速响应客户需求（针对顾客抱怨，积极处理不良事件）；四是始终以客户为中心；五是持续提供优质服务；六是设身处地为客户着想；七是提供个性化服务（如特殊订货）。2010年1月1日，胡志勇在供应链环节也做出改革举措：将物流推向前沿，便于及时配货、送货；做试点，改进成品库管理；产品部要满足市场的需求及配套器械的生产和外协，这是一项重要工作，要落实专人组织工作，满足市场基本要求。

2012年以来，骨科市场稳步增长，围绕服务客户，富乐科技进行了一系列"以客户为中心"的革新措施：将售后部更名为客户服务部，客户服务工作进一步聚焦"服务顾客、创造顾客"的经营理念。通过多样化的技术提升平台，不断提高技术人员、市场人员的专业技术水准，为客户打造更安全有效的产品；关注临床医生、经销商反馈的信息，通过特殊订货、高低配器械等举措，进一步提升服务客户的竞争力。同时，大客户服务设置专人对接。胡志勇专门组建大区经理队伍，与经销商进行密切沟通，进一步推动公司与经销商的合作关系健康发展。不断收集市场反馈信息，做出相应的调整和改变，以满足顾客需求，创造顾客。

**完善营销管理　靠管理创效益**

随着经济的发展，人们对生活质量的要求越来越高，对产品和服务质量的要求也越来越高。在销售管理方面，2004年1月26日，胡志勇提出落实销售计划，完善销售管理制度、管理流程和管理监控，提高销售人员的团队精神及集体意识，落实做事宗旨20字：事事有人管，人人有专责，办事按规定，结果能考核。

设计"端到端"的营销活动管理流程。"端到端"的流程要求将整个营销活动视为一个整体来进行设计。2004年12月2日，公司《程序文件》中增加了《服务过程、监视和测量控制程序》，其中销售工作内容的程序性要求为：①对销售服务过程、体系全面要求；②证实服务过程与控制程序符合公司规定；③发现问题，进行改进。关键环节是商品传递过程是否正确。2007年4月26日，公司成立13周年之日，胡志勇和销售人员谈企业管理的思路及发展，强调公司的管理及运行在逐步改善，其中在销售流程方面，一是建立了销售网络、医院直销、各地代理；二是重视服务及培训，凡是使用富乐产品的用户，一定做到上门服务，技术培训在先；三是形成市场信息反馈机制，将市场需求及顾客抱怨反馈给公司相关部门。

完善"后端"对"前端"的服务流程。把一线部门当作自己的客户，积极主动去分析一线部门的需求，并提供有针对性的解决方案。即使面对一些与现有制度不符的要求时也要多想想：是不是有其他办法可以完成这个服务？是不是现有的管理制度已不适应企业发展的需要？2009年起，富乐通过销售终端强化宣传及市场开拓，强化终端建设和顾客服务，传播品牌价值，积累品牌资产。

规范区域经理管理。2010年1月1日，胡志勇提出要改进销售部工作，增加销售收入，明确销售人员的职责，开拓市场、服务市场，必须做到营销为终端客户服务、培训。2010年起，富乐对销售区域经理进行规范化管理。一是推行销售部月度例会制度，每月底区域经理都返回公司集中开会，汇报出差总结、出差计划、开拓新客户的情况及市场总结等。二是做好销售数据定期统计工作。做到日报、月报，并对销售数据汇总内容提出具体要求，如按照产品名称、规格、数量、单价统计；按照区域经理、经销商、发货数量、退货数量、货款等统计。三是举办区域经理定期沟通会议，主要是收集市场意见、信息反馈，宣贯公司政策制度，针对新产品进行销售培训，协调市场各项相关工作。

完善营销管理制度。2012年9月，胡志勇认为公司的销售模式更接近于口碑相传、磋商，销售部门与客户服务部门需做较大调整。首先，要完善销售管理制度。包括定价管理制度、客户信用管理制度、货款回收管理制度、发货管理制度等。其次，要进行目标管理。在设定营销目标前，必须先做出两项重大决策：专注决策和市场地位决策。对于企业而言，专注决策是非常重要的，企业需要专注经营产品项目和方向，但是这种专注决策风险很高，所以必须十分慎重；市场地位决策，"老二主义"就是当前富乐科技市场地位的重大决策。参照"老大"要模仿跟进其产品和服务，学习"老大"的长处，关注"老大"的弱点，使自身不断创新，应对市场。

退货工作流程化管理。退货是公司一直比较头疼的环节，因为退回来的产品既杂又乱，手写的退货清单难以辨识，有的甚至连退货清单都没有。2015年，针对退货随意性强的做法，曹春红制定了退货流程表，规范退货管理，规定返回公司的产品需进行17道程序之后才可以重新入库，主要是列清单—审核—交质保部核对实物—质量检验—质量报告—返车间处理—打印合格证—包装—入返回品库。通知客户按公司要求，退货必须有清单及退货明细表，注明产品名称、规格、数量、批号、进货日期及返回原因，并对退回公司的产品接完好性及合格证是否齐全进行分类，与经济利益挂钩。明确退换货的不同情形并严格执行相应规定：半年内退货按原价折算；半年至一年内退货折价80%；一年至一年半内退货折价60%；一年半以上的产品不再退货，实现退货管理流程化。

大型学术会议流程化管理。COA国际学术大会（Chinese Orthopedic Association，COA）是由中华医学会骨科学分会主办的国内最大的骨科界国际学术年会，自2006年创立以来，在北京、上海、郑州、苏州、厦门、成都等多个城市举办。参加COA大会对企业来说是展示品牌和实力的好机会，在展会上展示公司最新产品，同时邀请重要专家、客户到现场沟通交流，可以接触到行业最先进的产品，最重要的是可以与行业顶级专家对话，更好地宣传推广公司的产品。对于这种学术会议，胡志勇高度重视，展台布置、展品准备、会议组织、客户接待、客户住宿、餐饮安排等工作，每个环节都不能疏漏。

由于需要接待的客户较多，所以住宿安排是一部重头戏。基本上当年展会刚结束，有时甚至还没结束时，下一年的住宿预定工作就已经开始筹备了。由于客户到达和离开时间不一致，所以预订房间不能一概而论。这份重要又精细的工作对统筹负责人要求较高，需要耐心和细心。刚参加展会的几年，接待现场有些混乱：客户到达指定地点等待接待司机，司机却搞不清楚客户到底在车站的哪个广场；给客户预订了房间，可客户当晚不入住；已经到达的客户却没有安排住宿的房间。现场总负责人嗓子都喊哑了，大家还是一锅粥……胡志勇把COA类似的大型会议管理权下放给营销总监曹春红。有一次离COA大会召开不到半个月时，曹春红检查整个会议各项工作安排是否有漏洞，发现与昆泰酒店签订的协议有很大问题——每天订的房间都同样多！可实际第一天不可能有那么多客户入住，这样就会造成很大浪费。由于取消协议房间须提前15天协商，发现问题时距会期已不足15天。如果不退款，公司将遭受损失。经多次沟通协商，对方同意将这笔多出来的费用存入富乐账户，下一年开会富乐可以继续使用，这样就挽回了18万元损失。经过此次事件，为了更好地开展工作，曹春红制定了富乐大型会议各项流程规定，明确各部门分工及具体实施方法。此后每年COA大会各项工作有条不紊开展。公司把COA等大型会议作为宣传富乐品牌，联络专家的重要方式之一。

完善招投标体系。投标工作是营销部最重要的工作之一。刚到任的曹春红面对的是招投标工作的困境：一边是在激烈的市场竞争中，要保证企业实现最理想的投标报价策略；一边是工作没有思路、没有整体计划性、完全被动工作，缺少专业的招投标工作人员。经了解，同一个注册证同一个产品在每个地区价格不一，要想了解全国各区域的招投标价格，只能通过区域经理得到消息，可区域经理只考虑本区域的利益，为了能够中标，把产品价格压很低，曹春红认识到价格问题很严重。她认为，制定统一的招投标流程迫在眉睫，同时还要培养专业的招投标人才。2017年，她积极向公司寻求支持，得到了胡志勇的大力支持：设投标部为营销部的独立部门，投标人员从营销部综合办公室搬到独立的投标办公室，组长1人，成员6人。为了保证招投标工作顺利开展，各项基础保障设施必须到位，因此购置了专业的胶装机、裁纸机，在投标办公室打印标书、胶装、裁切一步到位，节省了大量的时间成本和人工成本。公司的招投标团队建立起来了，曹春红组织招标团队制定了全国各地招标价格汇总及挂网动态一览表，使得所有区域的产品价格一目了然，统一了全国范围内的招标产品价格。自此，富乐的招投标体系建立，招投标管理工作逐步走向规范，这项工作的完善对于产品立项、产品注册证申报都具很好的指导意义。

**推行品牌营销　扩大公司品牌影响力**

注重提升品牌形象，推行品牌化营销。早在1999年，胡志勇就亲自设计了富乐科技的品牌标志，1999年5月21日取得了富乐注册商标证书，起

1999年10月28日，外固定架参展——首次宣传富乐注册商标

2005年，脊柱产品参展，宣传富乐品牌

初主要用于外固定架产品的说明书、宣传页、展会等；2001年12月起，富乐脊柱内固定产品正式走向市场，胡志勇开始参加各类展会，加大富乐品牌宣传力度。

2004年11月9日，营销部李经理在公司经营办公例会上反映，经过两个产品推广会议后，代理商上门找的多；广州、昆明也有了代理商，从市场信息反馈看，富乐产品有一定的品牌效应。

2009年10月29日，胡志勇召开品牌化营销会议，强调要通过强化终端建设为顾客服务，积极传播品牌优点，打造品牌资产。主要从两个方面着手：一是通过销售终端强化宣传及市场开拓；二是通过对品牌、产品、终端、渠道进行整合，增加与顾客的接触，提高品牌知名度，树立品牌形象。

2013年，富乐注册了新商标，并确定品牌宣传口号：专注骨科事业。采用手写体，将企业理念展现出来。同时制作富乐科技品牌视觉识别规范手册，主要介绍富乐科技视觉识别系统的核心元素及设计理念，体现公司企业文化和品牌精髓，期望通过规范应用，将企业形象提升至更高水平。该手册作为富乐科技展示企业形象的渠道，目标是在品牌推广中达到统一规范，体现企业的整体性和凝聚力，从而展示企业的竞争实力，赢取更广阔的市场。

富乐品牌视觉识别系统
（主要内容）

高投入强推广，宣传富乐品牌。从2001年开始，公司通过参加各种学术会议、展会、讲座来宣传富乐品牌，扩大品牌影响力。2002年，共参加全国性、各省（市、地区）会议25次，花费150万元，使富乐脊柱产品在市场上家喻户晓，广受欢迎，脊柱产品成为富乐的支柱产品。2002年，销售额达550万元，比2001年翻了一番。品牌宣传费用占当年销售额的1/4

2001年、2002年通过参加展会推广富乐品牌

2008年，苏州COA展会首次用"专注骨科事业"宣传富乐品牌

以上，公司付出真金白银宣传推广，得到了相应的回报。2008年，公司在苏州COA展会上首次使用"专注骨科事业"作为富乐品牌宣传口号；2011年9月，公司在广州参加第十届全国脊柱脊髓学术会议，并参加了两个卫星会，公司的脊柱微创、非融合产品首次亮相，获得业内极大关注，大大提升了富乐的品牌影响力。2012—2018年，公司每年参加COA国际学术大会，会上吸引众多骨科专家聚集在富乐展台前交流，富乐品牌影响力空前提升。

过去，富乐的产品主要通过展会的渠道宣传推广，属于线性传递信息的方式，医生接受信息及反馈信息的渠道比较单一。2014年，富乐开始尝试与临床医生合作办培训班，用专业服务临床一线，加强学术交流。2014年10月18日，富乐公司脊柱微创培训中心在安徽合肥省立医院正式挂牌，聘请张文志主任担任临床讲师，通过办培训班推广品牌，达成"创新、互助、

第四章 二次创业再出发

合作、发展"的目标。2019年，富乐大力开展学术推广，用更加立体的传播方式，准确地把企业产品传递给临床一线医生。

2014年10月，富乐脊柱微创培训中心在安徽合肥省立医院正式挂牌

借助学术平台营销品牌。和国内顶级专家合作建立院士专家工作站，搭建学术平台。2018年，富乐联合中国工程院邱贵兴院士建立全国骨科行业第一家院士工作站，11月6日，富乐院士工作站揭牌仪式在北京市平谷区社会服务中心隆重举行。建立院士专家工作站后，富乐又在全国各地以学术研究的名义建了几个分站，一方面是为了增加和临床专家的互动交流，另一方面也是为了产学研相结合，扩大品牌推广力度。邱贵兴院士的加盟让富乐在骨科界的学术地位水涨船高，很多地方的骨科主任逐渐认可富乐也得益于院士工作站和邱院士的影响力。北京积水潭医院吴院长的项目和进入解放军总院

2018年11月，富乐科技举行院士工作站揭牌仪式

133

八个医学中心等重要工作，也是凭借院士工作站的影响力，在曹春红不断努力及邱院士不遗余力的支持下成功开展的。

近几年，新产品上市前，富乐主要通过定点培训、开展大体标本实操培训班、学术沙龙讲解产品器械。通过学术推广不断强化代理商、区域销售经理专业知识的积累，不断提高专业化水准。不仅培养了公司的市场专职人员，而且促进了企业管理的改变，扩大了品牌影响力，提升了富乐产品的市场竞争力。

依靠自主创新产品，宣传富乐品牌。中华医学会第二十一届骨科学术会议暨第十四届 COA 国际学术大会于 2019 年 11 月 14—17 日在上海隆重召开。来自全国各地乃至海外的骨科领域专家、学者及参会代表欢聚一堂，共襄本次骨科学术盛会。本届大会以创新为主题，借此契机，富乐举办了富乐讲坛系列学术活动，有幸邀请到多位国内知名专家、教授与台下听众分享宝贵的临床经验，交流骨科领域的新理论、新技术，共同探讨骨科前沿新发展，反响热烈。会议期间，特别设置了"中国骨科创新转化成果展"，展示骨科领域丰硕的创新成果。富乐科技携旗下最新自主创新产品——新一代 OLIF 融合器、Lifus 镜下融合器、Rafus 镜下融合器亮相本次盛会，向广大参会专家、代表展示了富乐科技的创新研发成果，宣传富乐品牌，展现骨科民族品牌的创新实力。

新一代OLIF融合器

Lifus镜下融合器

Rafus镜下融合器

新一代 OLIF 融合器、Lifus 镜下融合器、Rafus 镜下融合器亮相 2019 年 COA 国际学术大会借助知名专家扩大富乐品牌影响力。刚入行的营销负责人曹春红认识的业内专家很少，为了多结识业内专家，扩大品牌影响力，她下决心要多参展。不管是工作日，还是周末休息日、法定节假日，甚至自己生病时，只要有展会，她都亲自去参加。有时即使没有展台，也去参会！她带领大客户经理一年中有大半年时间在出差。2016年，富乐营销总监曹春红和技术总监樊国平第一次找四川成都第三人民医院骨科主任梁益建教授商谈合作，遭到拒绝。后来他俩一起研究了该医院的需求点及富乐产品的优势，经过几轮沟通终于达成项目合作意向。因为梁教授的手术量实在很大，而且重度畸形脊柱手术对富乐的产品宣传意义非比寻常，梁教授因为使用富乐的头颅骨盆环产品救治患者而获得2016年度感动中国十大人物荣誉，这无疑对富乐是一个非常好的宣传。目前梁益建教授已成为富乐最忠实的合作伙伴之一，头颅骨盆环产品也造福了很多脊病患儿。

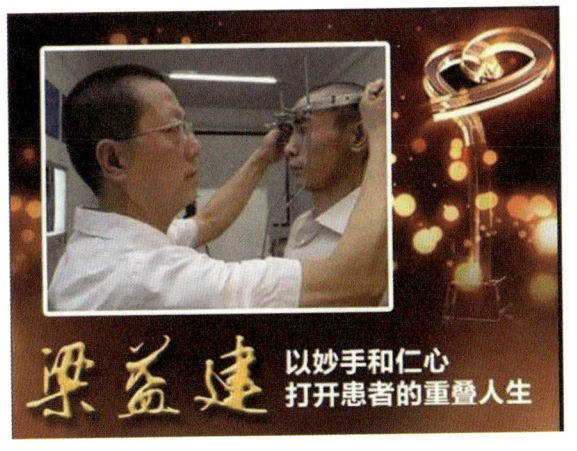

2016年，富乐头颅骨盆环产品荣登CCTV感动中国节目

机会总是垂青有准备的人。在深圳参加一个学术会时，北京协和医院的赵教授问曹经理，富乐是否愿意参与白求恩基金会项目，曹经理认为这是宣传富乐品牌的好机会，她当即打电话向胡志勇董事长请示，获得支持后，与白求恩公益基金会连续开展三个项目合作，接触了全国各地多位知名专家。依靠这些知名专家的力量，富乐产品在全国应用更普及，品牌影响力日益增强。

2021年9月5日，富乐与北京积水潭医院联合亮相2021年中国国际服务贸易交易会，并成功签约重点项目——骨盆微创内固定系统项目。签约仪式上，积水潭医院吴新宝教授介绍了骨盆微创内固定技术的创新所在及其治疗患者病痛的重大意义，双方携手共同促进专利产品的转化，为临床带来新的变革！

2021年9月，骨盆微创内固定系统项目签约仪式

这样的伙伴在全国还有很多，业内专家对富乐产品和富乐品牌充满信心，富乐和这些专家互相成就。他们给富乐品牌极大的支持，为富乐产品的推广做出了巨大贡献。

以市场为导向　创新营销模式

成立市场部，开启营销变革之路。胡志勇总是保持前瞻性视野，及时学习并掌握行业最新资讯，不断顺应市场需求，创新市场营销模式。2009年1月，富乐设立市场部，安排专人负责市场部工作，主要负责售前、售中、售后工作。明确其主要职责：售前，通过市场调研动态分析把握市场形势，完成市场策划，组织会议进行产品宣传和品牌推广，负责招投标事宜，制定价格策略；售中，主要完成市场协调、客户培训、产品技术培训；售后，收集顾客反馈、抱怨，处理不良事件。2010年5月4日，胡志勇在"厉行节约，杜绝浪费"活动月动员会上提出，企业创新是最大的节约，要从营销模式上创新。

主动出击，推行分权营销模式。2011年8月，胡志勇提出营销发展及转变经营之路：一方面，从产业上谋势，找准着力点，进行资源优化和重组；另一方面，在市场和骨科资源上谋求商品和服务的系统创新。他认为，从年销售额及市场规模来看，富乐还属于小型企业，达不到专业化管理的条件，所以应该采用分权营销模式。具体做法：第一，按区域划分营销市场，区域营销经理人全权负责区域市场；第二，明确营销部职责，即售前要做宣传、开拓市场工作，售中做好服务及培训工作，售后服务解决顾客抱怨及不良事件；第三，利益分配说明，即按销售额承包式，公司划出报酬承包、销售费用承包标准，这种承包形式给区域经理很大的自主权和分配权。

胡志勇指出，分权营销模式要求区域经理人具备四个能力：一是对公司产品的认知度要高，对公司企业文化的理解要深；二是业务素质要高——做复合型人才，医学、机械制造、力学、管理学、财务、社会学、哲学、心理学都要懂；三是善于表达，把硬件软件化，有技巧地表达和阐述公司产品的功能及安全有效性；四是善于分析决断，将产品服务化，善于技术培训、协助研发、协调解决顾客抱怨，将合作关系转化为情谊关系。

企业的基础管理体系，说到底就是服务于企业的商业模式。为了促进分权营销模式发展、转变经营之路，胡志勇对公司基础管理体系进行变革和重组，建立了一套完整的基础管理体系，包括组织管理、计划管理、流程管理、制度管理、营运管理、文化管理、财务管理、人力资源管理等，更好地服务于富乐的分权营销模式。

通过推行分权营销模式，2011年度富乐销售额突破5000万元，比上年增长38%，超越了以往年度的增长比例。现在看来，2011年8月推行的分权营销变革对富乐的销售而言，既是主动出击，也是背水一战。

随需而变，分权营销转变为专业化管理。2012年，公司手术器械出现大量报废的现象，因为手术器械产品变化快、难定型。胡志勇分析指出，导致产品大量报废的主要原因除了设计问题，就是市场反馈信息、评价、论证不到位。"没有疲软的产品，只有疲软的市场"。一个产品丧失活力，最主要的原因是背离了市场需求。"销售额增大，任务复杂，关注市场是全公司重中之重的大问题，必须重视市场，以市场为导向"。

2012年11月29日，胡志勇提出要从分权管理向专业化管理方向发展。他认为不论是配套手术器械还是脊柱产品，市场管理方面都存在两大问题：一是市场信息反馈不通畅、不对称。多年来，区域经理的信息来源有局限性，急需建立完整的信息收集反馈通道，销售人员要代表公司走出去，拜访和调研我们的客户，并带回意见和需求。二是没有注重市场的导向作用。需要加强市场预测，分析产品需求趋势，给研发、生产、物资供应等工作提供信息支持。

针对市场管理中存在的问题，胡志勇提出专业化管理措施：一是加强对市场的掌控，了解市场对公司产品的反应、市场的潜力及趋势、公司销售服务状况，公司直接与销售终端挂钩。二是了解销售人员的工作状况：营销过程中客户对销售人员的评价（改变单一反馈），人员与市场的协调、监控，公司对区域经理的支持、招投标、技术培训等。三是重视公司各部门与市场的沟通：做好产品及技术发展趋势调查与分析，新品立项；制定市场需求计划、安排生产计划；品牌及形象的策划与宣传。四是提高对市场不良事件及突发事件的防范及处理能力。

由分权营销到专业化管理，胡志勇充分重视市场的作用，以市场为导向而非以客户为导向。他说："市场是由全体参与要素共同构成的，不仅包括消费者，还有政府、竞争者、上下游、行业、宏观经济等影响因素，只以特定消费者或客户为导向，是片面的、不客观的。营销是动态的过程，成功的关键在于随需而变！"他全方位考虑相关影响因素，从多方面、多角度进行营销策划，以市场需求为衡量产品和服务的准则，重视对人员的评价、与市场的沟通协调及反馈，富乐逐步走上了专业化营销的发展之路。

个性化服务时期，医工结合满足临床需求。传统营销时期，业务员通过自己的方式把产品推销给经销商和客户，为公司创造价值；个性化服务时期，面对日新月异的市场环境，公司必须不断变革创新自己的思路，提供超预期的服务才能稳健发展。《易经》提到，变易是世间万物的真相和本质，把握时代的要求，积极找寻时代所带来的契机才是正道。销售业务经理经常会遇到专家拿着市场前沿的产品和器械问富乐能不能提供，有时候主任专家会说某种器械和产品使用中需要改进，还有一些特殊的人群需要特殊的产品。胡志勇了解这些情况之后，决定提供相应的服务，满足这些专家的要求。于是就联合专家资源开展产学研合作，开发创新产品，提供个性化服务。2012年，富乐联合首都医科大学附属北京儿童医院开展儿童外科矫形器具项目，并共建北京市儿童外科矫形器具工程技术研究中心；2013年，富乐和中国人民解放军总医院第一附属医院共建北京市骨科植入医疗器械工程技术研究中心。胡志勇说，"只要临床医生有需求，可以直接与公司交流，由工程师来改进"。多年来，通过这种个性化服务，富乐开展了多项医工合作项目，一方面满足专家的临床需要，另一方面大大拉近科研与临床的距离，为进一步推广富乐品牌、产品打下基础。

带量集采时代，探索直销模式。带量集采时代到来，关节和创伤产品几乎跌到底价，中间商利润空间被挤压得仅够生存，市场上新的营销模式出现了，富乐也开始做一些尝试。在医院渠道，通过产品创新、商业模式创新及外延式发展创新来提升成熟产品整个生命阶段的价值。

胡志勇认为，首先，从患者治疗需求来看，某个产品或某一类产品进入带量采购并不意味着患者相关医疗需求会发生巨变。即便进入带量采购，患者仍然有治疗的需求。其次，从医疗学术需求看，带量采购后，医生在专业学术方面的要求仍然不减，因此如何更好地满足医生、患者、专业学术需求变得更有挑战。另外，从选择偏好来看，随着国民对美好生活的要求提高及支付能力和认知水平不断提升，市场对自主创新品牌产品的需求也在变大。

从2020年年底开始，富乐在河北燕达医院开展直销业务试点，由赵世朋经理从学术和服务方面着手推进工作，深得临床认可，销售业绩从一个月几万元增长到一个月150万元左右。另外，富乐在湖北一家私立医院也试点直销，这主要是考虑两个方面：一是为了培养直销人员，二是为了测试，在集采降价的情况下，经销商无利润，厂家是否有能力做下去。经过半年左右的运行，两个直销试点合法合规经营，不仅库存产品和原积压产品销出去了，而且还有一定的利润空间。事实证明，只要做好售前、售中、售后服务就无大的风险，看来直销模式对富乐是有利的。

顺应进口替代趋势，提升市场占有率。政府集中采购政策的实施，有利于行业集中和头部企业市场份额的提升。富乐作为国内骨科医疗器械脊柱头部企业，积极参与集中采购竞标，表现不错，产品先后中标创伤"3+N"京津冀带量采购，脊柱类耗材全国带量采购。富乐抓住进口替代机会，因地制宜，配置营销网络资源，确保公司及合作伙伴的配套费用合理支出，提升富乐产品的创新能力和综合实力，进一步提升市场占有率。"我们看到即便是集中采购后，在不同渠道仍然有大量患者有治疗需求，在不确定的市场看到并抓住确定性的机会，更好地服务患者，这是我们的价值所在。"胡志勇如是说。

## 实施跨国市场战略　加速国外市场开拓步伐

2009年，尽管受国际金融危机影响，新医药产业出口仍实现了2.5%的增长。2010年，随着我国外贸的恢复性增长，新医药产业出口贸易国际市场份额呈现明显增长趋势。胡志勇深知，随着经济全球化、一体化进程加快，努力开拓国际市场是民营中小企业迎接全球化竞争的必然选择。

**备足进军国际市场的通行证**

"我们要同世界各国，尤其是发达国家进行长期的进出口贸易，必须重视质量、信誉和品牌。"2011年胡志勇在三方面为进军国际市场做足准备，信心十足。一是产品质量优。富乐科技通过质量管理体系认证、国内GMP试点审核、产品通过欧盟CE认证，并正在准备美国FDA认证。二是掌握自主知识产权。富乐拥有专利17项，自主创新能力强，有专利保护，拥有新技术、新产品7项。三是拥有自主品牌。富乐科技特别重视自主品牌建设，且出口的都是高附加值、高技术含量的骨科产品。但富乐科技的劣势是开拓国际市场的能力弱、经验不足，缺乏开拓国际市场的专业人才。总之，富乐科技骨科产品国际市场竞争力较强，开拓海外市场的潜力巨大。

**乘势而上"走出去"**

2010年9月8日，国务院常务会议审议并原则通过《国务院关于加快培育和发展战略性新兴产业的决定》，明确指出要"积极支持战略性新兴产业领域的重点产品、技术和服务开拓国际市场"。胡志勇认真学习该文件，了解到国家要重点支持具有较强创新能力和国际竞争力的骨干企业，对列入《战略性新兴产业目录》的产品实行"免、抵、退"的出口零税率政策。北京市财政局、原北京市商务委员会于2010年10月25日出台专项资金政策《北京市中小企业国际市场开拓资金管理办法实施细则》，共同推动企业提升国际市场拓展能力，提升出口产品的国际竞争力。

富乐产品"走出去"——东南亚第一站。2010年9月，富乐销售经理曾奇带队参加2010年第十届越南（胡志明市）国际医药制药、医疗器械展览会。富乐在本次展会上的主要展品是脊柱产品和创伤产品，展会设9平方米国际标准展位1个，参展代表2人，展期4天。在9月23—26日展会期间，富乐参展人员接待了多家国外客商，他们通过对富乐产品的了解和咨询，认为富乐产品在东南亚地区有良好的发展前景。

2010年9月，富乐参加第十届越南国际医药制药、医疗器械展览会

越南展会是富乐科技参加的第一个国外展会，也是公司走向国际市场的

第一步。开拓国际市场需要一个摸索过程,收获客户订单不是在短时间内就可以达成的。但富乐凭借公司品牌在国内的良好口碑,拥有的多个自主创新产品及通过的国外产品认证,来证明富乐产品的质量和设计是满足市场需要的。参加本次展会,富乐也收获了最新的市场行情和同行业竞争者的信息及有意向的合作伙伴。

富乐产品"走出去"——欧盟第一站。2010年11月,富乐销售总监赵红芸带队参加了第十九届德国杜塞尔多夫医疗器械展览会。富乐参加本次展会主要展品是脊柱钉棒、钉板、融合器,设9平方米国际标准展位1个,参展代表2人,展期3天。在11月17日至19日展会期间,参展人员接待了多家国外客商。通过给客商介绍富乐公司和富乐产品,为后期发展客户关系打下了基础。通过此次展会,公司了解了最新、最全面、最权威的世界医疗制造业的市场信息,获得与世界各国顶尖医疗制造业同行面对面交流的机会,了解了医疗技术的全球发展趋势,并将其作为富乐公司开拓国际市场计划的航向标。

德国杜塞尔多夫医疗器械展览会是富乐在欧盟地区参加的第一个展会,也是公司迈进欧盟市场的第一步,公司已获得欧盟CE产品认证证书,进入欧盟市场不存在准入门槛。展会后,富乐收到多家国外厂商的合作意向书,为富乐产品进入欧盟市场打下基础。

紧跟政策,实现"从0到1"的突破。2010年12月29日,胡志勇召开

2010年11月,富乐参加第十九届德国杜塞尔多夫医疗机械展览会

了销售区域经理会议，和大家一起学习国家鼓励出口的政策文件，并对当前国内外形势进行分析探讨，指出骨科植入医疗器械市场到了快速发展期，那么市场管理、市场结构是否也要产生变化？接下来富乐该怎么办？他指出，2010年富乐参加了2次国外展会，了解到国际市场容量很大，接下来富乐要借政策东风、发展势头，从2011年起坚持立足国内市场，积极开拓国外市场，优先向拉丁美洲、非洲、中东、东欧和东南亚等新兴国际市场拓展。

2011年3月，富乐引进专业的海外市场开拓人员，成立外贸部，负责海外市场的开发。通过前期的国际市场考察，富乐将参加境外展会作为在国际上宣传推广富乐品牌的主要途径。

自此，富乐的脊柱产品、创伤产品在国内深耕10年的基础上，逐步走出国门，实现"从0到1"的突破，推动富乐品牌走上国际化发展道路。

**线下参展　加快拓展国际市场的步伐**

根据金融机构判断，中国医药行业，尤其是医疗行业企业在2011—2015年会有一个较快的成长期。胡志勇认为富乐要借助这样的机遇，逐步达到销售渠道国际化。

开启展会现场成交模式。2013年11月，富乐参加了德国杜塞尔多夫医疗器械展览会，在此次展会上与沙特阿拉伯客户建立正式合作关系，富乐品牌获得客户极大认可，脊柱钉棒产品器械现场成交700余美元，此次为数不多的交易金额为双方合作打开了通道。富乐至今还和这家沙特阿拉伯客户在合作，订单从开始至今翻了5倍。

进军中东，连接国际市场。2014年1月27—30日，富乐在迪拜了参加第39届阿拉伯国际医疗器械展览会。期间，富乐参展人员与来自土耳其、印度及法国的客户进行交流，接待有价值客户16位，签订合同2份，意向书4份。

阿拉伯国际医疗器械展览会（Arab Health）是中东地区展览规模最大、展品门类较为齐全、展览效果良好的国际专业医疗设备展览会。自1975年首次举办以来，已经成功举办了39届，展会规模、参展厂商和观众人数逐

| 追 求

2014年1月，富乐参加第39届阿拉伯国际医疗器械展览会

年扩大，在中东阿拉伯国家的医院、医疗器械代理商中一直享有盛誉。展会吸引了来自中东地区各国的医生、医院管理者和医疗器械经销商到会参观，洽谈合作。2014年，展会面积达47900平方米，展商3500余家，吸引了160个国家和地区的8万多位买家前来观展。此次展会期间，富乐抓住机会与代理经销商广泛接触，花费巨大精力物色合适的合作伙伴。

牵手非洲，扩大富乐朋友圈。2014年9月，富乐在南非开普敦参加了第60届南非骨科年会，富乐参展人员与来自南非、埃及、法国、沙特阿拉伯的客户进行交流，接待有价值客户20位，签订合同2份，意向书4份。

南非骨科年会是由南非骨科协会举办的南非境内最具规模和号召力的骨科医疗展览会，每年一届，2014年已经是第60届。据了解，南非骨科协会是南非骨科医师的专业协会，其成员也包括曾在南非有骨科专业培训经历的外国医师。与骨科年会同时举行的展会为广大展商提供了直接进入当地市场和直接接触行业顶尖顾客的绝佳平台，也正是富乐抓准时机进入南非市场，展示、销售产品及交流、互动的大好时机。

赴美国参展，扩大国际市场。2014年，富乐在美国旧金山参加了第29届北美脊柱协会（NASS）年会。在11月12—14日期间，富乐参展人员与来自美国、捷克斯洛伐克、印度、德国、法国、沙特阿拉伯的客户交流，接待有价值客户30位，签订合同2份，意向书4份。还考察了当地的市场需求和潜力，为有效提升富乐品牌形象，提高产品知名度和市场竞争力做准备。

2015—2019年，富乐加快国际市场开拓步伐，每年赴国外参加线下骨科展会，持续提升品牌影响力和知名度，进而提高国际市场份额。

为增进与国外客户的交流，2015—2019年期间，富乐多次邀请有意向及已合作的国外客户来公司参观考察，并进行学术与技术交流。

第四章 二次创业再出发

2018年，捷克客户及骨科专家来访

2018年，日本客户来访

2019年，俄罗斯客户来访

2019年，捷克客户来访

2019年，捷克客户及骨科专家来访

2019年，中国台湾地区客户来访

**启用线上营销方式　加速品牌国际化进程**

开启专业国际贸易电子平台，抢抓国际市场机会。2016年，富乐开始启用专业数字化电子贸易平台——阿里巴巴国际站（alibaba）。该平台是全球专业的国际外贸出口、海外 B2B 跨境贸易平台,更方便与国外客户实时交流,可以为富乐开拓国际化市场节省大量外贸费用。建站后,富乐与南非客户建立联系,经过一个月的线上互动交流,与其达成合作,当年实现收入 51 万元,该南非客户至今仍是富乐的合作伙伴,截至 2022 年底,累计实现交易额 720 余万元。

建设独立英文网站,实现外贸业务增长。为方便国外客户了解公司产品,实现线上交易,2018 年,富乐开始建立独立英文网站,网址为 www.fuleorthopaedics.com,功能主要包括企业简介(company)、脊柱产品介绍(spine pr oduct)、创伤产品介绍(trauma pr oduct)、客户支持(support)及提供各类资质证书、产品使用手册等。建立网站后,富乐与菲律宾客户建立联系,并达成合作,该菲律宾客户至今仍是富乐的忠诚客户。

创新国际化营销模式,打造场景营销。2021 年 3 月,公司拍摄了富乐 VR 宣传片,宣传片展示了公司和产品的发展历程、厂区全景图、生产车间布局图、生产加工设备、检验检测设备、库房各类别产品及办公环境、厂区环境等,方便客户实现 360 度全景验厂,大大增强了国外客户对企业的了解和信任。

2016—2022 年,通过阿里巴巴、独立英文网站等线上营销方式,富乐累计开拓、服务国外客户 30 余家。

富乐坚持走品牌国际化路线,2011 年开始开拓国际市场,经过多年的沉淀与积累,2018 年外贸业绩取得突破性进展,2019 年实现外贸收入 870 万元、2020 年 981 万元、2021 年 1366

万元、2022年1600余万元。2011—2022年累计外贸销售额达6100余万元。目前，经过10多年努力，富乐所有产品已经在德国、意大利等发达国家及拉丁美洲、非洲、中东、东欧、东南亚和中亚等海外43个国家和地区销售。这些成绩充分证明，富乐凭借多年的创新研究和拼搏进取，积累了较强的技术实力与发展潜力；在研发、制造、客户服务、客户沟通和供应链管理能力等方面获得了国际市场的高度认可。富乐将继续提供质优价廉的产品，精准服务于细分人群，为国际市场开拓再度获得理想业绩而不断努力。

2018年启用富乐专业化英文网站

富乐科技二次创业的成功，不仅依靠精益求精的产品质量，也依靠以顾客需要为导向的全心全意的服务。富乐人深知，企业要适应市场形势，必须适时地创新营销模式，变革品牌推广路径，依托专家资源和平台力量扩大品牌影响力，以顾客满意为出发点，尽最大力量满足顾客需求并开发出更多适宜的骨科产品。当然，并非所有的企业都会尽全力去满足个性化客户的特殊需要，只有具备快速反应能力、管理效率极高的企业才能做到。

未来，富乐将通过优质的产品、优质的服务、广受认可的品牌价值，继续推进企业可持续发展。

## 五、自力更生　插上创新的翅膀

二次创业阶段各项变革在疾风骤雨般地进行着，面对骨科植入医疗器械市场产品需求旺盛、国内外厂家竞争激烈的市场环境，富乐怎样把握住有利形势，乘势而上？富乐今后靠什么在市场中占有一席之地？富乐的持续创新能力如何提升？这些成为胡志勇常常思考的问题。

胡志勇说："要想取得二次创业的成功，企业的后劲来源于技术的储备、产品的开发，要做到研制一批、转化一批、布局一批。"2004年，他的日记中写道："创新是企业的永动机。富乐要想保持专业化竞争优势，必须不断研发新技术、新产品，必须深化改革。"

在技术变革方面，胡志勇通过建立自主知识产权体系、医工结合打造产学研平台、探索增材制造新技术、实施研发流程改革、"研发项目化 + 信息化"管理等方式，提高了富乐的专业化竞争能力，建立了技术创新型组织，实现了企业的顺利转型。

## 聚焦医学前沿　打造核心产品

"一直以来，我们聚焦骨科医疗器械前沿，始终把解决临床痛点作为研发创新的方向。"富乐创始人胡志勇说。

### 自立自强　从仿制到自主研制

面对国外产品在国内骨科植入市场的高占有率，以及国内骨病患者需要支付高额治疗费用的现实情况，依靠科技创新自立自强成为国内当下骨科植入医疗器械行业发展的使命担当。富乐从事的生物医药行业，属于国家高精尖产业领域。富乐肩负时代使命、行业新期待而来，多年来聚焦医学前沿、先进技术及高端品质，为高校、科研院所的源头创新项目提供支持，为其完成科技成果转化做贡献，为国内骨病患者提供安全、有效的保障。

在高端骨科植入医疗器械领域，国内企业总体还处于追赶和替代阶段，具有原创属性的创新产品还比较少。"创业之初，我们就立志要做适合国人的、独具特色的创新医疗产品。"胡志勇说，"仿制仅是开端，没有自己的产品,没有自己的专利,没有自己的核心技术,一个企业是不可能生存下去的,更不可能发展壮大。"模仿不能仅停留在表面,更不能照搬照做,一抄了之。首先,要仿制得好,就必须像庖丁解牛一样对产品进行拆解,对拆解后的各个部分进行分析,了解其结构、工艺,为模仿创造条件;其次,只有在原产品仿制基础上消化吸收,结合国人的骨骼情况有所超越、再创新,最终在生产实践中不断提高自己的创新研发水平,才能掌握核心技术。

**狠抓自主知识产权　增强核心竞争力**

自主创新靠矢志不渝,攻坚克难靠厚积薄发。胡志勇勇闯自主创新"无人区",敢啃关键核心技术的"硬骨头",以深厚的家国情怀和强烈的社会责任感,为祖国、为人民不懈奋斗。

2010年3月31日,胡志勇发表观点:"转变发展方式,非公企业大有作为。"他认为,企业不一定要做大,但一定要做强。要在转变发展方式上有更大作为,必须注重发展创新能力,把好投资方向,着力推进自主创新,加强对关键核心技术的研发和转化应用,努力掌握更多自主产权,创造更多自主品牌产品。要敢于和善于发现机遇,创造机遇,把握机遇,快速发展自己的企业。自主创新首先是核心技术创新,知识产权是核心技术的重要表现形式之一。

2010年3月31日,富乐科技向北京市科学技术委员会申报自主创新产品7项;2011年,富乐科技申报国家重点新产品1项;2016年至今,富乐科技共申报新技术、新产品23项。自主创新产品和北京市新技术、新产品的成功申报对于促进富乐科技在产品研发方面持续创新具有重要意义。

自主创新硕果累累。随着研发实力的提升,富乐科技拥有自主知识产权的步伐也在不断加快。从申请第1项专利到申请第100项专利,富乐科技用了18年时间;而从申请第100项专利到申请第200项专利,富乐科技只用了不到6年的时间,平均每年申请17项专利。2020年,富乐科技被评为北京市知识产权示范单位。截至2023年3月,富乐科技累计申请专利达298

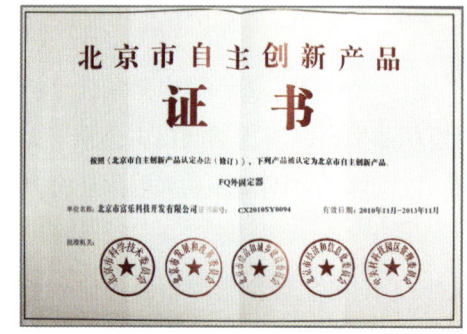

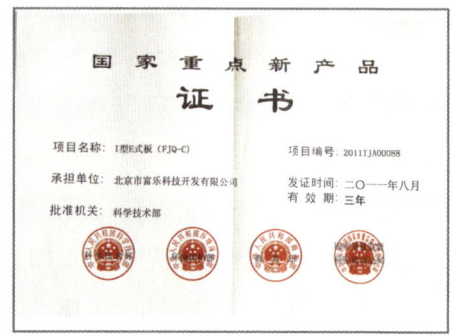

富乐科技获得的北京市自主创新产品证书及国家重点新产品证书

项，除国内专利之外，还申请了国际发明专利。国内发明专利多达 75 项，PCT 申请 4 项，已累计获得授权专利 220 项，其中授权国际发明专利 2 项，授权国内发明专利 24 项；拥有 55 项产品注册证，1 项产品获北京市科学技术奖三等奖，富乐科技自主研发的一项课题荣获北京市科技委员会科技计划支持。这些自主创新成果提高了企业核心竞争力，促进企业高质量发展。

富乐科技获得的部分国际、国内发明及实用新型专利证书

### 自主研发中途遇阻　　研发设计经受考验

配套器械问题频出，严重阻碍公司产品的发展。可以说，配套器械的成败直接影响到富乐的成败。2016 年 5 月 25 日，胡志勇与研发团队认真剖析配套器械图纸设计上存在的问题，并提出解剖一个产品分析问题所在。首先，理解产品的功能很重要。产品的最终目的是被患者使用，设计、工艺、制造过程、检验都要统一到这个目的上来。其次，对每张图纸进行解剖和分析，通过分析形成统一认识。最后，做出最佳选择。

产品图纸实用性问题突出。产品图纸的规范化和标准化是个很矛盾的问题。作为研发技术人员，谦虚好学的同时还要具备独立判断能力。很多设计人员都有深刻体会：车间主任这样说，生产经理另有想法，客户还会提一些"合理"的要求。如果处理不好这些纷繁复杂的意见或建议，做不出正确的判断，一份图纸将会从设计 1 版到设计 11 版。处理不好不同人员的不同意见和要求，往往会形成思维惯性和依赖性，久而久之就会陷入一个永远挣不脱的死循环。例如当你设计一条轴时（轴承中间布置的情况），要明白这条轴在最后磨削处理时的加工基准是两轴端的中心孔。而装配后用百分表检测其某段轴段的跳动情况时的测量基准，却是基于中间的轴承位 A 和轴承位 B 之间的中心轴线。你觉得在图纸上标注其任意轴段跳动公差的测量基准时，能任意标注吗？再例如，当你设计的类似法兰连接的两个零件不能实现理想对接时，请不要第一时间去质问加工或工艺人员的过失。你应该拿起你出具的图纸仔细看看，是不是没有装配止口？是不是缺失"配作"的技术要求？是不是缺失螺孔位置度要求？当检查完所有这些问题后，你就会明白，图纸的实用性有多么重要。画出了漂亮的图纸还远远不够，技术要求、关键尺寸等有助于操作者识别的信息都要考虑。

练好基本功，增强图纸实用性。"工欲善其事，必先利其器"。研发技术人员对于图纸要素要做到知其然亦知其所以然。很多新手出具的图纸往往"干干净净"、异常"整洁"，没有粗糙度标记、没有形状和位置公差要求、没有备注的技术要求，所有线条粗细一致、尺寸缺失或尺寸多余，图纸上体现不出加工和测量的基准，导致图纸对于加工者和操作者的指导性很差。所以，设计图不能光图好看，最主要的是要实用。练好画图基本功不是一朝一夕的事，而是一项需要长期修炼的功夫。

立足临床难点痛点，医工结合快速迭代新品。2000 年，胡志勇扎根于医院，每天和医生一起工作，不断挖掘医生的需求和痛点，在临床实践中诞生了富乐第一代脊柱产品。他创新的目的不是取得专利，而是解决临床遇到的难题。每一项产品立项，都是和医生共同研究磋商，选定方向以后，通过样品试制、临床验证、小批量、批量上市逐步深入，快速迭代，最终彻底解决问题。"对我们而言，最根本的目的是研制出临床急需的产品，让更多患者获益。"胡志勇说。

富乐推出的胸腰椎脊柱后路钉棒 COX、Usmart、融合器系列产品，就是不断结合医学前沿及临床医生的需求迭代更新的，这些产品很好地解决了临床难题。

2023 年 2 月，医生借助直径只有四五毫米的骨螺钉，成功实施了骨科微创手术——这款神奇的微创双螺塞螺钉产自富乐科技，现已完成第三代产品的升级。这是富乐科技科研实力、创新活力的见证。一款创新产品从研发、测试、批量产线建设、临床试验、注册审批到产业化推广等至少需要四五年的时间。正是胡志勇一次次的坚持，才让自主创新产业化成功落地。难乎其难的研制产品从临床试验到批量上市，一个个冰冷的骨钉、骨板有了温度，帮助"天线宝宝""折叠人"等各类疑难重症骨病患者消除病痛、恢复健康，提升生活品质、开启幸福新生活！——这也是富乐人最幸福的时刻。

技术研发创新，路途艰险漫长，富乐求索不息，这是持续保持创新热情的秘方。

**研发高投入　由单一产品向多类别、系列化扩展**

研发高投入。做技术出身的胡志勇非常清楚，掌握核心技术带来的不仅是利润，更多的是行业的议价权，是国产替代进口。富乐一直以来肩负振兴中华骨科事业的使命，坚持"科学→技术→产品→品牌"的企业发展逻辑，以研发创新为本，坚持在产品研发、技术创新方面持续投入，不断研发骨科系列产品，为社会提供世界前沿水平的骨科产品和服务，实现用科技挺起国人脊梁的梦想。2004—2023年，富乐研发投入比例逐年提高。

"脊"往开来，"创"无止境，发展多品种、多规格产品。在富乐科技综合楼一层展厅里，陈列着公司起家的外固定架产品，还有历年来升级换代的脊柱系列产品、创伤接骨板产品等，各类钉板、钉棒产品让人大开眼界：可用于结核、肿瘤、创伤及腰椎二次手术等需要腰椎承受最大压力的脊柱动态系统，可降低颈椎术后吞咽困难的零切迹椎间融合器，可实现术后腰椎活动的动态非融合连接器，可治疗骨质疏松的注射式骨水泥钉，还有专门适用于小儿脊柱生长的钉棒系统，专为国人骨骼设计的四肢创伤接骨板，可治疗极重度脊柱畸形的矫形牵引器械（头颅骨盆环）……这些都是近年来富乐科技研制出的迭代产品。一部分是按照临床医生的要求量身定制的，一部分是自主研发的前沿产品，一些获得国际、国内发明专利、实用新型专利，在国内外同行业具有领先水平，有些填补了国内空白。

富乐科技总体产品战略是以脊柱产品为主项，辅助骨科其他产品，主要对四肢创伤产品（创伤骨板骨钉、髓内钉等）进行研发开拓。胡志勇从

1998年开始进行脊柱产品的研制和开发，2000年脊柱产品开始批量进入市场，产品比较单一，规格和品种不全，在开拓市场方面受到一些限制。所以从2006年开始，富乐科技向脊柱全规格、全品种进军。开始只研制脊柱矫形、原发型病变治疗的骨科产品，后来发展到创伤性治疗、肿瘤病变治疗以至脊柱关节、单节多节治疗产品，以及椎间盘治疗、稳定性治疗、柔性治疗等配套的产品，2010年由脊柱产品向系列化发展，包括钉、棒、板、融合器、假体、微创、外固定、柔性固定等。

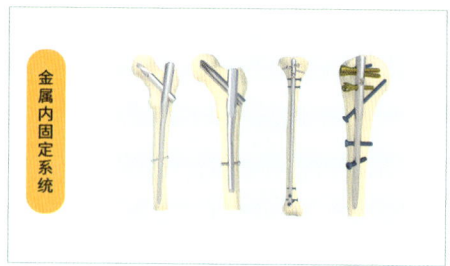

## 第四章 二次创业再出发

富乐科技紧跟骨科前沿，截至 2023 年 3 月，开发出脊柱微创、脊柱外固定系列产品。可提供脊柱类、创伤类、运动医学类、康复理疗类产品及配套手术器械五大类上万种型号产品的设计开发与制造，拥有先进的加工与检测设备，在产品设计、工艺开发方面积累了丰富的经验，有高水平的脊柱和创伤医疗器械设计与制造能力。

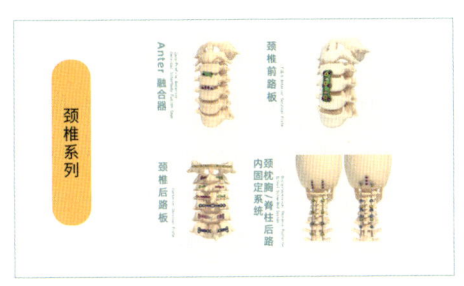

富乐科技研发中心的谢立娟结合自身岗位，描述了公司在外固定产品、新材料、新加工方法方面的创新巩固了富乐科技的市场地位。

面对日趋激烈的市场竞争，富乐的快速发展、不断壮大靠的是创新。正如习近平总书记指出的，抓创新就是抓发展，谋创新就是谋未来。在行业快速发展的黄金时代，新需求和新技术驱动行业快速扩张，自主研发及进口替代正在加速国产崛起。创新是一个周而复始、循环往复的过程。这个过程包括开拓性创新、模仿性创新和适应性创新三种类型。作为一名研发人员，需要不断地拓展自己的知识面，开阔眼界，通过参加学术报告、浏览知网、参加展会等途径了解骨科未来的发展方向及新产品的方向，为研发新产品奠定基础。外固定支架是我公司开发的最初产品，近两年发展到了瓶颈期，随着 ILIzarov 技术在国内的发展，公司外固定产品也新增了环形架系列、纵向骨搬移系列、迷你手指架和迷你横向骨搬移系列等，对外固定架产品进行了扩展，紧跟市场潮流，同时在现有产品基础上进行了创新，大大巩固了公司在市场上的地位。在现有产品维护时，创新采用新材料、新加工方法去创造更好的产品。不锈钢材料价格低、强度高，但质量重；新材料碳纤维增强型聚醚醚酮强度高、质量轻，同时可透视，但价格高。因此在设计髓内钉整套瞄准架时，我们巧妙地将两种材料进行融合设计，既减轻整套瞄准架的质量，又能降低成本，同时达到可透视的功能。在日常工作中，要创新自己的工作方式和流程、提高自身工作效率及与同事的配合效率；熟悉自己的工作内容，创造属于自己的工作程序，按照轻重缓急，充分利用工作时间条理清晰、高效地完成本职工作。创新不是天马行空，而是日常微小改变的积累。每一个工作岗位都可以实现创新。

检测中心的刘振海描述了在快速发展时期，组织架构和产品种类方面的优化创新给富乐公司带来的喜人业绩。

2019年是富乐科技全面高速发展的一年。顺应公司政策与架构调整，我加入了技术部创伤设计室。公司在创伤接骨板系列产品生产方面配备有较为成熟的生产线，但在投入产出比上却有所失衡。这是痛定思痛的一年，根据公司发展规划，依据销售部门提供的最新产品临床反馈信息，创伤设计室举全员之力进行了创伤接骨板系列产品的优化升级设计；工程部门和生产部门积极配合进行产品加工工艺的升级改进，共完成170余款创伤接骨板产品的优化设计工作。与此同时，公司在金属髓内钉系列产品与骨科外固定器系列产品的研发与推广上也取得了长足的进步。2020年上半年，创伤设计室全新研发的足踝创伤系列产品和横向骨搬运外固定产品完工入库，整装待发。2020年年底，检测中心顺利通过为期3天的CNAS现场审核，并于2021年初取得CNAS认可证书。在公司领导的带领和全体富乐人的不懈努力下，富乐科技始终在行业发展的浪潮中昂首阔步。2022年，伴随着国家医疗器械采购新政的不断出台，发展机遇与挑战并存，9月底，随着国家组织骨科脊柱类耗材集中带量采购拟中选结果的公示，富乐科技的发展迎来了新的朝阳。过去的30年，全体富乐人搭乘国家高速发展的快车，砥砺深耕，不断攀登行业高峰。

荏苒30载，弹指一挥间，从一间小小的办公室，发展到坐拥7000平方米现代化智控生产基地，富乐人始终专注骨科事业、肩负社会责任，用30年的时间书写了一段又一段辉煌的历史。30年间，富乐人始终坚守"诚信为人、追求卓越、服务顾客"的企业核心价值观,在飞速发展的新时代背景下求真务实、锐意进取,持续学习与吸收先进的研发与生产技术,在骨科医疗器械行业竞争日趋激烈的背景下,始终走在行业发展的前端。

**探索 3D 打印新技术　研发个性化骨科新产品**

新医疗服务技术近几年保持高增长态势,早筛技术、人工智能、3D 打印、医疗机器人等技术带来新医疗领域的新革命。近年来,3D 打印骨科植入物的成功应用案例日益增多。3D 打印技术具有灵活性高、不限数量、节约成本等特点,能较好满足医学领域个体化、精准化的医疗需求。

2017 年,富乐科技开始谋划 3D 打印中心的建设;2018 年年初,正式购进一台激光 3D 打印机设备,3D 打印中心正式成立,面积 200 平方米。现有打印和后处理设备共计 6 台,其中光敏树脂打印机 1 台,激光打印机 1 台,真空热处理炉 1 台。3D 打印中心有 2 名工作人员,主要负责加工程序的编制、图纸工艺的设计、设备的调试、加工过程的实现及产品后处理工作。

3D 打印技术依据材料特性和临床应用需求,植入物产品可以被重新设计,引入晶格、微孔等结构,提高产品的生物力学适配性。3D 打印技术在富乐科技的应用主要体现在融合器产品标准化方面,实现复杂结构的融合器加工并批量化生产,解决了传统加工制造手段无法解决的难题,在加工方式方法上进行了新的尝试——由原来的减材制造向增材制造迈出了新的步伐。

富乐第一台激光 3D 打印机　　　　　　　　　富乐第一代 3D 打印融合器

3D 打印中心的成立和 3D 打印融合器产品的诞生标志着富乐科技在加工技术方面的颠覆性变化。除了融合器产品，后续富乐科技还会利用 3D 打印技术来加工人工椎体，更好地促进骨细胞在网状结构的骨科植入物康复环境生长，减少病患痛苦，为临床医生提供精准化服务。

## 注重产学研合作　促进科研成果转化

据有关数据统计，在真正的市场创新带来的科技创新方面，中小企业比大企业的科研转化成功率要高，这可能出乎大家的意料。中小企业的科研投入远远没有大企业多，科技人员也不如大企业多，但是一旦能做出一种产品，中小企业的科研成果转化率要比大企业高很多。

富乐科技发展至今，完全靠自身一步步滚动发展起来。创始人胡志勇深知，产品商品化程度的高低是企业成败的关键。搞技术创新要以市场需求为导向，要以提高竞争力和获得市场回报为目标，技术创新绝不仅是研发部门的工作。

### 搭建产学研平台　创新产品实现三级跳

富乐科技的产品设计研发中心拥有一批学有专长、经验丰富的机械设计、材料力学、生物力学、临床医学方面的专家。自 2011 年至今，公司搭建有"一二三"骨科医疗器械产学研平台，即 1 个机构（北京市级企业科技研究开发机构），2 个工作站（院士专家工作站、博士后科研工作站），3 个中心（北京市骨科植入医疗器械工程技术研究中心、北京市儿童外科矫形器具工程技术研究中心、北京市企业技术中心）。富乐科技始终坚持走产学研结合道路，产学研平台的搭建助力富乐科技汇集专家资源，在新产品、新工艺开发中，根据科技发展和市场需求加强与高校、医院等的交流与合作，通过联合设计、技术引进、合作开发、技术咨询等方式，不断提高创新迭代速度和大规模应用能力，实现科研创新从样品到产品再到商品的"三级跳"。

第四章 二次创业再出发

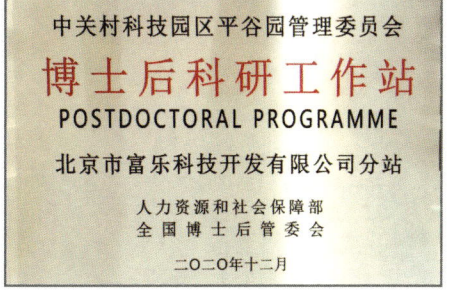

*富乐科技搭建的医疗器械产学研平台*

**携手专家联合创新　提升研发创新能力**

2011年6月，胡志勇与广东省第二人民医院签订《战略合作意向书》，与中国现代临床解剖学奠基人、中国工程院资深院士钟世镇，广东省第二人民医院时任副院长兼骨科主任、广东省第二人民医院应急救援队负责人李贵涛等知名人士合作，建立国家卫生应急队伍医疗器械科研基地，共同致力于应急医疗器械的开发、完善和推广工作。在建设医疗卫生队伍的基础上，提

159

## 追 求

升医疗器械产品研发制造水平，为提高我国应急医疗能力和造福病患做出了应有的贡献。

2014年4月、9月，胡志勇多次与解放军总医院骨科专家、中国工程院院士卢世璧开展交流，攻克临床技术难关，为临床定制适宜的骨科产品和手术器械。

2011年，富乐科技建立国家卫生应急队伍医疗器械科研基地

2014年，胡志勇与卢世璧院士多次开展技术攻关、交流活动

多年来，富乐科技通过与各大科研院所、医院专家积极合作开展项目、搭建产学研平台，大力推动产学研一体化，加快科研成果的产业转化和市场转化，联合攻关成果显著，实现了民生领域科技成果全民共享。富乐科技的脊柱内固定系统、创伤内固定系统、外固定架等项目拥有完全自主知识产权，产品上市近30年来打破了国外企业对骨科植入高端耗材的垄断，逐步实现国产替代进口，惠及民生，降低了医保和患者的负担，提高了骨病患者

的健康生活水平。

## 实施研发流程改革　加快产品迭代创新

2007年4月24日，胡志勇在日记中这样记录：4月26日是公司成立13周年的日子，公司的管理及运行逐步在改善，与大家交流研发各阶段需要完善的流程：①设计输入阶段；②研制临床阶段；③定型生产阶段。

**建立风险管理程序　实现产品安全可控**

企业经营过程中存在各种风险，不管发生哪一项风险都可能造成企业破产倒闭，产品引发的不良事件风险对企业最为致命。导致产品发生风险的主要原因有：①技术设计失误；②产品管理不严谨；③生产工艺过程失误、质量失控。

2007年11月，富乐科技成立风险管理小组，成员包括市场、质量管理、工程、研发（开发工程师）、法规等职能部门的人员，主要负责产品设计开发、改进阶段的安全风险分析、风险管理计划制定，进行风险分析、风险评价、风险控制，最终形成风险管理报告。

在产品设计阶段，做好风险分析，从源头减少技术风险尤为关键。重要的环节是建立风险管理活动流程，明确在产品策划阶段、产品实现全过程中的风险，制定质量计划或风险管理计划。在设计输入阶段，对产品预期用途和功能进行分析，发现潜在危险（源），并提出控制措施；在设计过程阶段，实施风险控制，发现新的危险（源）是否会引发新的风险，并做好风险分析或风险控制措施记录。分析采购过程、工艺过程、生产过程、检验过程、产品定型、批量生产、产品使用过程、生产后信息等所有阶段所涉及的风险和危险源，并形成分析报告和控制措施记录。

风险管理过程的结果记入风险管理报告，风险管理报告对每个危险（源）提供风险分析、风险评定、风险控制措施的实施和验证，以及剩余风险的可接受评定的全部可行性。风险管理要确保产品在整个生命周期安全可控，既保障企业安全，也保障用户安全，减少企业承担的风险并有效控制产品不良事件对企业造成的负面影响。

**成立研制组　攻克研制产品战线过长难关**

对于小批量的研制产品，通常的做法是由富乐提供图纸，外协厂家完成加工过程后将产品交付给富乐。加工过程会出现很多问题，外协厂家需要和富乐的技术人员沟通加工细节，反复沟通既不方便也会出现偏差，往往是产品到了富乐后还有问题，就需要再次沟通，然后将产品返回外协厂家返修后再送回富乐，整个过程耗费的时间很长，有的半年甚至一年也无法交付合格产品。

为了解决研制品研制阶段沟通不方便和耗时过长的问题，富乐科技在2015年成立了研制组，负责研制小批量产品，起初成员只有3人，后来发展至9人，主要是车钳铣技师、数控及加工中心高级工。

研制组成立前，在加工阶段，研制品与批量产品生产任务经常因机床和人员问题发生冲突，严重影响研制品加工周期。研制组成立后，有自己专门的机床设备，单独排产，单独加工，加工人员有问题可以随时与技术人员直接沟通，有的改制品几个小时就可以完成，出成品速度很快，大大缩短了工期。

**成立工装夹具室　解决产前准备不足难题**

随着公司产品品种、规格日益增加，在产品定型阶段，生产总是因为缺少必要的刀具、工装夹具等中途停止，机床也因此而停机等待，导致停机率高，资源浪费严重。这个问题给胡志勇和研发管理者造成很大困扰。2010年5月，胡志勇带领团队参观宁夏小巨人机床有限公司时，看到他们有一个专门的工装夹具室在做生产前的准备工作，受到很大启发。为了进一步深入了解工装夹具室业务流程和操作精髓，两个月后，他亲自带领团队到日本马扎克机床总部观摩学习，返回后参照其模式组建工装夹具室，设成员3人，主要职责是做好产前准备，列出产品准备清单，包括每种产品所需要的原材料、工刃具等，服务于采购计划、生产计划。工装夹具室的成立结束了生产因准备不足频频中断的情形，保证批量加工之前必要的技术、工艺、原材料、工刃具等准备工作全部完成，保障了批量加工过程的顺利推进，这是公司产品在定型转批量生产发展历程中的一大进步。

## 实行"项目化+信息化"管理　提高技术管理水平

### 研发项目化管理　激发研发人员活力

为解决研发项目责任分工不明确、推诿扯皮、人员工作积极性不高等问题，2012年，胡志勇开始组建项目组，主要负责制定研发计划、跟踪项目进度、解决技术问题、协调相关人员。

研发项目化管理，包括研发项目总计划、分计划、项目进度、项目定期总结、项目年度总结考评等方面。研发总监负责审核年度研发项目总计划，并将总计划分解到各项目组；项目组长负责将本组项目分解到个人，每个项目负责人跟踪协调项目进度；设置项目奖，每个项目实施完成之后，项目执行人可以分到一笔奖金，年底公司对年度研发项目实施完成情况进行总结考评，考评结果和年终奖金挂钩。

通过实行项目化管理，大大提高了项目负责人的积极性，使得研发人员责任更明确，工作思路更清晰，项目实施更高效。"研发项目不再只是技术部的项目，而是变成公司的项目了，能调动的资源更多了，研发工作更顺利了。"研发中心的资深设计师兼项目组长如是说。

### 研发项目信息化管理　工作流程标准化

2019年之前，公司研发设计平台不统一，研发设计使用多款软件，重复设计造成资源浪费；研发立项数量多，项目管理难度大；设计产品型号、种类多，产品数据管理困难。为了解决这一系列难题，公司决定搭建产品数据管理（Product Data Management，PDM）3D数字信息化管理平台。

2019年1月，PDM实施初期，就遭到软件使用人员的极力反对，原因是有部分研发人员不了解、不擅长使用这款软件，担心操作起来不方便、执行起来烦琐。为了推进PDM顺利上线，公司对所有研发人员进行了 PDM 培训，通过学习 PDM 系统功能，研发人员对 PDM 系统技术有了认识，认为这套系统的产品数据管理更科学、更高效，大家都希望通过它来管理所有与产品相关的信息（包括零件信息、配置、文档、CAD 文件、结构、权限信息等）和所有与产品相关的过程（包括过程定义和管理）。

任何改革都不会一帆风顺，但为了走得更稳更好，我们必须要忍受暂时的痛苦，不改初衷，坚持走下去才能有新发展。

在 PDM 试运行期间，合作方数据管理工程师帮助富乐做了大量工作：梳理研发设计流程，制定标准的工作流程；建立产品文件结构，规范产品数据管理方式和方法等。

经过一年的试运行，2020 年年初，PDM 系统正式上线，实现了产品全生命周期管理；实现了文档、图纸、数据高效管理；实现了研制工作流程规范化管理；实现了研发设计平台的统一。大大提升了设计效率，缩短了交付周期；全面提升了研发系统运转效能。同时实现了无纸化办公，在绿色发展、节能降耗方面也做出了新贡献。

脊柱项目组组长黄锡艺说："PDM 系统的产品数据管理功能很强大，很实用，从图纸设计、审核到加工程序、工艺的编制审核等在一个平台可以全部实现。"

富乐科技能保持 30 年稳定经营，除了专注骨科事业的战略外，产品创新是一个不可忽略的因素。"如今，在国内印有'富乐'标志的脊柱产品成为众多三甲医院信赖的产品，靠的是自力更生，不断学习！靠的是自主创新、消化、吸收、再创新！靠的是专注用心和高度的社会责任感，因为每一个生命都值得我们全力以赴！"创始人胡志勇这样说。如今，富乐科技已经成长为国家高新技术企业和中关村高新技术企业、国家级专精特新"小巨人"企业。

未来，富乐科技将秉持打造百年老店的目标，坚持以核心技术自主研发为己任，依托科技力、打造产品力、塑造品牌力，从而获得竞争力，努力做出让中国人自信、自豪的骨科民族产品，助力中华骨科事业健康发展。

## 六、加速生产变革　实现企业规模化

2004 年，宽敞明亮的现代化标准厂房和生产效率相对较低、报废率相对较高、管理相对滞后的生产情况形成了极不协调的对比。在这样的情形下，胡志勇在思考：我们与一般的生产制造企业不同，我们生产的是高风险、高要求的外科植入物，首先要确保产品质量"安全有效"，同时要提高生产效率，保持企业竞争力。生产硬件该如何提升？生产管理该怎样转变？

从单台自动化到整线自动化，再到数字工厂完整的系统，是医疗器械制造业发展的必然趋势。在二次创业阶段，为实现"品质优、效率高、成本低"的目标，胡志勇积极拥抱工业化、自动化、数字化时代，勇于探索新的路径，带来一场硬件、软件方面的生产变革。在硬件方面：主要通过升级生产加工设备提高自动化水平，提高生产效率，增加产能，在满足市场需求的同时促进企业向现代化转型，彻底结束小作坊手工生产模式；使用智能刀具柜管理刀具，做到刀具可追溯、精准化管理，节约刀具成本；使用油雾净化系统改变生产环境，开启绿色生产模式。在软件方面：坚持"以人为本"的可持续发展，完善计时工资制度、倒班制度、生产台账制度、工序分工制度、操作工工作流程，推行 6S 现场管理。通过硬件软件双方面的生产变革，使富乐科技逐步走上智能化、规模化道路。

### 硬件智能化　生产规模化

**高投入升级加工设备　实现硬指标规模化**

骨科医疗器械制造属于高投入行业，富乐科技的资金投入主要包括研发投入、销售投入、原材料投入、生产设备投入、人工成本投入等，其中高端的加工设备需要投入大量资金。对于升级加工设备，胡志勇的理念是：要在不断提高加工设备投入和产出的效能比中，增强企业的竞争力，挑好生产和市场两副担子，快速、持久地满足市场需求，获得良好的经济效益。

从手工操作到自动化，新型生产设备助力公司提速增效。初创期由于资金不足，公司的生产设备都是二手机床。1995年10月，胡志勇开始买二手机床，一台普通车床，一台普通铣床，两台轻型车床，这些二手的加工设备是纯手工操作的。2003年，在马坊建立现代化生产基地以后，富乐科技进入快速增长期，规模迅速扩大，胡志勇又增购了新数控机床，加工模式由手工操作向机械化发展。

2007年以来，市场缺货现象日益严重，但公司产能有限，远远不能满足市场巨大的需求，供需矛盾加剧。2008年3月7日，胡志勇召开生产问题沟通会，他在会上指出，市场需求大，生产告急，时常出现缺货现象，提高产能、提速增效势在必行。2008年6月，胡志勇在召开全员抗震救灾总结会时谈道："国家对企业的支持及发展的要求是达到规模化企业，规模化企业有几个硬指标，纳税额500万元以上或1000万元，销售额5000万元以上或者上亿元。我们公司的目标就是通过加快设备更新换代，快速提高我们的生产能力，达到规模化企业标准。"2008年9月24日，胡志勇召开如何提高生产能力专题探讨会，通过两次会议商讨，确定了解决措施：增加技术指导人员、购买高端机床设备。2008年11月19日，胡志勇召开全体员工会议，与大家共同学习国家新政策，指出公司虽身处困境，但机遇大于困难，对公司有利的是国务院出台了十项措施，提倡扩大内需，现在是投资的好时机，一定要抓住这个好机会。目前产品需求量迅速上升，我们的努力方向是提高加工能力，实现产品项目升级，达到规模化企业标准。

从无到有，"高精尖"设备为满足市场需求提供强有力支撑。胡志勇带领富乐科技走上了快速发展之路，通过滚动式投入模式，投入大量资金购买高精度加工设备，大大提升了产能，满足市场需求。2008年购置4台设备，分别是韩华纵切机床、日本Star纵切机床、DMG车铣加工中心、五轴联动加工中心各1台，累计投资448万元；2009年购置纵切加工中心2台、五轴联动加工中心1台，累计投资350万元；2010年购置纵切加工中心3台、立式加工中心4台、数控机床2台，累计投资670万元；2011年购置纵切加工中心3台、立式加工中心6台（含1台五轴联动加工中心），累计投资

648万元；2012年购置纵切加工中心7台、立式加工中心8台、普通数控车4台，累计投资1200万元。后来胡志勇每年都投资购买高端的加工设备，截至2023年3月，公司拥有纵切加工中心71台，立式加工中心27台，车铣复合加工中心2台，设备总投资上亿元。当有参访人员时，胡志勇经常拿脊柱生产线的脊柱钉举例："它的精度很高，都是这些高端纵切加工中心加工的，可实现加工精度 $\mu$ 级，比头发丝还要细得多！这个脊柱钉产品的质量与国外进口产品一样。"

从数控机床到加工中心设备的升级替代，简化了工作程序，生产效率大大提高了，富乐人再也不用担心产能不能满足市场需求了。同时大大提高了经济效益，因为加工中心一台机床就集中了铣床、钻床、数控车等多种设备的功能，它可以减少企业机床的数量，一人可同时操作多台加工中心，减少了操作工数量，人工成本也相应减少。

胡志勇说："公司刚开始的几年没有钱，使用二手设备；后来我一有钱就买设备，舍得大量投资升级加工设备。设备的升级促进了人员的进步，也促进了公司的转型升级，产品质量和产能也大大提高，在设备方面投资很有价值！"30年来，胡志勇坚定地持续投入高精尖设备，实现了手工操作—机械化生产—自动化生产的转型，快速有效地提升了产品质量，增强了公司可持续发展的后劲，实现了硬指标规模化。

**升级智能刀具柜　精准规范管理刀具**

随着生产设备的升级和设备数量的增加，生产所需刀具也相应增加，刀具规范管理成为一个急需解决的难题。

2021年以前，富乐科技的刀具全部依靠人来管理。常用刀具放在刀架上，谁领用谁登记，全凭个人自觉，领用人在刀具领用登记本上登记领用记录，刀具管理员定期统计刀具领用情况。但经常出现一些人为的问题，比如领走刀具不做登记的情况时有发生，领走的刀具使用在哪台机床上也无从知晓，造成统计结果数据与实际相差甚远。由于领用记录不全，缺乏关键详细信息，给公司核算成本带来一些困难。

智能时代的到来，带动的不仅仅是技术的进步，还有经济形态、创新形态的变革，最终给我们带来生活和工作的高效、便利和安全。2021年2月、8月，富乐科技先后购置2台智能刀具柜，分别供创伤车间、脊柱车间使用。智能刀具柜由硬件系统、软件管理系统、云服务器组成，对不同类型的刀具进行透明化、自动化、协同化管理，支持远程控制、查询、打印各类报表等多项功能，可以很好地解决人为管理遇到的问题和困难。

刀具智能化管理，大幅提高了生产效率。智能刀具柜实现了无人值守，24小时随时领用，车间现场即插即用的智能化管理；支持多种报警方式，直接建立刀具使用信息库，优化刀具使用流程，降低成本；实现全方位控制，如刀具领用、定时换刀报警、低库存报警等，降低库存量，提高周转率，大幅提高生产效率。调试工说："自从有了智能刀具柜，我们再也不用在车间和仓库之间来回跑了，节约了大量的时间。""以前给车间备刀，全靠个人记忆，现在不一样了，刀具往货柜里一摆，如果哪个规格缺货了，系统会给我发邮件和信息提醒，不用再天天惦记该补充哪些刀具了，这功能真不错。"刀具管理员夸赞说。

富乐科技的智能刀具柜

智能刀具柜具备人脸识别功能，个人刷脸登录即可领取刀具；可跟踪刀具的使用情况，如人员、数量、时间等，能做到刀具的可追溯性。

智能刀具柜有利于刀具成本控制和核算。智能刀具柜通过触摸屏控制储物柜的门，实现出入库，打开页面后在触摸屏上输入刀具编号，自动对应刀具柜货位实现自动存取，自动计数。后台可以自动生成每个月的消耗表，月度领出和报废刀具数量后台都一览无余，实时报表便捷管理，数据统计精准真实。智能刀具柜的使用对刀具成本的控制和核算具有重要意义。

*刀具管理员和调试员在使用智能刀具柜*

**上马油雾净化系统　开启绿色健康生产模式**

随着生产设备的增加和生产规模的扩大，产能提上来了，但高产能引发了大问题：员工的身体健康遭受到了威胁！

2016年，富乐科技的销售额突破了1亿元；2018年，销售额突破2亿元；2020年，销售额突破3亿元。从这些数据可以看出，富乐在飞速发展。2017年前后，胡志勇发现脊柱车间"乌烟瘴气"，感觉车间"雾蒙蒙、灰沉沉"。经调查发现，原来是由于加工中心设备增多，加工中心设备的高压切削油系统，在机床加工时需用切削油进行润滑和冷却，切削油遇到温度较高的金属零件时极易汽化，产生大量油雾，导致生产车间到处都弥漫着油雾，生产环境很差。"员工在这样的环境中工作，一定会影响他们的身体健康！必须改变一线员工的工作环境。"胡志勇决定马上行动做改善。

经过考察之后，2017年1月，公司引进了一套油雾净化系统，主要设备是油雾净化机，净化机由旋风式离心分离器、油雾过滤器、静电过滤器、风机组成。其工作原理是采用源头收集的形式，防止油雾扩散，在36台机床的排污口处用支软管将其与主风管连接，收集到的空气经过油雾净化机处理后由主风管排放到室外。主风管采用房顶吊装的形式安装，从房顶打吊杆支撑风管，不影响地面设施。室内的油雾净化机采用变频控制，根据现场实际所需风量进行调控，油雾被净化后无组织排放到室外。

当主风管中的气体通过油雾过滤器时，由于惯性作用与丝网的表面碰撞，油雾随即在细丝表面聚集，当变大的液滴重力超过气速和液体表面张力的合力时，液滴就会下落，随后通过收集装置收集起来。在脊柱车间，集中收集的液体油滴（切削油）被加入机床二次使用，净化环境的同时节约了生产成本。

油雾净化系统的使用，结束了车间"雾蒙蒙、灰沉沉"的空气环境，取而代之的是清新自然的空气，绿色明亮的车间。"现在的生产环境很健康，每天可以放心在这儿工作，自从安装油雾净化系统后，每天上班工服、脸上不再油腻腻的，感谢公司时刻为员工健康着想。"脊柱车间的操作工们很开心地说。

要扭转生产赶不上市场需求的局面，光增加硬件设备是不行的。设备更新了，切削原理、工艺方法等也要创新，需要一个"认识—提高—推广"的过程。硬件升级的同时思维也要升级，管理也要创新，管理创新是企业发展的重要一环，没有很好的管理流程和管理程序，必然给企业造成混乱，有了好的流程和制度还要坚持执行到底。要从管理创新上下功夫，适应新设备，同时做好人员配置、激励措施，提高员工素质。胡志勇接连采取了系列措施来升级"软件"。

## "软件"制度化　人员高效化

**计时制工资改革　让多劳者、技高者增收入、得实惠**

一直以来，胡志勇非常重视技术工人的成长成才，通过一步步改革提高他们的收入。1997年，党的十五大第一次明确提出"按劳分配"之后，胡志勇随即在公司内部对一线加工人员采取了计时工资管理办法，初步实现了多劳多得，员工的积极性提高了。

经过10余年的发展，尤其在2004年，公司脊柱系列产品不断扩充，有些加工难度大的产品需要高技术水平的员工来完成。当时大家都抢着干简单工件，复杂工件没人愿意干，调度人员非常着急！究其原因：复杂工件和简单工件的工时一样；技术水平高的工人与一般水平的工人收入相差无几。长期下来导致了一些不良现象：一是复杂工件没人干；二是工人技术水平无法提高；三是员工积极性不高，严重影响生产任务的完成。

2004年12月27日，胡志勇召开计时工资工时改革会议，他在会上强调："这次工时改革是一次大的调整，过去很多核算方法不科学，完成工时虚高，与实际工时偏差越来越大；工时不平衡造成一些矛盾，管理工作越来越困难。"他明确了工时改革的主要思路：以实干为基础，凭智慧和力气干出工时，通过实干加突出表现实现高收入。一是以中等水平的技工为标准来确定定额工时，使完成工时与实做工时趋于一致。二是分析影响计时工资的因素，包括员工工作时的精神状态、自身技术水平、刃具准备条件、工时利用率、废品率、生产消耗、产品加工难易程度、质量优劣等，并将这些因素列入考核指标，实行全面考核。通过综合平衡多方面因素，把虚高的工时降下来，偏低的工时调上去，保证技术工人的利益。

改革后的工资计算方法为：总收入 = 工时工资 × 考核工资分值 + 补贴工资。其中，工时工资按照《国家职业标准》将技术工人分为初级工、中级工、高级工三个等级。不同级别的技术工人的工时工资不同，每个级别工时工资每小时相差0.5元。工时定额按照中等水平工人每月完成的工时确定，与应有工时上下浮动10%。工时工资计算方法为：工时工资 = 完工的合格品件数 × 相应的工时定额。考核工资分值：分值范围在1.00~2.00之间，根据当月个人打分、质量得分和考勤情况确定考核工资分值。补贴工资：分为工龄工资和岗位补贴。其中，工龄工资于2006年1月改革为工龄每满一年增加10元，200元封顶；岗位补贴分为特殊岗位补贴和一般岗位补贴。

"产品质量是加工出来的"。在计时工资改革中，胡志勇明确规定各工种所允许的废品率及废品工时的计算方法，使加工者质量意识明显提高，不合格品数量大大降低。

计时制工资改革当时遇到了很大阻力。在2004年底，刚开始推行工时改革时，有35个一线技术工人写了联名信给胡志勇，反对调整工时定额。胡志勇耐心地与这些技术工人进行沟通，表示公司会把员工困难放第一位，解决员工的实际困难，说明工时改革的目的是让多劳者、技高者增加收入，得到实惠。通过交流，技术工人对工时改革有了深入认识，明白了胡志勇的用心，大家相信只要努力付出就会得到相应回报。这份员工与企业的互相体谅，让人感受到企业发展中团结奋斗的力量。

试行计时制工资一年后，一线工人不仅收入增加了，技术水平也获得了不同程度的提升。实践证明，胡志勇推行的计时制工资改革将按劳分配的原则真正落到了实处，为富乐科技走向科学化管理奠定了基础。

**专业化分工　从"承包制"走向"分管制"**

由于生产设备升级，原来的操作人员需要同步转型。2006 年前后，富乐科技高端加工中心数量有限，每人操作一台加工中心，操作者既编制加工程序又调试机床、操作机床，即所谓的"承包制"，一人承包一台机床，负责产品加工的整个过程。2008 年之后，随着加工中心高端设备迅速增加，人员数量不能满足"承包制"，这种工作模式急需调整。

硬件设备有了，但胡志勇又有困惑了：一线技术工人去哪找？2008 年 9 月 11 日，他与生产骨干鄢玉伟详谈了一线技术工人队伍培养的想法：首先，明确要靠自己培养高水平的加工人才；其次，对加工人员进行专业化分工，即纵切和立加班组设置编程技术员、调试工和操作工岗位，3 个岗位的人员配合工作；最后，制定编程技术员、调试工和机床操作工的岗位责任、考核办法及岗位操作规程。

鄢玉伟担起了培养纵切编程、调试、操作人员的责任，组织编程技术人员统一优化所有产品的加工程序，保证一致性；组织调试工做好程序、刀具等产前准备，对操作工做现场指导；明确 3 个岗位的职责，编程技术人员负责加工程序的编制，调试员负责换刀、换活、加工刀具和备用刀具的准备以及刃磨刀具，并培训、指导操作工，操作工负责产品换料、产品自检、机床正常运转等。

专业化分工改革之后，一名纵切操作工可同时操作 4~6 台机床；一名车铣操作工可同时操作 2 台机床，实现"人休机不停"。脊柱生产线开创了独特的技术工人队伍培养模式，技术工人队伍呈梯度化发展：一线操作工—调试工—编程技术工程师。2013 年，富乐科技新建的创伤生产线也沿用了脊柱生产一线人员梯度分工模式，快速组建创伤生产力量，两条生产线的专业加工人才由 5~6 人发展至 60 余人，成为富乐工匠人才的核心力量。

胡志勇推行的专业化分工改革，真正做到了"专业的人干专业的事"，每个人分管自己所属领域的工作内容。由于每个人精力有限，一人同时干多项工作势必会顾此失彼；反之，长期从事某项固定工作，可聚焦岗位工作，做优做精，成为所属领域的专家，从而保证高质量、高效率，这对于保证产品质量具有重要意义。

**启用生产台账共享表格　实现跨工序高效协作**

2009 年，富乐科技纵切加工中心设备逐步增多，产能也不断提升，但产品断货问题依然时常发生，胡志勇很不解。

经了解，产品加工状态完全是无序、不受控的，有两个突出问题：一是新产品生产计划单下发到车间时，调度员总是延迟下达计划；二是调度员无法实时了解产品加工工序状态，不清楚哪些工序已完成、哪些工序未完成。

具体表现：一是生产计划员和调度员安排计划时很随意，造成分拣式加工，导致新下达的计划单总是延迟加工。分拣式加工，即张三的活干完了，调度就挑他所操作机床加工的产品计划单给他，李四也是同样。如果没人催问，未加工过的产品计划单就会无人理会，长时间压在调度手里。二是在制品所在加工工序及产品状态模糊不清，原因在于生产计划员和调度员没有实时将加工进度录入生产台账，生产信息滞后。

要满足市场需求，必须提高产能，3~5 年内仍需投入大量资金升级软硬件。"我们的目标是实现精益化生产，看来差得太远了！"胡志勇认为，这些生产问题必须尽快解决。

2010 年年初，他了解到 ERP 软件可帮助管理者掌握实时生产进度和异常状况，但是正规的 ERP 生产管理模块系统价格昂贵。经过半年的研究和学习，到了 7 月，胡志勇组织生产总监和计划人员设计了一套生产台账表格，表格名称按单个产品编码命名（现在按生产订单号命名）；表格内容有产品计划订单下发日期、订单要求完成日期及产品的每一道工序完成日期、入库日期及数量。

这套生产台账表不仅方便各工序操作者实时录入在制产品加工信息，还可实现工序人员、计划员、调度员共享；计划员、调度员可根据台账动态信息，更有效地进行生产计划的安排和生产进度的控制。在制产品在哪道工序及其流转情况在生产台账表中一目了然，再也不用满车间跑去查看进度了。

经过试用，又增加了生产一览表和生产备货表，根据批量产品和研制产品分别编制。其中，生产一览表主要用来查询产品库存量以及在制未完成产品数量；生产备货表是专门用来做生产计划的表格，内容包括各种产品年度发货量、最低库存量、在产未完成数量、现存量以及加工周期等。生产台账及后续表格的建立和完善结束了公司无序和模糊生产的状态，跨工序协作更高效了。

**适时变革倒班制度　增加员工收入、提高产能**

机床高效运转可以生产出更多的产品，创造更多的价值和利润。由于缺乏先进的管理理念和较高的认识水平，再加上早些年生产任务相对较少，工作节奏慢，机床利用率低。随着产品市场占有率不断提升，生产任务不断增加，富乐科技对机加工一线倒班制度做出了调整，从最初"两班倒"到后来变为"四班三倒"，再到现在的"三班两倒"，大大提升了产能和员工收入。具体执行情况如下。

"两班倒"（2011年之前）：8小时工作制，两班人员轮替上班，每个班连续上6天，每天机床工作16小时，停机8小时；周日人员休息，机床停机；一个月机床停机304小时，机床利用率真的有点低。

"四班三倒"（2011—2012年）：8小时工作制，所有人员被分为4个班，每天有3班人员轮替上班，每个班上8小时，休息16小时，机床不停机，人员每个班一周一轮换。

"三班两倒"（2013年至今）：8小时工作制变为12小时工作制，所有人员被分为3个班，一个班上12小时，休息24小时，上班时间每人操作的机床由原来的6台增至8台，人员休息的时候机床不停机。

此项变革的好处在于，员工每月工作时间微增长，员工月收入可增加10%左右，机床利用率大大提高，产能增加，在机床数量增加、人员数量不变的基础上，为公司节约了大量的人工成本，真正创造了公司和员工双赢的局面。

### 化解工序间矛盾　产品质量效率双提升

多年来，去除产品加工工序中产生的毛刺是钳工的主要工作内容之一。2017 年以来，脊柱产品产量骤增，去除毛刺成为钳工工序和纵切工序最突出的矛盾点。钳工去除毛刺时，遇到耗时长、难去除等问题，经常找工时定额员要求增加工时。

为了解决这些毛刺的问题，脊柱车间主任鄢玉伟想到一个妙招：将去毛刺工作由钳工工序调至纵切工序，提出谁加工谁去除，给操作工计算相应工时。这样一来，操作工会自觉增强质量意识，控制产品质量。通过调整工序，不仅从源头上减少了毛刺，而且化解了工序间的矛盾，大大提升了产品质量和效率。这一做法得到公司的高度认可，是生产变革过程中的一大亮点。

### 推行 6S 管理　生产现场秩序化

向标杆企业学习 6S 管理。宁夏小巨人机床有限公司是马扎克在中国建立的第一座高精度数控机床生产基地。2010 年 3 月，胡志勇决定购买宁夏小巨人机床有限公司的机床，并事先对该公司进行考察了解，在考察时被其精益求精、用户至上的企业文化和工作方式深深吸引，他决心学习小巨人机床有限公司的先进经验和管理模式。2010 年 5 月，他亲自带领团队部分成员到宁夏小巨人机床有限公司参观学习，部分成员去日本 MAZAK 学习。6 月，胡志勇给公司全员做了汇报，从此公司开始逐步实施 6S 管理，在现场动态管理、班组管理、物料管理、安全管理等方面有了很大的改善。2010 年 7 月，胡志勇在生产部将 6S 管理与班组建设结合起来，把班组建设作为生产管理的重要工作来做。

现场动态管理。将整理、整顿、清扫、清洁、素养、安全的内容贯穿到生产活动中，提出具体要求和考核办法。首先从三方面提出具体要求。

一是管理要求。标准化：推动管理标准化、作业标准化、服务标准化，员工素质提高，产品质量提高。安全化：安全要有保障，工作场所舒适明亮，流程明畅，统一作业，提高员工士气，提高员工危险预知能力，防患于未然。人本化：以人为本，增加员工归属感，增强凝聚力，形成良好的互动关系，全员参与，创造企业特色文化。

二是制度要求。健全机制，制定管理文件，要有周密的实施细则；制定管理工作流程和岗位作业流程，实行定量管理，责任到人。

三是现场标识要求。制作管理标牌、管理流程图；生产现场做展板、看板；库房做物料标识牌。做好现场标识，引导全员学习、提高、监督、考核（评比）。

其次，从四个方面制定考核办法。

标准化方向：管理文件、工作流程（作业指导书）、岗位职责的标准化，每种抽查3例。

制度、规定、办法方面：按项目及内容落实，重在考核执行落地情况，抽查2例。

安全方面：重宣传、查隐患、责任到人，达到零隐患、零事故，抽查3例。

可视化方面：流程图、展板、看板、标识牌均要可视化。

物料管理。2010年9月，胡志勇继续开展6S管理贯彻活动，指出富乐科技忽视了物资回收管理这项很重要的工作，很多物品第一次使用完后就扔到垃圾堆里，造成很大浪费。在物料管理方面，他强调公司要学习标杆企业小巨人的做法，落实6S管理。

胡志勇介绍，2010年5月到日本MAZAK参观时，发现他们虽然实施6S管理中的清扫，但不是把旧物资随便扔掉。例如办公人员的办公桌侧面有两个口袋，一个是废纸袋，一个是可用纸袋，每个人都养成了这样的习惯。他指出，富乐科技有很多高价值可回收的物品，如线切割的钼丝、钛合金的料头及碎屑，还有一些加工余料是稀有金属，因此做好物品回收工作是很有

*6S管理——创伤车间现场展板*

第四章　二次创业再出发

6S 管理——改善前后对比

必要的。凡是能二次使用的物资，要整理造册，将信息传递给相关部门，纳入使用计划；刀具、工具、产品报废再利用问题，要与奖励制度挂钩。

明确物资监控要运用 6S 管理，做到"4 个要"：物资发放要控制，要求库房管理员做好宣传，提高节约意识，降低成本，在保证生产质量的前提下控制物品发放的频次及数量；人员变动要交接，设计并启用"物资使用卡"，如有调岗、离岗人员必须结清领用物资；物资要定期盘点，即定期做好库内物资、生产现场物资、个人保管物资的盘点；奖惩制度要执行，对于节约的事例及人员给予表扬或物质奖励，对于浪费的事例及人员给予批评或惩罚，对于损坏或丢失物品的，责任人承担赔偿责任，新物品按原价赔偿，旧物品按 50% 的价格赔偿。

安全管理。2010 年 10 月，富乐科技开展安全月活动，落实安全工作流程和责任，贯彻 6S 管理，每位员工签订《安全责任书》，做到人人安全，时时事事安全。制定了各类机床安全操作规程，做好三级安全培训。现在公司

6S 管理现场——物料定位管理

作为安全生产标准化二级企业，每年都与员工签署《安全责任书》，在提高员工安全意识的同时，把员工的生命安全放在第一位。

通过学习实施 6S 管理，不仅生产管理部在对物料进行回收和二次利用，公司其他各个部门也都专门设置了二次可利用纸张回收箱，车间加工产生的废料、废屑都集中收集，定期处理售卖；从机床上卸下来的刀具也根据使用情况决定报废或者修磨再利用……将 6S 管理作为一种有效的生产和现场管理手段，对于公司生产管理的秩序化、流程化、规范化、科学化具有重要价值和意义。

通过企业的硬件、软件双提升，富乐科技的生产变革取得了成效，产品质量更有保障，生产效率明显提高，实现了企业规模化发展的目标。

"做人要知足，做事要知不足，做改革要不知足。"人往高处走，企业也要往高处走，要不断地学习，坚持总结自己，发现不足，改变自己，获得新的成果。在生产变革的路上，胡志勇一直在孜孜不倦地探索追求，为公司逐步走上智能制造之路奠定了基础。

## 七、变革管理　提升组织效能

古人说，生于忧患死于安乐，人无远虑必有近忧。消极、短视的行为最终带来的一定是事业的失败、人生的失败；而集体短视则会影响公司的进步，最终造成公司的失败。

在纪念改革开放 30 周年之际，一项针对企业家群体的调查发现，60% 的民营企业在 4~5 年内消失，30% 在 3 年内消失。为什么有的企业能长久不衰，有的却困难重重，甚至被淘汰出局，一个很重要的原因就在于变革。

企业组织变革的最终目的，并不仅限于扭亏为盈等短期行为，更重要的是通过变革，使企业对变化万千的外部环境做出快速反应，以确保企业能在激烈的竞争中保持优势。许多著名企业在行业中成绩斐然，都得益于持续地进行变革。例如，通用电气公司因为敢于变革、善于变革，一直保持高速增长势头，成为全球最有价值的公司之一；海尔集团主动进行管理变革，从而保证了企业持续稳定发展。

胡志勇深知，虽然富乐科技的钛合金脊柱产品在 2001 年创下国内领先的地位，《外科植入物生产实施细则》审查及质量管理体系认证在 2004 年初都顺利通过，富乐科技成为医疗器械行业质量管理的标杆企业，但公司尚处在发展早期阶段，"小荷才露尖尖角"，未来市场规模增长空间巨大，富乐科技如何紧跟骨科植入行业的发展，保持先发优势成为他长期思考的难题。

变革创造活力，活力促进发展。有远见洞察未来，有魄力发起变革，有智慧管理变革，是成功领导者的基本素养。胡志勇就是这样一位变革型领导人。回顾富乐科技 30 年的发展历程，可以说是在不断"反思和变革"中走过来的。胡志勇在二次创业的第一年，即 2003 年开始带领富乐人在管理、技术、生产、销售和整体战略等方面进行了很多变革，2010 年实现了从小作坊式的落后企业到初具规模的现代化企业的成功转型，使富乐科技能够继续走在骨科植入医疗器械行业的前列。

## 推行精细化管理　提升效益

想做大事的人很多，但愿意把小事做细的人很少；我们不缺少雄韬伟略的战略家，缺少的是精益求精的执行者；不缺少各类管理规章制度，缺少的是对规章条款不折不扣的执行。

"把每一件简单的事做好就是不简单，把每一件平凡的事做好就是不平凡。"海尔集团总裁张瑞敏这样说。

二次创业的第三年（2005年），公司管理工作随意、目标缺失、执行不到位、实际工作与YY/T0287：13485标准"两张皮"等问题日益突出。"作为一个企业，没有管理方法，没有经验、没有意识，不知道怎么管理、怎么操作，更不知道管理过程、整个控制、考核方法。"胡志勇在思考：到底什么样的管理才能把公司推上一个大台阶？

**战略决定企业成败　细节也决定企业成败**

2004年11月，胡志勇自己总结出一套商业智慧："勿以善小而不为，勿以恶小而为之"。

战略从"小"：从小产品、小市场走向大市场。

市场从"广"：广拓市场，广为营销。

产品从"优"：在产品的品质上做足文章，以优质胜出。

服务从"活"：现在是服务经济时代，谁服务好，谁就能打动消费者的心，赢得消费者的青睐。

毫不夸张地说，我们正处在一个由细节构建的大环境之中，一个企业的成功源于细节的积累。流程、产品、质量、服务、管理等微小的细节差异有时会放大到整个市场上，变成巨大的占有率差别。一个公司在生产流程、产品质量、服务和管理上有某些细节上的改进，也许只是给用户增加了1%的方便，然而在市场占有的比例上，这1%的细节可能会引出几倍的市场差别。原因很简单，当用户对两个产品做比较时，相同的功能都被抵消了，对购买决策起决定作用的就是那1%的细节。

胡志勇在2005年1月26日的日记中这样记录：当前经济学界谈"战略决定企业成败"和"细节决定企业成败"，我认为都是对的。首先要认识到，对于企业的发展而言，制定正确的战略是关键，它是大方向的问题；为了达到这个大目标要制定阶段性战术要求，然后再制定可操作的细节要求和步骤，忽视每一个小细节都可能导致一个企业失败。企业家要有大的战略思维，同时更要具备细节分析和把控能力。

**学习并实施精细化管理模式**

2005年8—9月，胡志勇购买了《细节决定成败》(汪中求著)和《精细化管理》(汪中求、吴洪彪、刘兴旺著)书籍及光盘，并在公司内部开展精细化管理的学习教育活动，然后把学习的理论结果导入富乐科技的管理中，迈出了公司管理变革的第一步。

精细化管理包括五大内容：

（1）学习精细化管理的方法论，培育精细文化。

（2）做好工作任务的逐级分解，确保完成全年任务。

（3）梳理流程，优化改进流程。

（4）核心业务流程及工作流程的关键节点产品的模板化。

（5）强化绩效管理，提高绩效管理水平。

在公司日常管理工作中，实施精细化管理需要做到"八化"：细化、量化、流程优化、协同化、模板化、标准化、实证化、严格化。

（1）细化：任务分解要细化（横向到个人，纵向到时间）；布置工作要细化（符合SMART原则）；制定计划要细化（符合5W2H原则）；指挥、指导要细化（有效沟通原则）。

（2）量化：绩效衡量标准要量化或行为化，不能量化或行为化的指标不能作为关键绩效指标。

（3）流程优化：要本着复杂问题简单化，简单问题流程化和规范化的思路，不断改进和优化关键业务流程，提高结构性效率。

（4）协同化：工作流程的上下游、工作单元之间的衔接配合要协同，突出为内部客户服务的理念。

（5）模板化：核心业务流程的关键节点输出产品要模板化。包括产品输出的文档格式、数据格式、内容结构等都要实现模板化。

（6）标准化：统一规格标准、操作标准、服务标准。具体包括各种公文格式的标准化、各种记录的标准化、各种作业流程的标准化、各种服务的标准化等。

（7）实证化：绩效评估实证化。以事实为依据，对照绩效标准，进行事实结果核对比较，强调日常数据及事实的收集。

（8）严格化：执行的标准和控制偏差的标准要精细，对结果的处理要严肃、严格。

### 目标管理+流程监控　将精细化导入富乐管理中

为了统一管理者的思想认识和行动步伐，2005年9月20日，胡志勇召开公司管理人员会议，明确了公司的阶段目标，首先定调：公司今年的工作重点是提高各项管理工作；目标是按正规企业模式启动管理，按《外科植入物生产实施细则》及 YY/T0287：13485 标准进行管理，将各项管理工作落到实处。

这次会议上，胡志勇指出实现管理目标有两大难点：一是管理起点低（组织结构膨胀快，人员结构差别大，劳动生产率低）；二是员工的素质低、习惯差。他在会上谈道：基于公司所处阶段，管理改革要由浅入深，不能一步到位，计划用3~5年的时间从粗放型管理向精细化管理转变，要将公司变成现代化公司，必须导入精细化管理。精细化管理的推行主要依靠目标管理与流程监控相结合，做好事前、事中和事后的控制、总结反思、改进提高。

1. 目标管理

召开全员大会、班组会、调度会，做好鼓劲动员、交底工作，让员工情绪高涨，明确阶段目标任务，统一思想认识。在做细节管理之前先确认阶段目标，改变管理随意、目标缺失、执行不到位的现状。着手从人员管理、技术管理、生产管理、营销管理、公司整体管理方面设定公司总目标，然后层层分解到部门目标、管理者及员工绩效考核指标，实现人人头上有指标。

2. 流程监控

（1）事前交底。管理者要将工作任务细化到每个岗位、每位员工，交底内容主要包含：明确工作任务内容、数量质量要求、责任人、完成时限、检查人、检查时限，提示重点难点、关键环节（细节）、易出问题处。

管理者可按四个维度进行工作任务细化分解：横向细化——将一项工作或任务分解为若干个组成部分；纵向细化——按时间顺序将工作任务分解成各个组成部分；衔接细化——按事项、数量、质量、时间、服务方式、衔接责任人等记录信息流程；责任细化——责任划分要细，执行要到位。

（2）事中控制。主要是抓执行，一是设定执行标准和目标；二是分析执行状况反馈信息，找差距，找偏差，发现问题；三是运用奖惩手段纠正执行偏差。

在2005年9月6日的工作例会上，胡志勇指出，管理者在执行时要做到精细化：一是要把握好6个要领，即抓住核心细节、管好重要细节、管好关键的少数细节、密切监控易出差错的细节、放松一般或次要的细节、简化或忽略无关紧要的细节。二是岗位职责要公示，做到自知、他知，互相监督，同时要求每个岗位员工要建立工作日志、会议记录、传递记录，促进工作高效协同。三是通过简化流程、简化纪律和强制执行的方法，突出规章制度的权威性，树立领导的威信和守信形象。

（3）事后总结反馈提高，优化、固化流程和习惯。2006年7月17日，胡志勇在年轻骨干会议上提出，公司制度、文件、流程具备精细化管理要求，但在执行方面存在差距和问题：管理上没有形成习惯，推行不到位，员工的自觉性没有形成，今后重点工作就是加强执行，加强监控，考核评价要与经济利益挂钩。阶段性工作要及时总结，不断优化流程，全员要不折不扣地将这些流程执行到底并且长期坚持下去。

2006年12月，公司内建立了岗位工作流程、研发流程、工艺工作流程、生产管理流程、营销管理流程等多项流程，实现了流程化管理。

**工作精细化　实现成本节约化、效益最大化**

在美国一家石油公司，有一个野心勃勃的年轻人，他的工作是一项极其简单而又重复的事情——操作机器给油桶封口。他觉得很失望，抱怨他的工作没有价值，可是这没能改变什么。他不得不安下心来继续做他的工作。有一天极其无聊的他，发现每个油桶恰好需要39滴焊接剂封口。为什么是39滴，如果是38滴呢？经过钻研，他把焊接剂从39滴减少到38滴。不要小看这一滴焊接剂，因为石油桶的数量惊人，每个桶少用一滴焊接剂，每年竟然为公司增加了5亿美元的利润，简直太不可思议了！这个人就是后来的美国石油大亨——洛克菲勒。

富乐科技工程部制造工程师的主要职责是产品加工程序的编制、加工方法的改进和技术革新，在编制程序时，制造工程师对于时间简直太计较，哪怕一秒钟也不容浪费，因为批量产品的加工分分秒秒都是效益和成本。复杂的加工程序要做到简单精练，不浪费人力、物力等资源，在经过加工重复很多遍之后，工程师还需用心研究，把程序再做精简。在优化椎间融合器加工程序时，工程师将单件产品加工程序减少了10分钟，结果一年为公司节约加工成本70万元。类似的改进小细节、节约大成本的事例很多。工程部工艺师的主要职责是产品加工工艺的编制，他们在编制工艺时，会充分考虑各个环节的合理性和衔接性，他们经常与生产一线的班长及技术人员沟通交流，以求得更优加工工艺，进而节约成本。他们的追求是：节约成本，提高效益，没有最好，只有更好。

2009年12月，富乐科技召开年度优秀员工评选大会，选出了10位优秀员工：质检部庄小雪认真细致，检查周到，错检漏检少；技术部樊国平注重开拓新的工作思路和方法，工作追求精益求精；产品部杨永刚工作态度好，认真服务无差错；产品部王喜利加工的产品质量好，全年无废品；销售部李娜发货安全、统计准确；销售部于环述从零做起，年销售额达到61万元，开发6个新客户；办公室王连红服务全国200多家客户，负责控制发货、及时催款、全公司报销、核准快递公司费用、计算销售提成比例等工作，数据准确无误……

不只是2009年的优秀员工，每一年的优秀员工都有共同的特点：①注重细节，不注重细节很难将工作干好，一件小事会影响企业的大局；②追求卓越，用最高的标准来要求自己；③积极主动，主动要求担当更多的责任或主动承担更重要的任务；④用心做事，人们常说凡事需用心，当一个人真正用心做事的时候，就会一丝不苟地把事情做好。

精细化实践——质量记录。《医疗器械生产质量管理规范》要求医疗器械生产企业必须满足产品生命周期的可追溯性要求。质量记录是保证产品质量及有效实施质量体系的客观证据，是实现产品可追溯性的有效方法，各个环节的记录是否真实、完整、及时有效就显得特别重要。做质量记录看似是一件很细小的事情，每个人都可以写，但能始终如一认真及时地坚持做好记录并非易事。

自 2003 年富乐科技建立质量管理体系以来，每年内审、各级药监局及第三方外审时，总会发现质量记录存在各种各样的问题。例如，2005 年 11 月 3 日，公司年度内审时发现清洗过程记录不完整、技术工艺要求不明确，技术文件、工艺文件签字不完整；2005 年 12 月 3 日，公司外部审核中，审核人员在查看洁净间环境监测记录表时发现记录提前写了 3 天，尚未发生的事情、尚未到来的时间居然有记录发生！因为记录不属实问题公司被开出不合格项。针对此事件，2005 年 12 月 13 日，胡志勇召开专项会议，纠正内审、外审不合格项，会上强调全员要严格落实文件及记录控制程序要求，质量记录各岗位人员要长期坚持及时记录，不拖拉、不提前。同时，把现场审查作为重点，根据现场审查发现的问题再审查程序性文件，把精细化管理落到实处。

胡志勇对精细化管理工作的实施情况进行总结，他说："队伍的职业化改进，简单不等于容易；不要相信布置就等于完成；简单的招式练到极致就是绝招；做事不贪大，做人不计小；每人改变一点点，全员素质就会提高一大步；细节决定成败，管理出效益，从严管理出大效益，精细化管理出最大效益。"

**细节造就伟大——"小"笔记洞见大事业**

胡志勇说："我不是特别聪明的人，但是我勤奋，我相信勤能补拙，并且我有毅力、有恒心、有韧性，不嫌事情小，也不贪多贪大，认准了目标我会从点滴小事做起，不折不扣地执行到底。"

我们观察胡志勇经营企业的一贯做法不难发现，他既是一个有雄韬伟略的战略家，又是一个注重细节的行动家。一直以来，他十分注重中长期目标和短期目标的规划，如 2005 年提出 3 年销售额达到 5000 万元，5~8 年达到 1 亿元。2011 年规划未来 2 年的目标：2012 年销售额达到 8000 万元，外销 1000 万元；2013 年销售额达到 1.2 亿元，外销 3000 万元……每年年初制定年度工作目标和计划，企业经营目标要实现多大规模、销售回款额要达多少、年度内要通过哪些考核、管理达到什么层次等。半年、年底做工作总结，对照目标检查工作做到什么程度，哪些做得好，哪些工作没有做到位，差距有多大，该采取什么措施，利用哪些手段，做出哪些纠偏和提高的具体行动……胡志勇是一个有格局的人，既能仰望星空，又能脚踏实地。仰望星空，能够看到别人看不到的高度，胸中有远大的目标和坚定的信仰；脚踏实地，能够积跬步，从小事做起，一步一个台阶，坚持不懈，最终达到目的。

现如今每天坚持记录个人工作的人少之又少，胡志勇就是这少数人之一。1993—2016 年间，胡志勇的工作记录达 60 多万字，厚厚的笔记本写满了 15 本。若不是亲眼所见，我们难以相信一个企业老板连续 24 年在日常事务交织繁杂的情形下，每天坚持做工作笔记，从不间断。记工作笔记事虽微小，但 24 年坚持每天记工作笔记却很难得，这是一种怎样的毅力和决心，又是多么难能可贵的精神！细节不容小觑，不能忽视，正因为注重细节，积少成多，胡志勇才带领富乐科技成就了今天的事业。

我们的工作或许平凡，但每个岗位都有它存在的价值和意义！每个人既要有干事创业的激情，又要有扎扎实实的作风，我们有责任，更有义务从细节入手，从平凡开始，从小事做起，把简单的小事做细、做实、做精、做透，细中见精，小中见大，一切工作围绕细节开展；每个人都要踏踏实实，埋下头来扎实苦干，发挥智慧，科学巧干，在每个细节上做足功夫，努力练好细节修养这个内功，富乐才能壮阔前行，国家才能更加美好强大，我们自身才会有更大发展。

## 全方位多角度实施变革　　由粗放管理到科学管理

2004 年之前，富乐科技经历了第一阶段的初创期和成长期，由于规模小、人员少，胡志勇实行简单化管理，采用一竿子插到底的粗放式管理模式。2004年之后，虽然公司通过了质量体系认证，但管理工作做得很粗疏，公司人员增多，部门增多，规模扩大，一竿子插到底已不再可能。管理混乱、权责不清的问题日益严重，导致公司陷入管理"沼泽"。胡志勇意识到如不及时调整，甚至会导致富乐科技因此"丧命"，所以推行岗位责任制、建立绩效考评体系、改革工资制度势在必行，必须使行政指挥系统管理层次更清晰。

**有计划分阶段实施"岗位责任制 + 绩效考评"**

推行岗位责任制。胡志勇说："企业是一个整体团队，每个人、每个部门必须按要求完成自己应该做的事情，企业才能顺利发展。"他下定决心从2004年起贯彻落实岗位责任制，明确每个岗位的正常职责、边缘职责。一是管理层工作例会布置。2004年3月3日，公司召开管理层工作例会，强调实施岗位责任制的必要性和重要性，由于企业是一个系统工程，每个部门都要承担自己的职责，所以要先定岗，明确职责，实现工作结果能考核。2004年7月7日，公司成立人力资源部，负责实施和改进岗位责任制，组织公司各部门制定《岗位工作手册》。二是召开全体员工动员大会。2004年7月21日，公司召开岗位责任制全体员工动员会，强调实行岗位责任制的重要性。会议明确了公司前10年的管理模式是计划经济时代积累的经验管理，公司以前只经历了简单的产品复制过程，开发出产品，推向市场，进行利润滚动、发展。当前阶段，在科学发展观、以人为本、全面协调可持续发展的政治背景下，企业一定要在产品、效益、人才方面全面发展；国家对行业实施强制性管理，市场上的产品若不合格，则会登报公布、公司停产整顿，国家对市场准入也进行严查。所以富乐科技的管理要从经验管理转向科学管理，最终转向行为管理（人本管理）。不管是《细则》验收还是质量体系考核，都需要快速进入科学管理，必须将人员的积极主动性发挥出来。三是部门会议宣讲。2004年8月22日，在生产部宣讲岗位责任制，按班组、技工、普工分级分类制定详细《岗位工作手册》；2004年8月23日，在营销部宣讲岗位责任制，对营销部的总体职责以及内勤、市场部、销售人员的职责做出划分。营销部的总体职责是完善销售政策，带好销售队伍；内勤的职责是营销档案、证件、资料的发放工作及人事调配工作，做好售前、售中、售后的服务工作；市场部的职责是内外部信息处理及企业策划；销售人员负责品牌宣传。截至2004年年底，富乐科技7个部门（办公室、财务部、人力资源部、质管部、技术部、生产部、销售部）所有岗位的《岗位工作手册》全部制定完成。

公司基于2004版的《岗位工作手册》，逐步完善、修改并检查执行的情况，历经2009版、2012版、2015版、2019版修订，现在使用的是2021版职位说明书（现代版本的《岗位工作手册》）。通过落实岗位责任制，《岗位工作手册》为绩效考评提供了基本依据，为公司规范化管理打下良好基础。

实施绩效考评。落实岗位责任制之后，公司于2004年9月开始落实员工的绩效考评工作，从多方面对员工进行"立体考核"，这样便于对员工做出正确的评价。针对考评考什么、怎么考及考评原则与方法，胡志勇提出了具体的要求。

一是考评考什么？

（1）品德考核。优秀员工必须德才兼备，"德"至少包括"义""信""勇""谋"："义"——取得成绩后保持平和心态，不过分炫耀；"信"——讲信用，答应的事情一定要办到；"勇"——面对困难毫不畏惧，想尽一些办法去克服，取得成功；"谋"——针对多变的环境，随机应变掌握主动。

（2）业绩考核。效率涉及工作方式，效果涉及工作结果，员工都要朝着"高效率＋高效果"去努力工作。

（3）能力考核。能力分为专业知识、技能和技巧、工作经验、体力。通过能力考核，推动员工在适当的岗位上发展。

（4）态度考核。工作态度是工作能力向工作业绩转换的"中介"。

二是考评怎么考？

（1）确定考核分类。分三类进行考核：固定工资人员、计时制人员、营销提成人员。

（2）确定考核指标。按三类指标进行考核：①特征性效标，考评员工是怎样一个人，侧重员工的个人特质，例如知识、品质、技术、技能、领导能力、服从性、口头表达能力、工作热情、纪律性、沟通技巧等；②行为性效标，考评员工如何执行指令、如何工作，将岗位期望的行为一一列出，作为岗位的规范；③结果性效标，考评员工完成了哪些工作任务或生产了哪些产品，其结果如何，例如数量、质量、效率、时间、成本等。

（3）制定考核标准。根据已有的职务说明，确定岗位所需要的知识、技能，并确定个人职务及职能等级。

满分100分，其中工作业绩、质量占60~70分，能力、素质等占30~40分。根据各项得分，求和得出总分。考评结果分为A、B、C、D四档，分别对应优、良、差、劣。

（4）确定考核周期。按月履行考核工作，核算月收入；年度奖金按全年的绩效考评结果来核算。

三是考核原则与方法是什么？

（1）考核原则：实行公平、公正、公开的评价。

（2）考核方法：建立绩效评价系统。为人事决策提供依据，提拔优秀员工，惩罚违纪人员，促进员工个人事业发展，同时发现组织中存在的问题。

**推行系统性工资改革　建立科学工资体系**

发展到二次创业阶段，人员规模迅速扩大、硬件设备升级、规章制度日益完善，富乐科技已经从小作坊升级为初具规模的现代企业，一系列改革在如火如荼地进行着，但最敏感的工资报酬制度仍沿用的10年前的制度，已经明显不能满足公司发展的需求。胡志勇认为，要按照科学发展观去思考问题，制定出以人为本、全面协调可持续发展、透明、公开、公平的工资制度。

固定工资：2004年11月，公司依次召开管理层会议、固定工资人员会议，就改革固定工资、绩效考评问题进行沟通，强调考评考核标准、绩效管理的重要性，并指出要把工资改革和绩效管理紧密结合起来，实现工资制度化、程序化管理。2005年，公司初步确定《工资结构及计算办法（草案）》，经过执行、修订，2006年1月13日，《固定工资管理办法》正式公布，工资结构确定为总收入=岗位工资+浮动工资（考核工资、奖金）+工龄工资。

（1）"工龄工资"：改为工龄每满一年增加10元，200元封顶。

（2）增设"岗位工资"：根据责、权、利，不同的岗位对应不同的岗位工资。

（3）增设"岗位浮动工资"：浮动部分的比例，部门负责人按月收入的20%列入，一般员工按月收入的10%列入，根据每月绩效考评结果核算。

销售工资：2004年11月23日，胡志勇召开销售部全体员工会议，宣贯考核考评标准、销售工资改革办法，为了开拓市场，鼓励销售人员多开发新客户、加快回款、控制销售费用支出。一是区分新老客户，新客户提成比例高于老客户；二是根据回款周期设置阶梯式提成比例，超期回款的要扣除罚金；三是以年销售回款额的5%作为销售费用最高限额。2005年1月，《营销部员工工资办法》公布实施，营销部实行提成工资的人员按此制度执行。

改革后的营销提成工资结构：总收入＝基本工资＋补贴工资（工龄＋交通补贴）＋提成工资×考核工资分值系数。

计时工资：为解决工时偏差过大、工时虚高、工时不平衡引起的一些矛盾，2004年12月27日，胡志勇召开生产部会议，就计时工资的工时改革问题进行交流，以中等水平的技工为标准来确定工时，引导大家通过"实干＋突出表现"，以技术水平和对公司的贡献实现个人收入提高，促进生产。

改革后的计时工资结构：总收入＝工时工资×考核工资分值＋补贴工资。

通过对固定工资、销售工资、计时工资三方面实施改革，公司改变了过去无序的、经验式的管理，有效落实岗位责任制和绩效管理，大大提高了全员的工作积极性，保障了全体员工的利益。

**严格落实做事"20字原则" 有效监控工作流程**

经过实施岗位责任制和绩效考评，公司员工行为管理模式已初步形成，接着要进入重要环节，即落实工作。古人说："善为人者能自为者也，善治人者能自治者也。"领导者通过身体力行、以身作则，可建立起人人遵守的绩效考评制度。富乐科技要求员工重视做线和点的工作，严格落实做事的"20字原则"：事事有人管，人人有专责，做事按规定，结果要考核。对执行实施工作流程进行了有效监控。

事事有人管：无论是设计、生产、销售等大事，还是关灯、扫地、整理环境等小事，所有事项都要落实到人。富乐科技学习海尔集团"日清"的工作做法，将每项工作目标落实到人，每天做到"事事有人管""人人都管事"，大到一台设备，小到一块玻璃，每天下班前对完成工作的情况进行"日清"；公司员工要知道每天必须做什么事；要做好当天的工作计划和各项工作准备，在有限的时间里高效工作；工作结束时，要总结当天的工作，再做明天的工作计划；要具备补位意识、补位技能。

人人有专责：岗位责任制有不等于做，做就要有记录；要做好工作记录，管理者有管理的职责，执行者有执行的职责。

做事按规定：工作细化、标准化、流程化；严格执行《岗位工作手册》的规定；各项工作按照规章制度来实施。

结果要考核：量化是考核的依据，要自查工作记录，再经领导查，管理者要对自己下属人员的工作进程进行实时监控并加以考核。

**完善规章制度　建立良好工作秩序**

富乐科技 2004 年 1 月通过《外科植入物生产实施细则》验收之后，按照 YY/T 0287-2003 idtISO13485：2003 标准的要求及规定，初步建立各部门的基本制度。2007 年，富乐科技通过了 GMP 认证、CE 复查、CMD 复审及原国药局专项检查。

富乐科技在 2007 年建立并完善了一系列制度，包括《员工手册》（考勤、福利、员工奖惩、考核制度、劳动合同管理制度）、薪酬制度（固定工资办法、计时工资制度、销售提成工资办法）、业务管理制度（产品及生产质量管理、设备维护保养制度、安全操作规程、库房管理制度）。随着工作的开展，逐步完善公司各部门相关制度，靠制度实现员工的自我约束。英国历史学家劳德·阿克顿勋爵讲过一个"七人分粥"的故事：七个人住在一起，在没有计量器具的状况下分食一锅粥。

规则一：指定一个道德高尚的人负责分粥，刚开始公平，时间长了，他就会给自己和溜须拍马的人多分一点粥，道德无法抵御腐化。

规则二：指定一个人分粥，另一个人负责监督，后来走向了"权利合谋"，给他们两人分得最多。

规则三：建立民主选举委员会和一个监督委员会，各种议案轮番争辩，效率太低。

规则四：谁也信不过，大家轮流分，每个人只有一天吃得饱，其余六天不行。

规则五：每个人都有一票否决权，对抗代替不了合作。

规则六：重新制定一个制度，每人分一次粥，但是要最后一个拿粥，这个制度出来后大家才觉得比较公平。

这个故事说明科学合理的管理制度，它的规则真正实现了执行与分配的相互制约，进而达到公平的目标。

自组织、自管理，不一定会带来科学合理的制度。员工内在的积极性和创造性才是真正的活力。具体到每一位员工就是要做到：①自激励，员工自觉自愿地去做组织希望他做的事；②自约束，员工自觉自愿地不去做组织不希望他做的事；③自协同，员工自觉自愿地协助他人不去做组织不希望他们做的事。

自组织、自管理，用一句话概括就是"从群众中来，到群众中去"，相信群众，依靠群众。其制度贯彻、执行、监督、协调的直接成本比其他管理要低得多。

2011年9月1日，胡志勇说："制度造就秩序，制定制度只是秩序的设想，执行制度才是秩序的建立，长期的执行才能变成习惯。制度造就了秩序，也就产生了力量。秩序就是企业的命脉，我们企业要建立一整套规章制度，各个部门要有自己的秩序，全体员工要遵守这些规章制度。"2013年5月，《员工手册》经重新优化调整后，印制成小册子发放给员工，便于大家自我学习、时常对照、严格遵守。

**改变沟通方式　提高协作效率**

高层沟通——工作例会。2004年10月11日，富乐科技开始实行工作例会制，每月第四周的星期二上午10点召开例会，办公室负责主持，公司成立一个各部门负责人的核心小组,在例会上解决以下问题:一是对已做的工作做总结和检查;二是对下一步的工作进行布置安排;三是工作沟通。

为进一步实现高效沟通,2007年3月15日,胡志勇强调下次例会时,首先让各部门负责人汇报自己是怎样宣贯上次例会的精神的,凡是未做宣贯工作的,将对相关责任人实施处罚。

工作例会沟通模式总结以往工作的成功经验,分析目前工作中存在的问题,探讨解决问题的方式方法,修正不正确的思路。通过沟通交流,管理者互相理解支持,改变了以前"推一推、走一走"的工作模式,调动了领导者的积极性、能动性,有利于干好下一步的工作。现在,每两周一次的经营例会仍然是公司管理者定期沟通的重要方式。

业务沟通——计划调度会。为了在公司内部建立以利润、客户为导向的工作理念,进一步理顺订单交付工作流程,富乐科技于2007年开始采用计划调度会的沟通方式。2007年2月1日,公司召开计划调度会,会议由总计划调度主持,召集生产、技术、质检、质管、物流人员参会,强调公司全体要以市场为中心,公司内部要以生产研制为中心。计划调度会的目的是协调及落实生产计划、信息沟通、检查生产进度、反映并解决问题。调度会规定所有参会人员不能"扯皮",要主动承担责任、主动补台、做好服务。

每周一次的计划调度会,主要总结上周重点生产任务的执行情况,探讨生产过程中出现的难题及相应的解决办法;安排本周的重点生产任务,协调各相关部门尽职尽责保证订单按时交付,满足市场和客户要求,从而为公司创造价值和利润。计划调度会是生产过程中必要的沟通方式,也是生产技术攻关的一个渠道。

**建立三大业务流程、三大职能监控体系**

为实现"两低两高"[①]目标,富乐科技对企业业务流程进行再思考、再

---

① "两低两高"即低成本,高效率;低价格,高质量。

设计，做好流程再造，激励员工对工作流程进行革新，提供再造的机会和空间，使企业在成本、质量、服务和速度等方面获得改善。2007年4月24日，在公司成立13周年之际，胡志勇告知全体员工，公司的管理及运行在逐步改善，并与大家分享他关于企业管理的思路及公司发展的思考。

建立三大业务流程：为提高对顾客需求的反应速度与效率，降低为顾客提供产品或服务的供应成本，公司建立三大流程：营销流程、研发流程、订单交付流程。

（1）营销流程：核心在于市场服务。建立销售网络（医院直销、各地代理）—服务及培训（凡是使用公司产品的用户，一定做到服务上门，技术培训在先）—市场信息反馈（将市场需求及顾客抱怨及时反馈给公司相关部门）。

（2）研发流程：核心在于技术设计输入、输出。设计输入阶段（市场信息及科研预测）—研制临床阶段—定型生产阶段—商品使用培训、商品信息反馈。

（3）订单交付流程：核心在于从材料加工到成品。技术文件转入实施—物资筹备（产前准备）—生产实施—成品入库。

建立三大职能监控体系。为加强管理制度的执行和监控，建立三大职能监控体系：质量体系监控、人力资源监控、财务监控。

（1）质量体系监控：①按照法规要求制定相关控制文件；②监督审查，分阶段、分项目轮回检查；③进行评议。

（2）人力资源监控：①制定岗位责任制及工作流程，制定公司行政制度；②进行培训、指导、公示；③监督检查，分阶段、分项目轮回检查；④进行评议。

（3）财务监控：①审查有关财务流程的文件和库房保管文件是否齐备；②对三个工作流程的成本进行控制，并对工作流程进行财务预测（财务计划）；③监督检查，分阶段、分项目轮回检查（库房盘点）；④进行评议。

最终评议的问题要与相关部门沟通，纠正措施及纠正期限要明确，将评议的过程和结论上报并存档。

## 管理变革　夯实发展基础

　　企业变革的核心是管理变革，而管理变革的成功来自变革管理。因此知道怎样变革比知道为什么变革和变革什么更为重要。

　　2001年中国加入WTO后，富乐科技处于企业健康发展阶段。从中国制造到中国创造是一个艰难的转型过程，对于从事医疗器械制造的富乐科技来说，向现代化转型意味着重新思考如何对过去的模式和结构进行重组变革。这是一场自上而下的变革，也是一场管理模式从"粗放型"到"精细化"的变革，还是一场从流程到制度，从思想文化到行动实践的革命。

### 逆境求生存　变革谋发展

　　胡志勇在二次创业时面临着企业发展的内忧外患。首先是外部市场压力巨大。2005年12月，他参加了中国医疗器械行业协会第四届会员代表大会，获知骨科植入行业在全国需求刺激下，发展不足但竞争又相当激烈，最近又有多家企业加入这个行业，国家监管机制还不健全，混乱竞争将是必然。从发展来看，医药行业就走了一个回合：行业膨胀——竞争监管——整合发展。2006年齐二药厂破产，欣弗制剂厂总经理上吊自杀，医疗器械、外科植入物注册产品被曝70%以上都是虚假产品，医院停诊，重大事件连连发生。胡志勇敏锐地意识到国家肯定要加大对医疗器械行业的监管力度，重视GMP认证，进行行业整合。其次是内部危机重重。2006年第一季度富乐科技销售收入下滑23.7%，制造费用上升18.6%，二次创业初期的危机又一次摆在胡志勇面前。他认真分析了销售额下滑原因：一是管理协调性差，推诿扯皮现象严重，主动补台少；二是管理方法落后；三是员工"小富即安"思想严重，危机意识不足。

　　2006年，富乐科技面临的问题是市场竞争激烈，销售收入严重下滑，组织内部沟通不畅。在内忧外患的形势下，我们的变革如何进行？如何使深陷困境的企业起死回生？如何把不利的外部环境转变成有利因素？如何使变革卓有成效？如何在危机中发现机遇，成功变革实现自救？一连串问题在胡志勇脑海中萦绕。

"我们要从管理中提效率，从管理中增利润，从管理中降成本。"如果不主动应变，安于现状，躺在既有管理模式下慢慢向前爬行的时候，竞争对手却在拼命地干，产品上市速度之快让我们望尘莫及，一进一退之间的差距可想而知。

为了提升企业效率，赢得竞争优势，胡志勇从管理者能力、管理模式、组织结构、企业文化等方面进行了有目标、有计划的渐进式变革。通过组建核心管理团队、不断健全管理流程、管理结构和管理监控系统，使管理更透明，沟通更快速，实现科学化、规范化、精细化经营管理。

**组建核心管理团队　打造一支高效团队**

组建核心团队。一个团队从无到有，再到发展为一个高效的团队，通常需要经历三个主要阶段：团队初建期、团队磨合期、团队凝聚期。在团队建立初期，胡志勇采用指令型和领跑型的管理风格，为团队树立信心，保证工作能够达到预期目标。团队磨合期是团队必须经历的一个痛苦阶段，在这一阶段，他采用愿景型、亲和型和参与型的管理风格，为团队明确方向、稳定情绪，使一个无序的团队变得有序，引导大家为了一个共同目标而努力。在团队凝聚期，他使用教练型的管理风格，主动做团队教练，通过观察团队的运作情况，发现团队的强项和弱项，补短板，强基础，为团队寻找更高目标，持续改进，不断向一个又一个高效目标前进，打造一个高效团队。

2004年，富乐科技新引进一批大学生，这是公司创立以来胡志勇在人才战略上走的一步先手棋。2006年起，这些新生力量通过岗位实习、交流学习、个人提升逐步发展为公司的核心团队成员。2007年，公司形成以胡志勇为中心，各部门主管为主体的核心团队，进一步加强对中高层管理人员综合素质的培养。

2010年，胡志勇组织管理团队14人分3批到宁夏小巨人机床有限公司参观学习，了解所有的现场管理及信息管理系统，将该公司的现场管理作为自己的学习典范；派2人到日本MAZAK参观考察，学习其生产管理模式及技术创新模式，并借鉴其先进经验为我所用。通过走出去、请进来，变革管理者思想及行为，为公司永续发展打基础。

*2010 年 5 月，胡志勇亲自带领管理团队赴宁夏小巨人机床有限公司参观学习*

人才管理竞争性变革。2005 年、2009 年，公司实施管理人员竞争上岗，激发他们的工作热情，把企业组织引向新的稳定状态。通过人才管理变革，这批大学生不断历练，逐步成长为公司发展的核心力量。人才管理改革也带动了管理模式、机构流程、岗位、职责等方面的相应变革。

以班组为单位进行自我管理。公司加强班组建设，使班组管理从有形的内容提升到有神的内容，把班组建设成为一个绩效组织、一个活力组织、一个和谐组织。班组作为企业组织生产的基本单位，是执行企业战略，让企业战略真正落地的组织。班长是管理中枢，要担当生产和现场管理的重要角色，充分发挥班长作用。通过班长的带动，让班组每一位成员能够自觉解决班组和生产过程中出现的问题，真正做到自我管理、自我约束。

**推进组织结构性、渐进式变革**

应对行业监管，变革组织结构。2005 年，随着行业严监管逐步展开，根据公司内部发展需要，胡志勇开始着手进行组织架构调整。

2005 年 3 月，为提高全员质量意识，重新划分办公室、质管部职责，将质量管理体系实施运行、产品生产全过程质量控制从办公室分出，划归质管部负责；办公室负责公司行政管理、后勤管理等。

2006年3月1日，为突出工艺重要性，充分利用设计、工艺、能工巧匠的三结合资源，攻克难关，同时把工时工作与生产分离，以求互相制约，更显公平；将工艺室从生产部分出，在技术部分设研发室、工艺室、注册文件室。

2006年3月28日，为提高库房管理工作的严谨性，做到账、卡、物相符，将工具库、零件库等库房管理工作从生产部分出，新设物流部负责库房管理；生产部集中精力进行机械加工过程作业；同时新增5S现场管理要求，设备组负责生产设施设备的定期保养工作。

2007年1月23日，针对"同一种零件加工，反复几次报废"的情况，胡志勇强调，生产与技术密不可分，指出在管理上生产与技术处于孤立状态，生产管理技术性不高，技术管理实践工艺性有待提高。为实现"低成本，高效率，低价格，高品质"目标，2007年3月27日，公司调整生产部管理团队分工，增设现场技术指导员岗位，负责对加工技术、加工质量进行指导，以解决工时矛盾、质量矛盾；2007年7月18日，胡志勇宣布将生产部与物流部合并，工艺室行政归生产部、业务归技术部，通过机构简化来消除屏障，促进各部门同心合力加快生产。

重划岗位职责，提升服务效率。2006年10月26日，胡志勇对生产、科研、销售、市场等部门进行岗位职责重新划分，因事设岗。任命生产总计划、总调度，协调安排科研项目的生产、研制，为市场服务，做好以生产、科研为中心的服务；同时调整销售部架构，增设营销副经理、市场总监（负责内部信息反馈、新产品定型）、总调度、商务经理等。同时，强调大家要有补位意识，主动做好边缘性工作，只要对公司有利的事就要主动去做。

**用企业文化来影响和塑造员工　助力管理变革**

变革要想顺利取得成效，仅凭良好的组织管理是不够的。关键是动员员工，培养共同目标，以快速有力的行动获取和保持竞争优势。胡志勇认为，变革需要学习，学习是为了变革。改革先革心，全员思想理念的提高很关键！

1. 企业文化对管理者的影响

一是建立高层学习型团队，为变革搭建组织架构。2007年1月，成立公司高层学习小组，目标是形成有文化特征的团队，培养高层人员在管理方法和管理思维等方面的能力，结合企业经营战略、战术的研究进行集体学习和交流。学习要求有八条：①人格魅力，任何人群的牵头人都要有一定的魅力，人格魅力是企业生存的重要因素之一，单位部门也一样；②敏锐的思维，准确的判断力；③较强的沟通能力；④对突发事件和危机的应变和处理能力；⑤善于学习市场经济知识、把握内在规律的运作能力和公司治理能力；⑥战略远见和创新精神；⑦较强的理财能力和节俭的品质；⑧勤奋好学，不断充电学习的精神。

二是高层带头学成本管理，强调控制成本在变革中的重要作用。2007年4月6日，胡志勇带头自学《砍掉成本》这本书，并写读后感；4月9日，组织办公室人员座谈读《砍掉成本》的感受，强调每个管理者要把控制成本作为变革过程的一项长期重要的工作来做，当好管家婆，一起思考怎样才能尽职尽责管好人、财、物；每个管理者都要不断修炼自己，提高悟性。

三是共同反思敬业精神和危机意识。2008年5月8日，胡志勇带领管理者学习《企业家内参》2008年4月第364期的专题——敬业与加班文化，一起反思敬业精神、危机和压力、福利和报酬怎样对应员工的付出。企业及员工应该有危机感，应该认真地思考危机在什么地方；怎样理解八小时工作，怎样做、怎样考核；福利和报酬怎样对应员工的忠诚度和工作付出。敬业精神和危机意识能对变革期管理者迷茫和浮躁的情绪起到很好的安抚作用，让他们能够在繁杂的工作中时刻警醒，并牢记自己的职责使命，兢兢业业地去完成各项变革任务。

2. 企业文化对全员的影响

一是引导员工树立正确的价值观。2007年7月至9月，胡志勇在公司内部开展贯彻和学习企业核心价值观的活动，全面掀起公司各部门学习企业核心价值观的热潮。核心价值观是企业精神，是企业的"发动机"。通过学习与领悟企业核心价值观，大家形成了正确的价值观念。核心价值观为全员统一了公司变革管理的目标，并促进员工落实到具体行动中。从自身做起，从现在做起，事事时时讲诚信，对别人、对家庭、对社会、对国家讲诚信，以人为本，善待他人；不断追求"真善美"，坚持创新、改革，全心全意为客户做好服务。思想、意识、态度是做好所有工作的关键！用企业核心价值观指导全员工作，提升了企业软实力。

二是提高员工的团队意识。2007年9月19日，胡志勇组织员工学习团队精神。他强调员工就像齿轮箱上的一组组齿轮，不管是主齿轮还是副齿轮，只要有一个齿轮出现问题，这个齿轮箱就不能正常运行。我们的工作是集体工作，团结协作、互相帮助，才能把整体工作做好；老死不相往来不行，个人英雄主义也不行，生产、设计、技术标准、注册、管理都很重要，每个岗位、每个人都同等重要。团队精神凝聚人心，全体成员要团结一致，互相支持，为实现共同目标齐心协力，以新姿态迎接新未来。

三是鼓励全员学习用奥运精神，建设富乐。2008年北京奥运会期间，胡志勇组织员工观看比赛，并于8月14日组织部门负责人会议，座谈观看奥运会的感受。大家发现参加奥运会的队员都付出了长时间的努力拼搏，他们有目标、有计划、有战略、有战术、有艰苦的努力行动；不管是团体赛还是个人赛，都是一个团队参与或努力，各尽其责，想办法去拼搏；他们对问题和过错绝不推诿，而是勇于承担，互相鼓励，互相补台；虽然奖牌挂在某个人身上，但那是信仰和集体力量的象征，例如举重队、女子体操队等。奥运精神鼓舞激励员工团结一心，鞭策大家为了共同目标去奋斗拼搏，把富乐建设为水平更高、发展更快、技术更强的大公司。

四是培养员工的节约意识和安全意识。充分发挥党工团作用，锻炼队伍，提高员工认识，加强企业文化建设。2008年1月，胡志勇明确了党政工团举办活动事宜：一是联合举办活动，由"政"牵头落实活动事宜；党工团为组织者和协办者；有关资金、人员问题，由"政"出面办理；组织者主持总结。二是单项活动由单项组织牵头，通过"政"来负责人员调配。2010年3月、10月开展"安全月"活动，5月开展"节约反浪费月"活动。"安全月"期间，分阶段做了动员、培训、知识比赛，通过自查、互查各种安全隐患，突出"以人为本、安全第一"，全面提高员工的风险意识。通过节约反浪费活动，在全员中形成共同的工作理念：高效率低成本、高品质低价格，促使全员在生产工作中，从一点一滴做起，从自我做起。大到提高机床利用率，小到节约一张砂纸、一度电，大大提高了全员的节约意识，引导大家节能降耗、绿色生产。

内化于心，外化于行。学习企业核心价值观，关键是要领悟其中蕴含的思想内涵，并把它内化为自己的行为指导，实现由"知"到"行"的转变。践行企业核心价值观不是一句空话，而要付出实际行动，重点要落实在"做"上。

## 富乐核心价值观在外贸工作中的应用

人无信不立，商无信不誉，市无信不兴。作为持续发展的企业，富乐科技秉承"诚信为人，追求卓越、服务顾客"的核心价值观和服务宗旨，肩负着为广大骨科患者提供优质产品的社会责任。外贸部作为富乐团队中面向国际客户的销售部门，为全球骨科患者提供最优产品和服务，更是肩负了促进富乐品牌国际化的使命。

品牌的支撑点就是可靠的质量和诚信的文化，两者相辅相成，良性互动，就会成为一种无形资产，成为企业的核心竞争力。

在与国际客户沟通中，外贸部全体人员以实际行动践行公司核心价值观——"诚信为人、追求卓越、服务顾客"。有些客户在所属国家设立了独家代理商，我们就坚守承诺，绝不发展第二家代理，把所在国家其他代理商的信息转交给客户；国外有些顾客因为手术着急，对产品的生产交付期要求特别严格，我们日夜加班，抓紧生产，在与客户约定的时间里，屡次完成紧急交期的订单；客户举办国际学术交流活动时，我们第一时间邀约客户指定的专家参与，协助客户把学术活动做圆满。

外贸部的一切工作均以顾客需求为导向，尽最大可能满足顾客需求。这种诚实守信的态度赢得了国际上诸多客户的信赖和支持，在国际市场上树立了富乐良好的企业形象，外贸部的销售回款也实现持续性增长。

诚信是一个企业的道德底线，贯穿于企业经营管理的全过程，每一次的诚实对人，每一次的信用兑现，都构成了企业的信誉积累。只有每一位富乐

人坚守公司核心价值观，立足诚信，才能给企业带来长远效益，使企业长久不衰，共同铸就卓越企业。——外贸部

在管理变革方面，胡志勇时刻谨记：公司就是在不断改革、创新中发展。变则通，通则久，不变必然会被市场淘汰！富乐科技必须认清自己所处的阶段和环境，随着企业的发展做到不失时机、积极主动、分阶段、脚踏实地、快速有序地进行管理变革，企业才能真正走向成熟，才有可能在未来市场中占有一席之地。

# 第五章
## 打造利益共同体　实现可持续发展

在资本追逐利益最大化的当今,富乐注重利益相关者,把利益分享作为办企业的理念。企业的存在和发展是为了他人生活得更美满,是为了传播健康、快乐和幸福,企业生存的价值在于他人(员工、顾客、商业伙伴、社会等)价值的实现。

## 一、树立正确义利观　追求利益相协调

孔子说:"见利思义。"看见劳动成果,就应该考虑如何合理分配。"义然后取",合理分配,才可以取。我国传统文化中的义利观,肯定了人们对实际物质利益的追求,反对见利忘义的行为,倡导见利思义、以义取利的价值观;鼓励人们竞争、优胜劣汰,反对尔虞我诈、钩心斗角,倡导诚实、公平、合作的价值观;支持人们充分发挥个人聪明才智,反对不受道德和法律约束的绝对自由,倡导自主、自立、自强的价值观;注重人们的个性发展和实现自我价值,反对极端个人主义,倡导自我价值与社会价值相统一的价值观。这些义利观和价值观对于企业构建遵守道德规范、讲求诚信的经营理念有重要的借鉴意义。

**坚持正确的义利观——见利思义、以义取利**

义利观,即对待伦理道德和物质利益的观点。正确的义利观,核心是个人利益与国家利益、人民利益、社会利益"绑"在一起。企业有权利追求自身的利益,但要合乎道义、合乎法律、合乎民意、合乎国家与社会的总体利益。在企业经营理念中,最主要的是如何处理好义与利的关系,正确的义利观是企业的灵魂和品格。

"凡利之所在,当与人共分之;名之所在,当与人共享之"。曾国藩这句话的精神在胡志勇身上很好地体现出来了。富乐科技从创办到发展至今,胡志勇秉承"爱党爱国"的信仰,妥善处理公利与私利、大利与小利的关系,将"追求卓越品质、振兴中华骨科"作为富乐人矢志不渝的追求,以诚信守法经营、积极纳税、坚持自主创新、以人为本、可持续发展来回报患者、奉献社会,致力于推动骨科事业发展,助力实现健康中国目标。

2007年,胡志勇对"富乐科技的义利观"做了阐释:在资本追逐利益最大化的当今,富乐科技注重利益相关者,把利益分享作为办企业的理念。企业的存在和发展是为了他人生活得更美满,是为了传播健康、快乐和幸

福，企业生存的价值在于他人（员工、顾客、商业伙伴、社会等）价值的体现。为了给企业内部、外部相关者传播这种理念，富乐科技官方网站、公司党建活动中心都展出创始人寄语。

富乐科技官方网站和党建活动中心展示的创始人寄语

2009年11月23日，胡志勇说："企业的目的不是股东利益最大化，而是使世界更美好。企业不是孤立的，不能为了自私的利益而在真空中生存。企业的发展要关注利益相关者，要建立和谐的利益相关者关系，要有服务于利益相关者的行为，这样才能使世界更美好。"富乐科技能走到今天，离不开改革开放和国家政策的支持。自成立以来，富乐科技始终与国家政策保持高度一致，坚决服从政府的统一管理和领导、积极响应政府工作。胡志勇强调，在企业经营中要坚持正确的义利观——"见利思义、以义取利"，在利益面前，必须先考虑国家利益、社会利益，必须积极承担社会责任，关注自身对社会的贡献。

**反对急功近利　追求长期利益**

追求利益最大化是企业之所以为企业的本性。问题是职业经理人在操作过程中，往往容易把它做成"企业短期利润最大化"，致使很多好端端的企业迅速破产或发展受阻，这肯定也有违企业创始人的初衷。短期利润最大化往往与局部人的利益密切相关——局部人得利，企业的长期利益受损，这就是不和谐。"现在不少企业热衷于做大，往往表现为规模大了，范围广了，利润却不一定增了。应该看到，企业的这种冲动和追求的背后，是急功近利的思想在作怪，期望短时间内得到大利益。"胡志勇指出，"企业做大不是目的，做强、做久才应该成为企业真正的追求。企业如果不能做强，仅仅追求大，倒不如做精。"

**满足利益相关者需求　实现可持续发展**

可持续发展的本质在于利益相协调。可持续发展既要考虑当前发展的需要，又要考虑未来发展的需要；不能以牺牲后期利益为代价来换取发展，满足眼前利益。如果企业只注重自身的利益和发展，忽视利益相关者的需求，是很难长久的；只有同时满足利益相关者需求，才能实现企业的可持续发展。

胡志勇主要从五个方面关注和满足利益相关者需求：一是保障员工权益，构建和谐稳定的劳动关系；二是维护客户利益，实现企业与客户双赢；三是诚实守信，让利于合作伙伴，实现互惠互利；四是通过良性竞争，广交同行好友，共同发展；五是积极与政府沟通，满足政府及社会需求，营造良好的外部生存空间。

胡志勇深知，企业只有依法经营，积极改革和创新，正确处理利益相关者需求与企业需求之间的矛盾，才能实现企业可持续发展，创造更大的社会价值，获得更多的经济利益。

## 二、保障员工权益　构建和谐稳定的劳动关系

"水能载舟，亦能覆舟"。企业与员工之间就是船和水的关系。因为自幼爱好游泳，胡志勇对水性认识深刻。员工是水，企业就是船。作为舵手，胡志勇一贯遵循"以人为本"的理念，积极营造"风清气正、简单和谐、感恩尊重、充满活力"的工作氛围，着力构建和谐稳定的劳动关系，依靠员工办企业、发展企业，做到企业和员工共同奋斗，企业和员工共成长、共收获。

**千方百计关爱员工　保障员工终生幸福**

胡志勇认为，员工是企业生存与发展的动力源泉，关爱员工是构建和谐

企业的核心所在。早在 1996 年 12 月，富乐科技就与多数员工签订了劳动合同，明确了双方的责、权、利，稳定了劳动关系，促进员工与企业之间形成利益共享、风险共担的共同体，让员工心往一处想，劲往一处使，努力发展生产力，企业逐步走上规范化管理道路。1995 年初，胡志勇开始考虑如何保障员工的幸福和安全健康，保证他们的长远利益。因为当时国家对民营企业员工的保险问题没有提出要求，没有出台相关的详细政策与规定。因为保险不会当时受益，今后直至员工年老时，他们的幸福怎么保障？1997 年，胡志勇找到中国人寿保险有限公司的业务员，咨询员工保险的问题怎么解决，他们建议给员工买商业保险。

胡志勇邀请保险公司的人给全体员工做了一次培训，给员工讲解保险的作用及保险对个人的意义，并为当时的全体员工购买了商业养老保险、人身意外伤害保险，让员工可以享受到保险公司的终身分红和意外状况的理赔。后来胡志勇把保险作为员工的一项福利来对待。保险公司的人说："民营企业能够做到这一步，而且坚持做这么多年，我还是第一次见。老板能够为员工的长远利益着想，真的很少见，你们的员工真幸福。"从 2005 年 12 月起，公司与每一个通过试用期的员工都签订了正式劳动合同，并依照国家和北京市相关劳动法规，根据员工户口类别缴纳相应的社会保险（养老保险、医疗保险、工伤保险、失业保险、生育保险），保证员工老有所养，病有所医。如有加班会支付相应加班费，并且从不拖欠工资。2006 年 8 月，富乐科技组建了工会组织，员工可以依靠工会组织维护自己的切身利益，通过民主协商，推进企业民主管理。员工提出的意见只要合理，公司都采纳，实现员工与企业共同发展。2009 年至今，富乐科技为员工提供住房公积金福利。在员工工资福利待遇方面，胡志勇坚持不管公司有多大困难，员工收入要增加，福利也是只能增不能减，几乎每年都会给员工调整工资。人员费用支出大大增加了，胡志勇却很高兴，因为他认为钱花得值，让员工获得了实实在在的好处！

**关注员工身体健康　提高员工幸福指数**

胡志勇不仅重视自己的身体健康，而且把员工的身体健康看得和自己同样重要。他主要从四个方面来维护员工身体健康：一是安排定期体检。1996年，他联系了朝阳区大北窑的一个卫生所（一级医疗单位）为公司员工进行体检，也就是从那时开始公司每年都会安排医疗机构为全体员工体检，让员工及时了解自己的身体状况，提高员工的健康意识。2017年起，除了普通体检项目之外，公司每年还安排生产一线的员工参加职业健康体检，切切实实关注员工身心健康，让员工有一个健康的身体来好好工作生活。公司选择资质过硬的体检机构提供上门服务，员工在高端的医疗检测设备、专业的医师服务条件下愉快地接受全面的身体检查。体检结果只对员工个人公布，公司还为员工提供体检建议和复查项目提醒服务，真正把员工个人的事情当作公司的大事来做。随着公司的发展，工龄20年以上的员工数量也逐年增加，从2019年开始，公司每年定期安排20年以上工龄的员工到医院接受项目更加齐全、档次规格更高的身体检查。"我今年满20年工龄了，享受了老员工的体检套餐服务，这种优待的感觉很不一般！"一名工龄满20年的员工很开心地说。二是建立慰问帮扶患病员工制度，工会领导和部门主管入户走访慰问生病住院的员工，关心关爱员工。三是开展体育健身活动。自2004年4月起，公司每年组织一届职工运动会，每天上班前集体做广播操等，引导全体员工积极参加体育健身活动，不断提高员工健康水平。四是重视员工膳食，自建食堂为员工制作一日三餐，提供美味可口、质优价廉的饭菜。"2010年大学一毕业我就来到富乐，每年都参加公司组织的体检，2015年体检时发现我的甲状腺有问题，我及时去医院做了手术，现在恢复得很好。手术后回到岗位时，公司食堂还专门为我做清淡的饭菜，在富乐工作、生活太幸福了！"质检部经理白艳丽说。"2006年来到公司，我的业余爱好是打篮球，记得那年是第四届职工运动会，每届运动会公司都组织三人篮球赛，2007年公司给篮球队购买队服，2021年又给篮球队员定制印有自己姓名的队服，感觉富乐公司就是自己家，胡工把大家视为家人，我很自豪、很幸福！"创伤车间主任崔晓明这样说。

**尊重信任给足面子　志同道合共建和谐**

胡志勇一直坚持"以人为本"的管理理念，突出"尊重人才、培养人

第五章　打造利益共同体　实现可持续发展

才、服务人才"，他不但注重提高员工的物质收益，而且努力满足员工的社交、自我价值实现等方面的精神需求。他一直用对待朋友和家人的方式来关爱每一位员工。不管是在工作中还是在生活中，他从来都保持一种谦逊的态度，不摆架子，平易近人，给每个人足够的尊重和信任，让每个与他相处的人感到轻松自在，心情愉悦。从公司的大事到生活中点点滴滴的琐事，他都给员工足够的面子：有关劳动合同的签订、续订及变更事项，有关职工福利、休息休假等涉及职工切身利益的事项他都及时与员工沟通，并充分听取员工本人及用人部门的意见建议，让员工获得心理平衡，公司氛围和谐。公司有重大决策了，开全员会，告知所有人，咱们有共同的目标，大家一起努力；公司有困难了，开交底会，号召大家凝心聚力攻坚克难；公司有喜事了，开庆祝会，大家一起分享喜悦……在这样的氛围中，员工想不融入集体都难！胡志勇用他的人格魅力深深吸引了一群志同道合、干事创业的员工朋友，并且这种关系牢不可破、坚不可摧。

**激发创新活力　凝聚目标共同发展**

激发员工创新活力是一项系统的工程，也是衡量企业与员工利益共同体建设成效的关键指标。利益共同体不仅涉及利益分配的问题，更需要企业配套进行全方位的管理提升与改造，营造出积极向上、生机勃发的环境氛围，将员工的活力和能动性充分释放，并凝聚到企业的共同目标上来。

胡志勇勤于钻研，善于创新，在打造科技型企业理念的驱动下，坚持培养一批创新型人才。他说："奋斗，必须是自愿的，支持它的是对事业的责任感和对未来的信心。比如，我们公司的创新人才队伍是从娃娃成长起来的，一批批初中生、技校生、大学生来到公司，经过几年，甚至一二十年的磨炼与成长，不断奋斗成为能工巧匠，至今有百余人。他们的成长是不断学习、提高的过程。公司刚成立时，加工都依靠单机操作的机床，到后来换成简易数控机床，现在建成了自动化的数控加工中心。随着公司的设备改造转型，这些能工巧匠也成长起来，创新技能大大提高，为公司产品的改革创新奠定了技术基础。""上下同欲者胜"；"天时不如地利，地利不如人和"。胡志勇将企业和员工连接成为荣辱与共、唇齿相依的利益共同体，营造了上下同心、和谐奋进的工作氛围，将以人为本、同舟共济的理念落到了实处。

**重视员工成长　提升素质共创未来**

胡志勇一直特别重视员工的成长发展，不断完善人才管理机制，建立了晋职晋级、双通道发展、岗位轮换等职业发展通道。1999年9月，公司销售人员取得了由原劳动和社会保障部颁发、原劳动和社会保障部职业培训就业司签发、原劳动和社会保障部职业技能鉴定中心考核鉴定的销售人员资格证，有1人取得中级营销员证书，7人取得初级营销员证书；2003年起，公司组织管理人员参加医疗器械质量管理体系培训，至今累计15人取得内审员证书；2014年起，公司组织操作人员参加无菌检验员培训，组织管理人员参加风险管理培训等。同时，他还注重通过激励机制来提高员工工作的积极性和主动性，为优秀青年员工提供实践及学习成长的机会。2004年，大批高学历、有激情、敢于创新的青年人进入公司，为公司的发展注入了新的活力，但这批人实践较少，缺乏经验，胡志勇把他们分批放到部门领导岗位进行锻炼和磨炼，提高员工的综合素质和对工作岗位的适应能力；还通过提供各类培训、学习、考察机会，如技能培训、管理培训、出国考察学习等提升员工的素质能力。

2017年以来，公司鼓励和支持员工提升个人素质，凡参加业余进修，如职称、技能、学历提升并取得相应资格证书者，公司都会给予奖励。近年来，公司建立了系统化、规范化的绩效考核评价体系和员工激励机制，对员工选、用、育、留的情况，实施全面、客观、公正的评估和考核；在薪酬设计上提倡共创共享，员工通过自身努力获得企业发展带来的收益，体现了公司与员工共成长、共收获的发展理念，大大激发了员工的自主意识和工作热情。

**敢于付出　收获回报**

一分耕耘，一分收获，有付出才有回报。"付出与回报对等，先付出后回报，年年付出才能年年回报。"富乐科技在脊柱医疗器械行业摸索了30年，之所以能发展得越来越好，胡志勇认为很重要的一点就是敢于付出投入，投入越大，付出越多，回报也就越多。在员工福利待遇方面，他乐于付出，富乐科技的员工待遇参照国有企业薪资水平。他深知，企业和员工是利益共同体，二者要同甘共苦，要求员工"共苦"，就必须以与员工"同甘"为前提，把企业与员工的利益捆绑在一起，让员工既能为了企业的发展而奋斗，又能在工作中感受到干事创业的成就感和获得感，自动激发积极性，自愿与企业同成长、共进退。

2004年2月6日，胡志勇指出，员工在看待"付出与回报"问题时存在一些普遍现象：一是往往愿意比，比的是获得、回报、工资、奖金，根本不比付出的努力和成本，更不比承担的风险。二是有一种习惯，爱打听他人收入。三是有一种思想，得来的利润大家都应该分。

胡志勇告诫大家看回报要全面，要长远，收入分配不能搞平均主义。要有主人翁意识，培养"企业好我才好，企业富我才有"的高尚品德，克服"小富即安"的思想，还要一起承担起社会责任。我们的企业解决社会就业，解决患者痛苦，增加社会效益和财富，要看到企业的责任和义务，我们的员工要随企业一起负起社会责任和义务。作为富乐科技的一员，要正确看待付出与回报，做一个懂得付出的人。在工作中应认真对待自己的岗位工作，把本职工作做好；积极主动工作，而不是被动工作；对工作抱有激情，心态要好；勇于承担责任；乐于帮助身边的同事，团结合作。对于工作还可以横向学习，增强专业知识，提升工作能力。

自创立富乐科技以来，胡志勇做到了"领导心中有员工"，企业经济效益稳步上升，不但受到员工好评，也获得社会的高度认可。2008年、2013年、2019年富乐科技被评为北京市和谐劳动关系单位、北京市构建和谐劳动关系先进单位；2019年3月，富乐科技被中华人民共和国人力资源和社会保障部、中华全国总工会、中国企业联合会/中国企业家协会、中华全国工商业联合会评选为全国模范劳动关系和谐企业。胡志勇说："经营企业要搭建和谐稳定的平台，为员工提供发挥个人聪明才智的大舞台，通过创新让企业变大变好。企业兴，效益好，员工才能好；同样，员工努力了，企业效益会更好。"

## 三、维护客户利益　实现企业与客户双赢

21世纪，市场已进入微利时代，暴利企业越来越少。很多企业把经营目标定位于服务，认为企业就是为社会服务的，而利润则是社会给予的报酬。企业追求的目标不是利润、产值和市场占有率，而是为社会、为客户、为员工创造价值，服务是第一位的，盈利是第二位的。

胡志勇认为，客户利益最高，公司利益次之，个人利益应当放在最后，只有这样才能建立长久稳固的基础。在维护客户利益时，服务也是需要我们考虑的重要因素。2007年，胡志勇把"服务顾客"列入企业核心价值观，以追求企业的可持续发展，强调大家是一个利益共同体，最重要的是如何找到利益平衡点，平衡好公司利益和客户利益；要全心全意服务顾客，在公司内，下一个工作流程的人员称为顾客；公司之外，社会上的患者、医生都是顾客，需对客户进行管理。通过提升员工素质，关注客户需求，提高服务质量和服务水平；在公司理念上，要将员工看成顾客，坚持"以人为本，人人平等"，加强情感交流；在生产过程中，上一道工序要将下一道工序看成顾客，多给人方便。

**客户利益至上　用真情感动客户**

2004年，安徽销售区域发生一起不良事件，医院医生在做脊柱手术时钉子脱出，给患者造成很大的痛苦，当时患者强忍着病痛的折磨求助于各地，好几个月都没得到解决。胡志勇得知这个情况后当即明确表态："作为生产厂家，我们首先要做的是解决患者痛苦，先不谈责任在谁！"公司负责安徽区域的销售人员很快与患者见面了，他一方面征求患者意见，一方面了解富乐作为厂商该怎么配合，才能把患者的问题和诉求解决好。经过当面沟通，患者提出，希望到北京大学第三医院给他重新治好。富乐快速协助他来到北京大学第三医院办理了住院手续，经医生检查确定，他这枚钉子必须取出来，但北京大学第三医院当时没有手术所需的配套工具，医

生建议患者转到解放军 304 医院进行手术。经患者和院方同意，胡志勇派专人把患者从北京大学第三医院接送到解放军 304 医院进行转院治疗，结果手术很顺利。

为确保公司的服务给患者提供方便，在这期间公司积极主动协助患者完成整个治疗过程，不仅安排专人专车服务，还送些水果去看望他，手术后帮他买了回老家的火车票，在老家康复期间，胡志勇经常打电话关心他，很快患者就康复了。这位患者非常满意，专门打来电话表示感谢："我很庆幸能遇到富乐科技，为我提供这么周到贴心的服务，富乐科技的服务是一流的！"事后，医院医生也对富乐科技的服务给予高度评价，对富乐品牌的信任感大大增强。

这次不良事件之所以能够圆满解决，是因为富乐科技始终站在客户角度来考虑对方的利益问题，真心真意做好全程服务，最终收获了顾客的感动和信任。

**急客户所急　用诚心赢得客户**

销售人员是连接公司和客户的直接纽带，从整个价值链条来看，销售人员是公司利益和客户利益的交换节点。2006 年 9 月，胡志勇在销售人员会议上提出，公司销售活动与顾客需求要保持一致，对于客户来说，服务是产品的进一步增值，好的服务会给客户留下好的印象，有利于公司口碑的建立。富乐科技一直把"顾客就是上帝，无条件满足顾客需求"作为一切活动的出发点和宗旨，要求每个员工提高服务意识，为别人、为别的岗位、为最终患者做出自己的努力。

2008 年国庆节期间，销售经理曾奇正忙于筹办婚事，在接到经销商电话后他第一时间赶到长沙人民医院，解决因车祸致寰枢椎受损的伤者手术跟台问题，因为做手术要使用的新产品医院医生从来没用过。手术做了 4 个小时，曾奇跟台 4 个小时，但他很开心。因为他懂得热情耐心服务的重要性，服务才是销售的开始。院方和经销商都被他这种忘我精神所感动，自此以后，院方、经销商相处融洽，力推富乐科技的产品，现在这个经销商已成为富乐科技名列前茅的优秀经销商。2011 年 8 月的一天晚上 9 点多，医院紧急要货，成品库刘小飞不顾自己家离公司路途遥远，马上骑车来公司发货，回到家里已是半夜。2015年，工程师黄锡艺半夜去太原出差，解决医院医生在手术中遇到的器械问题……

我们为顾客提供的不仅是产品，更是认真的服务态度和服务精神。每个岗位的员工用真诚服务践行着富乐科技"服务顾客"的核心价值观，不仅收获了医院、经销商、患者的好评，而且使富乐品牌的影响力和美誉度大大增强。

## 四、诚实守信　建立互惠互利的合作伙伴关系

树立"诚信经营、守法经营"的理念对企业经营至关重要。企业在生存发展和追求利益的过程中，首先要有诚信理念，即遵守诚实守信原则，做到守信、真实、公正、公平；其次要有守法理念，即合法经营，自觉利用法律来维护自己的利益；再次要有双赢理念，不仅要考虑企业收益问题，还要考虑合作伙伴的盈利问题，也就是说，企业要把自己的盈利行为建立在合作伙伴也能盈利的基础上；最后，要有理性竞争理念，要在考虑社会和竞争对手状况的条件下获得自己的利益。

**诚实守信　与外协厂商以诚相待**

胡志勇积极创建以信用为核心的企业文化，将"诚信为人"列入全员共同遵守的企业核心价值观，体现的是对诚实守信原则的重视。富乐科技在实际经营过程中有很多讲诚信的案例。

不管是对合作伙伴还是对病患，富乐科技都能做到以诚相待。胡志勇回忆：2000年前，公司与外协厂商开展航空部热处理合作，在最后结款时，对方出具了结款明细，经核对发现对方少算了一笔费用，富乐经办人就如实告知外协厂商，对方再次仔细核对后发现确实漏算了一笔费用，外协厂商对富乐科技主动帮助纠正结算费用的行为表示很佩服。称赞道："你们真是一家见利思义的诚信企业！"

### 让利合作　与供应商互惠互利

互惠互利是供需双方顺利合作的基础。在企业经营与发展中，必须遵循互惠互利的原则，而不是一味地追求自己的利益。

在洽谈业务合作时，胡志勇始终秉承互惠互利的理念，时刻考虑合作伙伴的盈利。他经常带领主管经理，示范如何与合作伙伴谈合作、交流沟通以及做决策。为扩大产能，2009年富乐科技计划买一批加工中心设备，当年5月，胡志勇带领公司6名年轻的管理者一起来到宁夏小巨人机床公司，洽谈期间，他提出和小巨人公司建立一个长期的合作关系，富乐科技让利买这一批设备，但要求对方同意富乐科技的管理者到其公司考察参观质量管理和设备管理、技术要求、维修服务等。当时他考虑，一方面，公司这批管理者大学毕业就来到公司工作，管理经验少，而小巨人是日本独资企业，完全按日本模式管理，公司这批年轻管理者到小巨人学习，可以提高他们的管理水平；另一方面，让小巨人的机床维护工程师培训富乐科技的员工，从操作、编程开始，一直到维修和整个数字化管理，可以迅速提高富乐科技技术工人的技术水平。胡志勇认为让利行为让对方得到了实际利益，事实上富乐科技获利更大，虽然多花钱但非常值得。因为富乐科技可以更深入地了解新的生产设备的功能，为后续再买设备积累很好的经验，还可以提高富乐科技的管理水平和技术水平。

建设纵切加工中心，富乐科技经历了从不懂到学会，再到提高进而做精的过程。在这个过程中，假如没有供应商来支持和培训，富乐科技很难推进，因为从来没接触过这些设备和技术。对于纵切加工中心，一开始的时候大家一窍不通，通过增加一台两台，一直到现在六七十台，富乐员工完全可以掌控，并且掌控水平很全面。可见在跟供应商谈合作时，达成免费提供技术支持的一致合作意见，对于富乐科技培养能工巧匠非常有益。

"我们在商业谈判的时候，让利是一方面，虽然短期内貌似我们多花钱了，但我们看的是长远，我们看的是怎么能够从长远获利。这样互相之间都有好处，跟商业伙伴也成了朋友，双方都获利，何乐而不为呢？"胡志勇如是说。

## 五、良性竞争　广交同行好友共促发展

现代商业社会中，自由竞争驱动着市场经济发展，竞争是商业社会自然选择的方式，好的竞争能实现共赢，而恶性竞争不仅会破坏市场秩序，而且会损害消费者的利益。奔驰成立于1886年，宝马成立于1916年，2016年是宝马诞生100周年，3月7日奔驰发来"贺电"，除了祝贺外还在左下角用小字写着："感谢宝马100年来的竞争，没有你的那30年好无聊"。100年了，两大汽车品牌英雄相惜，感谢对手。五粮液从不骂茅台，茅台也从不诋毁五粮液，双双成为世界名酒。面对同行医疗器械厂商，胡志勇以和睦相处为基本原则，与他们广交朋友，共促行业发展。

**广交同行好友　分享经验共发展**

胡志勇认为判令企业出局的裁判不是同行，而是市场和消费者的选择。在同行竞争中要培养自己的核心竞争力，要正当竞争，要不断提高产品质量和服务品质，同时也要互帮互助，共同进步，创新发展。

胡志勇曾多次帮助同行史春宝。20世纪90年代末，史春宝的原工作单位解散，他本人原来从事销售工作，有着很好的行业认识和技术知识，想继续从事医疗器械销售工作，但苦于当时没有合适的时机，于是找胡志勇帮助他做人工关节类产品。胡志勇毫不犹豫地答应了他的请求，带领富乐人给他提供了两年左右的帮助和支持，生产人工关节主体和相关配件，在财务、营销和整个生产过程各方面都给予他大力支持。经过原始积累，史春宝创立了北京市春立正达医疗器械股份有限公司。2004年初，富乐科技率先通过《外科植入物生产实施细则》验收，《外科植入物生产实施细则》是行业内第一个从严监管的法规，如果企业不能通过验收，将面临经营中断的风险！当时，史春宝主动与胡志勇取得联系，一是对富乐科技成为北京市第一家通过验收的企业表示热烈祝贺，二是希望胡志勇能给他们提供来富乐科技现场交流学习的机会。胡志勇欣然同意并热情接待了该公司的管理人员，与他们在富乐生产现场互相探讨、学习交流。史春宝感激地对胡志勇说："您对我和

春立帮助太大了，您是我们的领路人！"

谈到和史春宝的关系，胡志勇说："我们经常相约一起参加展会，一起探讨交流行业发展趋势、生产技术改革发展等，我们的朋友关系一直保持到现在，虽然他也生产脊柱产品，产品在市场上也有竞争力，但我从来没有把他当作一个敌对者来看待，以后我们还将继续做朋友。"

胡志勇和北京理贝尔生物工程研究所有限公司的创始人郭教授也是要好的朋友。2003年，富乐科技在平谷马坊建成新厂房后，北京市药监局把富乐科技作为北京市医疗器械质量管理示范企业，郭教授和他儿子专程到富乐科技来跟胡志勇交流，学习富乐科技在质量管理方面的先进做法。胡志勇耐心细致地带着他们参观整个厂区、生产线现场，并毫无保留地分享富乐科技在质量体系建设完善方面的成功经验，他们感到受益良多。2005年，胡志勇和郭教授一起到宁波参加行业技术标准会议，会议结束以后，二人结伴在浙江一些地区旅游，旅途中深入交流经营管理方略、企业发展的成功经验和失败教训、开拓市场的关键要领、技术难题的解决办法及如何做到共促发展等。一直以来，胡志勇与同行业企业之间完全是密切的朋友关系，他们的友好往来和经验分享共同促进了行业进步发展。

**与同行良性竞争　维护良好市场秩序**

富乐科技向来在同行业中不搞恶性竞争。有一个姓唐的公司创始人在德州买地建厂，一开始建厂的时候，他不知道建厂有什么法规要求和注意事项，于是找胡志勇取经，胡志勇详尽地给他介绍了自己办厂的经验。他的工厂建好以后，生产的产品跟富乐完全一样，并且在市场上还有些不太道德的行为。对此，胡志勇从来没有任何过激行为。他说："反正你不合法，我们知道就行了，我们不与这些公司计较。"胡志勇深知，在良性竞争环境下，各厂商争的是产品质量，争的是服务品质，争的是创新能力。只有良性竞争，才能使彼此越战越勇、越战越强。他一直坚持提高产品质量，做好顾客服务，做好品牌，只有这样才能保证富乐科技在残酷的市场竞争中立于不败之地；而不能靠恶意降价或低劣的产品质量来取胜。他说坚持做好了这些，就尽到了维护良好市场秩序的企业责任。

胡志勇始终与同行企业互相帮助支持，互相交流探讨，保持密切关系，理性对待竞争对手的一些方式方法，让富乐科技在同行和医疗领域，乃至全社会都获得了良好口碑，树立了优秀的品牌形象。

## 六、统一企业与社会利益　获社会褒扬

香港著名企业家李嘉诚先生曾说："一个企业的开始意味着一个良好信誉的开始，有了信誉，自然就会有财路，这是必须具备的商业道德。"胡志勇认为，企业的决策必须符合社会道德，企业必须遵守各项法律法规，如产品质量法、劳动法、公司法、反不正当竞争法、环境保护法等，承担企业的社会责任，这是企业的义务。同时，承担社会责任也会促进企业的经营发展，虽然暂时可能影响企业的经济效益，但从长远来看，会给企业赢得赞誉，取信于社会，从而给企业带来更多发展机会。创办富乐科技 30 年来，胡志勇始终把自身的道德和社会责任放在与企业追求利益、技术创新同等重要，甚至更重要的位置上。

**主动承担"分外"之责　为药监人员提供实践服务**

改革开放初期，很多民营企业对企业的社会责任认识较为模糊，将企业的社会责任视为"分外"之事；只看到社会责任给企业造成的负担，没看到给企业提供的发展机会；有些企业一味追求自身经济利益，不顾及社会利益。发展至今，民营企业承担的社会责任范围不断扩大，涉及员工就业、福利、住房、环境保护等，体现了企业利益与社会利益的统一。在经营富乐科技期间，胡志勇一直坚持诚信守法经营，做好自己，主动分担各级药监局的工作，为外科植入物行业规范管理做出了贡献。

2003 年 9 月 23 日，北京市药监局下发《外科植入物生产实施细则》（以下简称《细则》）通知，明确于 10 月 1 日起开始施行，提出企业自愿接受《细则》验收。2003 年 11 月初，富乐科技整体搬迁到马坊新生产基地投产，胡志勇第一时间向北京市药监局提交验收申请，结果顺利通过验收。2004 年 1 月初，北京市药监局相关领导来到富乐科技，跟胡志勇沟通了两

件事情：首先告知胡志勇，《细则》通知下发后富乐科技是北京市第一家提交申请并通过验收的企业，他们希望把富乐科技作为一个示范企业；其次，因为当时北京市药监局下设的 18 个分局刚成立，配套工作都刚刚开始，分局人员缺乏实践管理经验，希望把富乐科技作为现场培训基地。胡志勇爽快地答应全力支持北京市药监局管理人员的学习和实践。

胡志勇认为，办企业肯定要承担相应的社会责任和义务，为上级部门分忧是理应做的。2004 年 2 月 19 日，北京市药监局 18 个分局的管理工作者到富乐科技马坊生产基地开了一次现场观摩会，时任公司管理者代表刘慧芬详细讲解了富乐科技对《细则》的认识和理解，以及具体落实步骤。胡志勇亲自带领他们走进生产车间，分两拨来讲解生产设备的配套情况、工艺过程的掌控情况、洁净间的技术要求和技术操作，还对特殊工艺的一些制度要求和规范做了整体讲解。通过现场学习，让监管者对植入医疗器械生产企业各流程有了直观、全面、全新的认识。

2004—2007 年间，富乐科技至少每季度给药监局管理者提供一次实践支持。有一次，江苏省（江苏省是我国高值耗材企业集聚地）药监局检查组领导在交谈中说："你们企业做得真不错，我们地方的企业对法规理解没有这么深刻，与你们差得很远。"胡志勇说："几乎有高值耗材企业的省、自治区药监局管理者都来我们企业进行过审核。这种检查审核对于我们企业的生产难免会有影响，但在检查审核中各地区来的人会向我们提出各种要求和问题，我们在逐一讲解和回答中自身也得到了很大提高。"

**经验共享　示范引领行业体系发展**

得知富乐科技顺利通过《细则》验收的消息，同行多家企业纷纷提出，希望能到富乐科技来参观、学习。2004 年，北京市医疗器械企业划分为东区和西区，北京市药监局组织东区近 40 家医疗器械企业的管理者、质量管理者和企业负责人集中到富乐科技观摩学习。作为示范企业的创始人，胡志勇给同行企业讲解国家法律法规的要求、《细则》实施全流程等，带领他们参观公司各区域场所。作为行业先行探路者，他把技术要求和好的做法全盘托出，分享给这些企业，使他们了解整个企业的质量管理和执行规范的要求。胡志勇至今回忆起来依然很兴奋："当时我们接待的人员很多，队伍很壮观，车辆把公司门前的马路都停满了。"

在处理企业利益与社会利益的关系时，富乐科技不光停留在道德呼吁层面，更重视社会实践，主动承担社会责任，为行业监管者提供实践支持、接待同行企业观摩学习，着实为提高国家监管技术水平和能力、加速同行企业质量体系建设进程贡献了一份力量。富乐科技也因此获得行业领先的地位，得到良好的社会反响。

## 七、弘扬正义　向不正确的义利行为宣战

中国传统文化倡导的是"先天下之忧而忧，后天下之乐而乐"，这与不正当的"人不为己，天诛地灭"文化是对立的。

在富乐科技，胡志勇一方面用教育的方式引导员工行为，一直宣贯国家利益、社会利益、集体利益高于个人利益的思想，号召大家在利益面前保持头脑清醒，理性分析，不能丧失基本道德和做人原则，倡导大家学习先进，争当先进；另一方面用法治约束员工行为，制定了采购合同制度、协议签订制度、销售利益分配制度、销售人员规章制度等一系列制度。尽管如此，在利益面前，不正当思维和行为仍时有出现。为纠正这些错误行为，阻止恶性事件继续发生，胡志勇果断地向他们"宣战"，最终帮助他们树立正确的利益观。

弘扬正义　打造诚信文化

在员工个人层面，车间一名女员工下班后，在公司附近村子的大路上捡到一个钱包，她主动找到村委会上交钱包，并把捡钱包的过程全部交代清楚了。当地居民夸赞富乐员工素质高，风尚高，拾金不昧值得全体村民学习。在公司层面，业务交往中采购过程必定涉及经济利益和业务关系，对方公司的业务员为合作便利，在谈机床采购协作时给了公司业务洽谈人 5000 元的好处费，公司业务洽谈人认为工作中不能贪私利，并将这 5000 元如数交给公司；在原材料采购、器械工具协作等经济业务中，经常会有对方送礼品卡、礼品、现金，在利益面前，公司涌现了很多好人好事，接收人都如实交

到办公室登记，公司每年在全员大会上通报表扬，将他们作为正义的榜样和表率。通过这些做法，传承中华传统文化，在公司弘扬正义，打造诚信文化，形成正确的利益观。

采购部经理孙中秀一直坚持正义，为了维护公司利益，坚守初心使命，坚持原则不屈服，她表达了自己的真实想法：

采购部门，用大白话说就是花钱的，领导信任并选择我，直接把花钱的重任交给我，这份信任对我来说重于泰山。我接此重任时就在心底起誓：绝对不辜负领导对我的这份信任。由于受个人家庭观念影响，我深知花钱容易挣钱难。工作期间，我遇到了各种各样的坎坷，也受过各种各样的委屈，得罪过不同层次的同事或领导。领导的信任与不断的支持帮助我形成了一种不服输、不妥协、坚持岗位原则的工作作风，经我手里花出去的每一分钱必须让自己心安，让公司心安。

随着公司不断壮大，国家大形势越来越严峻，对医疗器械生产企业的监管也越来越严，公司的领导给我们灌输的理念是：诚信为人、追求卓越、服务顾客！这是我们公司的核心价值观，工作要脚踏实地，绝不允许走捷径，并不断地强调"合规"二字，这也是一直让我钦佩他们的理由。在富乐科技工作的18年里，我越来越认可和依赖公司了，也深知富乐科技坚持到现在的不易，我有如下体会：

（1）常怀感恩之心，感谢所有的遇见，感谢所有的支持与帮助，感谢所有的不理解使我成长并强大。

（2）坚持底线思维，要有所为，更要知道有所不为，要有红线意识。

（3）高调做事，低调做人，董事长教导我们，人往高处走，高处不胜寒；水往低处流，低处纳百川，这些处事原则让我受益匪浅。

（4）坚守信念，正视自己，保持良好的心态，不懈追求，永不言败，坚信没有什么困难是解决不了的！终会有一天，属于自己的幸福会带着成功与收获敲开那扇通往光明的大门。坚信"越努力，越幸运"。

**富乐大整风　向不正确的义利行为宣战**

那是2000年冬季，公司成立6年多，胡志勇发现公司的呆账越积越多，很多销售出去的产品都没有结回钱，有的呆账甚至已达四五年之久，这让公司的现金流捉襟见肘。2001年7月，他决定清理呆账。在呆账清理过程中，他发现很多呆账并不是真正的呆账，而是销售人员私自截留了销售款！呆账问题背后隐藏着更多销售人员的问题——真是拔起萝卜带出泥！

从2001年7月15日开始，胡志勇在销售人员内部展开一场清查账款的大整风运动，要求落实每个人的应收账款，重新建立销售台账，出台货款退赔方案，给截留货款的人员悔改认错时间，让他们主动交代自己的问题，拒不交代的将诉诸法律追究责任。对于员工的错误行为，胡志勇一直给予改正的机会，"这次清查的主要目的是治病救人，惩前毖后，我们不想把某个人或某些人推向悬崖，希望大家能积极主动地将自己的问题向公司讲清楚，不管你的问题有多大，敢于修正错误、坚持真理，能认识到自己的错误并努力改正就是好同志。年轻人不要让金钱和物质毁了一生，不要在这条道路上执迷不悟，这是犯罪的道路，只要你是好同志，有什么困难跟我谈，我会帮助你的。"胡志勇这样给销售人员讲。经过近一个月的清查整顿，大多数销售人员如实交代了个人问题，退回了截留的300多万元货款，大整风运动清除了销售人员的腐败思想，在利益面前不讲理想、不讲道德、贪污腐化的不正之风得到了遏制。

胡志勇在日记中记录了对这次大整风的看法：我们是合法经营的企业，我所做的一切都是为了公司，为了大家，我问心无愧！我们的有些员工，素质很差。如果我们只有好的产品而没有高素质的销售员，公司是不会有所发展的。这次截留货款的人，错误根源在于自私自利，不顾公司的利益及法律的制约，再有就是社会的复杂性，诱导他们不顾一切谋取私利、以身试法。刚参加工作时，这些销售人员是纯洁的青年，积极向上，勤于学习，在社会这个大染缸的熏染下变得放任自流，看到利益就产生了"不拿白不拿，拿了就白拿"的想法，这是极端危险的！

在企业发展壮大过程中，公司又出现了一些谋取私利的现象。例如2011年，管理人员杨经理在与外加工协作方商谈时，不是站在公司角度，而是想着个人谋私利，要求协作方给予现金回扣；谈采购合同时，要回扣、现金、礼品、首饰等。这种行为全然不顾合作伙伴利益、公司利益，将个人利益放第一位，是完全背离富乐义利观的。对于"吃拿卡要"的人，胡志勇从来都不客气，对其做出免职辞退处理。在 2017 年年底进行货款核对时，公司发现山东、安徽市场有好几百万元的货不知去向，经查竟是区域负责人故意为之，他们把个人利益放在第一位，全然不顾集体利益，让"人不为己，天诛地灭"的不良思想占了上风。根据损公肥私的轻重程度，公司采取了说服教育、给予改正机会、停职检查、调离销售岗位、辞退等不同形式的处理措施。

胡志勇说："这种个人利益至上的现象与腐败一样，要进行常态化管理，是要严加关注的问题，要严厉杜绝类似问题再发生。今后清查反腐工作我们要继续开展，既要树立持久作战的思想，又要抓好当前的工作，要加强管理，对整个过程进行监控和测量，要有具体的程序和记录，并有阶段性总结和分析，以便进行改进和提高，防止漏洞产生。"

一直以来，胡志勇本着企业、员工和顾客、商业伙伴、社会共赢的价值理念，倡导"付出与回报成正比，各尽所能，按劳分配"的企业分配原则。不断提升企业核心竞争力，不断提升广大员工生活水平和生活质量，不断为社会创造物质财富和精神财富，实现多方利益的平衡，实现富乐科技的创新性和可持续发展。

# 第六章
## 企业发展中人才的培养

人才是一个企业最核心的竞争力。富乐重视人才、珍惜人才，做到人尽其才、才尽其用。人才的培养贯穿富乐发展全过程，胡志勇坚持企业和人才共成长，尝试了自我挑战竞聘上岗、双通道晋升、管理者领学、转换角色、师徒结对"传帮带"、内部选拔工匠技能人才等方式，培养了一大批业务精湛、技艺优良的人才，实现了企业和员工的双赢。

一个企业有无竞争优势，主要取决于企业拥有人才资源的数量和质量，以及企业对人才资源的开发能力。

2004年4月19日，在富乐成立10周年之际，胡志勇召开管理层会议，他在会上指出，2002年起公司主营业务从外固定架转向脊柱领域，公司面临发展壮大带来的挑战：一方面是国家对高风险行业监管加严、企业质量管理须与国际ISO质量管理标准接轨；另一方面是企业内部人才匮乏，技术单一，思路狭窄，难以适应企业发展。富乐前10年的发展模式是模仿型，跟在别人后边爬行，属于被动式管理，浮于表面的形式化管理，前10年人才团队是以退休的经验丰富的老职工为主体；今后10年的工作重点是培养人才，留住人才，以内部培养为主，要从待遇上、价值上、环境上、感情上留住人才，要培养大批能在各个部门承担重任的人才，医学与机械知识相结合的研发人才和现代化企业管理人才，目标远大、技艺深厚的营销人才和忠于行业、精益求精的能工巧匠，使公司快速发展，使富乐品牌更强。

自2004年以来，在人才引进、培养、发展方面，胡志勇建立一纵一横的人才培养体系，纵向进行人才梯队建设，横向进行成功经验推广，快速复制人才。同时，在用人方面，公司坚持7个原则：①用人唯才，人才第一，坚持能力主义原则；②能力重于学历；③高级人才选拔内部优先的原则；④注重发挥人才的长处；⑤适才原则；⑥特岗特薪，赏罚分明；⑦交流原则，为了让员工保持最佳工作状态，经常让员工在公司内部进行工作调换。

## 一、管理人才的培养

经过10年的艰辛创业发展到二次创业阶段，胡志勇认为，富乐科技的扩张能否抓住机遇，以及能够扩张到什么程度，取决于管理团队的素质和管理控制能力。

随着公司规模逐渐扩大，人员日益增多，胡志勇觉得单靠自己一个人的力量无法管理好日益增多的事务，必须引进一批大学生，培养一批管理人员，然后把他们"扶上马送一程"，分配到各自擅长的领域来协助自己管理企业，等这批人才成熟之后自己再放手。

下面摘录一名老员工的文稿，还原胡志勇当年对于人才的珍惜和重视，以及引进人才的做法。

我在富乐的那些年

2002年深秋，我带着对未来的美好憧憬，来到首都北京寻找梦想，幻想着高楼大厦，窗明几净的现代化办公室，整齐明亮的大车间……然而现实总会在你意想不到的时候开始，一天我接到一个面试通知，便开心地坐上公交车，辗转几次来到富乐科技大门口。

映入眼帘的是两排破旧的厂房，一排办公和生活两用的综合性二层小楼，这时有个四五十岁的男士来问我一些问题，他让我叫他胡工，不记得他问了我什么问题，描绘了一个什么样的前景。我当时便决定留下来并住在公司，接下来让我感到特别温暖的是，我一天班还没有上，胡工让财务支出200元生活费给我，并让王老师帮我置办生活用品，安排我入住。以后的日子里，我一直认为自己是一个很幸运的人。

幸运的是我是富乐技术部的第一个年轻人，也是富乐技术部的第一位年轻大学生，这里的老师傅们对我都很照顾，工作上他们都会不厌其烦地给我讲解、指正。记得初到车间实习时，我发现图纸都是手工绘制的，便带着疑问找到胡工提出计算机绘图一事，他当场答应了，第二天就给我配置了一台电脑。正巧也赶上公司在上新的管理系统，我在车间实习一个月就被调到办公室协助管理者代表刘惠芬老师进行体系文件的整理工作。

时间来到2003年，这一年我们不但要完成体系文件的建档，还要进行全员培训，完善硬件设施建设后进行人员和设备的搬迁，然后接受北京市药监局的现场验收，为此我们吃住都在车间。刚搬迁到平谷马坊时只有两个大车间，一楼生产，二楼我们办公并居住，胡工和高老师一直和我们同吃同住。经过几个月的努力，终于在2003年底通过了《细则》现场审查。从此富乐科技的生产管理进入了正规化发展轨道。虽然公司的框架已搭建，目标已确立，但要想让公司发展得更快更稳，就需要合适的人才。那时全国的医疗器械生产厂家很少，富乐科技是全国首批通过质量管理体系认证的公司，经验丰富的人才很难找到。胡工早有布局，决定自己引进培养专业人才。

2004年夏初，我和胡工踏上了招聘大学生的路，第一站便去了我的母校（南阳理工学院），紧接着我们又赶去郑州大学参加毕业生招聘会。一路上胡工一直遥望窗外，陷入沉思，我知道他在思考公司的未来。突然胡工问我："小卢，你觉得公司目前最大的困境是什么？"我懵懂地回答说："应该是管理。"

胡工若有所思地说："是人才，好的公司都是人干出来的，所以我们此去的目的就是为公司未来储备人才"。

我暗自佩服胡工想得长远，越来越觉得有这样高瞻远瞩的公司领导是我的福气。经过两天，两场，两地的选拔，我们初选出近20份简历，回到公司后胡工又精心筛选出十多位大学生，亲自给他们打去电话通知录用事宜。如今公司的发展壮大与胡工的英明举措分不开，留下来的这些人都成了公司的顶梁柱，为公司的发展壮大做出了他们应有的贡献。

在富乐科技工作生活的5年对于我来说是机遇也是挑战，是成长也是沉淀，是幸福也是幸运，5年的时间不算长，却是我最美好的时光。往事回忆起来仍历历在目，如今我有了家庭，已为人母，虽然我离开了富乐科技，但我依然为我曾经是一个富乐人而自豪。

——富乐科技原技术部　卢照秀

人才引进相对容易，可人才培养却不是一朝一夕的事。2004年，公司新招来一批大学生，共计16人，他们给富乐科技注入了新鲜的血液，带来了新思想和新理念。胡志勇对这批人才倾注了大量心血，对他们寄予了殷切期望，希望他们尽快大展身手，为富乐科技贡献力量。多年来，胡志勇主要通过形成良性竞争机制、员工自我挑战、业务培训、轮岗实践、参观学习和交流等方法来刺激人员提升素质，让他们具备必需的能力，从而把他们放到重要的管理岗位。如今经过培养和历练，他们都成为公司的中流砥柱，发挥出不可估量的作用。

总体来看，胡志勇对富乐科技管理人才的培养路径大致遵循初级职员

（基层员工）—中级职员（骨干员工）—基层主管—部门主管—总监—副总经理/总经理的职业发展路径。根据公司人才培养工作实践，公司管理人才培养经历两个阶段：①基层历练——基层员工如何晋升、管理人员的选拔标准是什么；②"训战结合"——岗位轮换、赋能培训（管事、管人）。

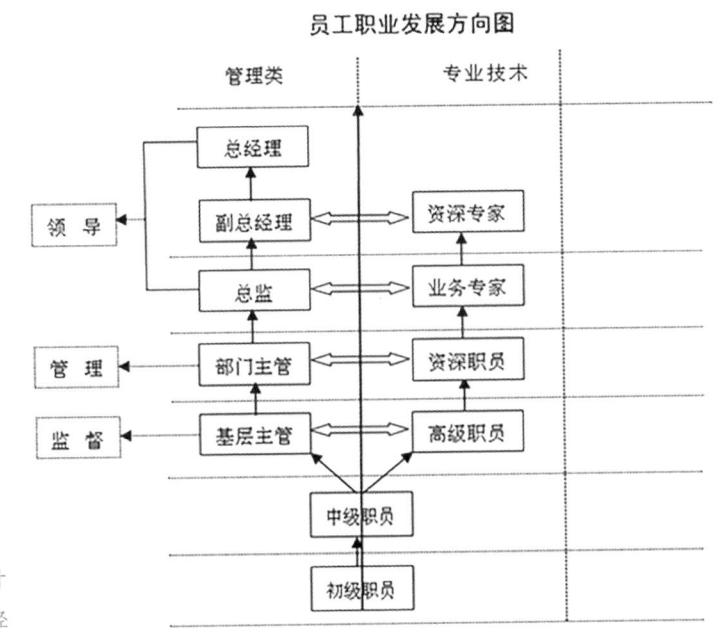

员工职业发展方向图

富乐科技管理人才
培养路径

第一阶段：基层历练。首先，基层员工如何实现晋升？胡志勇一贯主张人要在事上练，新入职的大学生要先从一线岗位实习，锻炼成长。"证明是不是好种子，要看实践，实践好了再给他机会，循环做涉及面更广的事，将来再担更大的责任，10年下来就可以独当一面。"管理人员应该如何选拔？胡志勇认为，管理人才不是培养出来的，而是选拔出来的。管理人才需要通过实际工作证明自己的能力。选拔的标准是什么？首先是社会主义荣辱观、社会公德、公与私的关系，将德排在第一位，第二位才是业务、技能、沟通、组织指挥等能力；恩怨宽容、工作严厉、会做事、做好人，还有基层经验与成功的实践。他说："每个人都应该从最基层的工作岗位做起，将来才会成长，如果直接走到高层领导岗位，最大的缺点就是不知道基础的具体操作，很容易脱离实际，纸上谈兵。"

第二阶段："训战结合"。通过一线岗位选拔出有管理潜力的人才后，就进入培训与实战相结合阶段，此时公司会提供跨部门的岗位轮换和相应的赋能培训。在"训战结合"中对于"战"的部分，胡志勇为管理人才建立了"之"字形的培养机制。因为"直线"形成长起来的管理人才对于横向业务不明白，配合起来阻碍很大，更关键的是缺少负责全面发展和协调性强的事务的实践历练。胡志勇着重强调，岗位轮换也要根据业务需要，不是为了流动而流动。"比如，各部门负责人的管理岗位，我们只给可以承担岗位职责的人进行轮岗，所以不是为了成长去流动，而是你成长了，公司才给你流动的机会。"同时，各部门负责帮助新流动进来的人员尽快融入和成长。轮岗人员到了新部门，也要通过学习去适应新环境和新工作。在"训"的部分，力求通过短训赋能输出"能担当并愿意担当的人才"。

**座谈交流比学赶超　　良性竞争勇向前**

2004年，公司正式引进第一批大学生，这些大学生刚走出大学校门就进入职场，从学生到员工，角色发生了根本性的变化，除学习之外，他们要承担具体的工作职责并完成公司的经营目标和生产任务。

如何帮助他们尽快转换角色，适应岗位，增强对公司的认同感和归属感？胡志勇认为，对他们进行有效的管理和监控显得非常重要。于是，他担起了"职场导师"的角色，定期组织大学生座谈交流：一方面把自己创业的经历、公司的发展现状和规划、自己的一些人生经验分享给大家，为大家今后的人生和职业发展提供一些参考；另一方面主要让大家畅谈对公司的感受、对自身及公司发展的思路与想法，还有工作和生活中遇到的困难、需要解决的问题。胡志勇深入观察每一位员工，尽可能找出每个人的闪光点，便于在工作中"用人所长"，发挥出个人最大潜能。

2004年5月31日，胡志勇召开座谈会，卢照秀、刘治辉等7人参加，讨论工作积极性和激励机制问题。

2004年7月14日，召开大学生座谈会，关心其学习与成长。

2004年9月9日，召开新入职大学生座谈会，共15人参加，座谈内容是个人价值、工资报酬、社会保险、签订合同、每周双休等，办公室主任刘惠芬总结说公司的今天与10年前相比跨了一大步,大家要在各部门从头做起,在小企业非常锻炼人,要多比贡献、比付出、比觉悟。在座谈会期间,胡志勇不时与大家互动交流,就他们关心的问题、存在的疑惑等进行解答。通过面对面交流的方式,为大学生营造一种良好的互动氛围,帮助大家实现角色转变,让他们充分了解公司及所在岗位的工作内容,快速融入企业生产经营中。

2004年10月13日,胡志勇召开大学生试用期工作总结会,对7名大学生试用期的工作表现进行鉴定,对他们提出问题及解决问题的能力进行评价分析。通过定期评价,大学生之间展开了一场悄无声息的竞争和较量,营造了你追我赶奋勇向前的氛围,形成了人才良性竞争机制。

公司遵循人尽其才的原则,有能力上,无能力下,实行淘汰制管理;公司的评价和监督管理机制对大家一视同仁。在公司给大家提供的公平竞争平台上,个人必须努力奋斗,才不会掉队、落后。

2022年,质检部经理张惠仲这样表述胡志勇对他的培养:

2016年,我如愿加入了富乐,成为富乐的一名正式员工。由20多年的学生身份变为企业员工身份,有诸多不适应。幸好公司的领导、同事对我们这些新员工都非常关心。

记得入职后,胡工及公司领导多次组织新入职年轻员工进行座谈,关心大家工作中的困惑、生活中遇到的难处。我自己在入职后经历过多个部门实习:技术部、制造厂、质管部。在技术部时,胡工鼓励我们年轻技术员要沉得住气、静得下心,对那些基本的骨科常识、骨科发展历程及重要的产品要花时间研究学习,他通过自身的经历勉励大家。胡工经常说:"你们年轻人二三十岁的脑子肯定比我这个老头灵光,当初我在创业成立富乐时,对临床知识一窍不通,但还是利用工作之余的时间,学习AO骨科原理等相关知识,做到了在和临床骨科专家沟通时没有盲点。你们年轻人一定比我学得更快、更精,比我理解力更好……"为了方便我们学习专业知识,胡工还自费买了一套骨科方面的书籍供技术员研究学习。

每当我进入一个新的工作阶段产生畏惧心理时,就会想到胡工的话,这让我倍受激励,不再惧怕工作中遇到的困难和挑战。后来,我在制造厂/质管部实习，也有幸蒙受胡工的指导。刚去制造厂车间时觉得工作无从下手，后来碰到了来车间的胡工，他耐心鼓励我说："工作可以从细处、小处着手，多下到最基层，与具有丰富经验的那些老师傅、老技师们交流，学习他们的经验，了解他们遇到的实际问题，调查清楚后再想办法解决。这些工作多年的技师们的经验是非常宝贵的，非常有利于今后的设计工作……"

类似的经历不胜枚举，胡工和公司一直用心关注着我们这些年轻员工的成长。富乐和公司领导为我们提供了足够大的平台让我们去尽情施展才华，实现价值！

**竞聘选拔择优用才　　挑战自我敢担当**

在管理人才选拔方面，胡志勇是煞费苦心。自从第一批大学生来到公司之后，他一直关注他们的成长进步，如何激发他们的内在动力，使他们自觉自发地参与自我管理和公司管理是他经常思考的问题。胡志勇坚信人生就是不断挑战自我、不断追求新目标的过程，他不仅自我挑战，而且鼓励员工挑战更高目标。他说："我的人生就是挑战的人生，现在制定的战略就是挑战的战略。挑战与成功，风险与收获同在。"

2005年3月3日，胡志勇提出6个关于挑战的问题：①你敢于挑战吗？②你为挑战做好准备了吗？③你选好挑战目标了吗？④应战心态没有出路；⑤在前进道路上没有等待；⑥等待就是处在应战位置上。

2005年3月14日，胡志勇召开大专以上青年人座谈会，分析公司所处形势，在会上提出：我们没有依靠，没有拐棍，我们要善于学习、思考、分析、判断，必须做到"敢"字当头，落实"干"字。他向大家说明，公司要改变管理模式，由任命制走向竞争上岗制，号召大家把风险和压力转变为动力，发挥个人潜能，挑战公司管理岗位、部门管理岗位和专业岗位。

"我们公司的任何一个岗位都富有挑战性，选拔人才就需要有挑战心理，不能服输。从公司管理层到部门管理岗位、专业岗位都可以竞争，都可以发挥你的潜能，只要你有工作能力，有挑战的勇气，机遇等着你。办公室主任、质管部主任，谁能竞岗？你的付出与报酬是对等的，要明白先有挑战和付出，才能兑换成报酬；我们公司有高报酬，就看你对公司的贡献大小，挑战是绝对的，机遇是相对的。"

2005年3月18日，胡志勇初步尝试组织管理人员竞聘上岗演讲会，设置办公室主任和质管部主任2个竞聘岗位，仇万裕和赵松报名参加竞选，最终两人竞选成功。

到2009年时，2004年入职的大学生在经历了5年多的学习成长和初步管理实践之后，都在各自的岗位上有了非同一般的表现，在公司各项工作都急需改革的危急关头，胡志勇想：不能再等了，到了必须把他们推向管理岗位的关键时刻了！其实从2005年3月第一次竞岗到此时的4年时间内，胡志勇一直很焦急地在等，等他们成长，等他们强大，等他们能独当一面。如今在经过深思熟虑和长期观察之后，他决定正式开展竞聘上岗活动——增加竞聘人员数量，要在全员范围内开展！

2009年9月7日，有5人报名参加竞聘。9月14日上午，胡志勇召集自荐竞岗人员做动员工作，表明这次竞岗活动是发扬挑战精神、普遍学习提高的活动，是践行公司核心价值观的演练；参加竞岗的人都是公司的精英，不管能否竞岗成功，这个过程都是很重要的，值得一生回味和总结；竞选者在竞岗发言后需要对评审组提出的问题进行回答，这也是考验个人的一种方式，不管问题是什么，个人都要耐心地倾听和回答，竞聘的主旨在于创新和改革。

2009年9月14日至17日，胡志勇在富乐科技会议室召开了一场别开生面的管理人员竞聘上岗演讲会，共有5名竞聘者参加4个部门4个岗位的竞选。竞聘者先做自我介绍，然后发表岗位竞选的演讲，内容涵盖所竞选的部门、自己想干什么、能干什么、打算怎么干、具体实施方案等，向大家做一个展示，一个是自己的愿望，一个是个人的奋斗目标，展示以后，竞聘者回答胡工和评审委员提出的问题，然后评审委员会再评议，评议当中再来选拔人才。经过竞聘和评议选拔，最后仇万裕竞选为副总经理、白云生竞选为技术总监、徐秉智竞选为质量总监、张建亭竞选为产品总监。

2009年10月12日下午，胡志勇带着竞选成功的新一任管理人员到他们所在部门宣布上岗任命决议，并分别召开各部门全体人员会议。10月17

日，胡志勇总结此次竞聘活动，他说："公司利用 5 年时间的培养让他们走上领导岗位，这些人是公司的创业者。在改革中发展，没有现成的模式来指引我们前进，只有我们自己努力奋斗，摸着石头过河，或者说摸着石头下海，要学习管理理论，学习国家政策、法规，提高自身素质；我们是管理者，就要管人理事。列车跑得快全靠车头带，现在是动车组，要形成团队，同时使劲，同时加速，要体现出团队的作用；各项工作要提高，加速各部门改革，要运用好的工作方法和科学的工作流程。"

通过竞聘选拔管理人员的做法在富乐科技引起很大反响，因为胡志勇是"第一个吃螃蟹的人"，以前谁也没有经历过这种选拔人才的方式，他们能否挑战成功？大家对这些新上任的管理人员拭目以待！

**"领学 + 自学"入脑入心　快速成长显成效**

对于敢于自我挑战的竞聘上岗的年轻管理者，胡志勇既欣喜又担忧：欣喜的是这些大学生人才终于可以施展才华，为公司顶梁了；担忧的是年轻管理者实践经验少，社会阅历浅，能不能担好重任。一定要让他们快速成长起来！胡志勇买了大量的书籍，带领大家一起学，鼓励每个人利用一切可以利用的时间来自学。要求他们定期上交读后感，组织读书交流会，通过交流讨论，让他们在知识方面得到提高。他用个人自学的真实事例告知大家，学校所学的理论对工作的指导作用有限，工作中需要学习的知识很多，要利用现在宝贵的时间来充实提高自己，为以后个人发展奠基铺路。在他的引导下，管理者提高自觉学习意识，一路披荆斩棘，收获满满。

"胡工不仅自己爱学习，还鼓励大家学习多方面的知识，他自己买书分给大家传阅，胡工说只要我们个人有学习需求，尽管去买书，买书的费用公司全额报销！我们这批人跟着胡工学到很多专业知识和做人做事的方法，能够取得今天在公司技术领先的地位，与胡工的鼓励和支持有很大关系。我买了不少专业书籍利用业余时间勤学苦学，在学习上投资是最有价值的投资！"一位拥有 20 年工龄的老员工这样说。在这样浓烈的学习氛围中一批又一批的人才自学成长。

### 轮岗实践一专多能　复合人才促双赢

胡志勇提出："各部门负责人不能固定，提倡轮岗工作，一专多能，挖掘潜能达到双赢；肩负在你们身上的任务是富有挑战性的，而不是应战式的；要有挑战的心理准备，要思考别人能干的工作自己是否能干，自己想不想做第一个吃螃蟹的人。"

2007年4月16日，竞聘上岗的管理人员已经有了两年的管理实践，胡志勇组织评审小组对他们进行能力再评价，与10位大学生座谈，总结其阶段性管理工作，后来让他们自己选择适合自己的工作岗位，给他们调换岗位进行轮岗。白云生由技术部设计师调换到质管部主任岗位，仇万裕由质管部主任调换到董事长助理岗位，徐秉智由调度、生产部副主任调换到生产部主任岗位，张建亭由技术部副主任调换到技术部主任岗位。

岗位调换以后，他们在不同的岗位上学到了新知识，在原有的基础上对企业有了更全面的了解；轮换岗位实践以后，这些管理者充分认识到光做好自己一个岗位的工作还不够，团结协作能力也很关键，要协调配合公司其他部门和人员。通过管理者自己选择岗位和个人发展方向的轮岗考验，公司也鉴别出哪个人适合更高的管理岗位，哪个人适合一般管理岗位，哪个人适合做某件具体的事情。选拔人才的过程也是培养一专多能复合型人才的过程。

### 走出去引进来　培养"立体化"管理人才

作为高新技术制造型企业，富乐科技在公司内部培养管理人才时，非常重视培养综合素质较高的"立体化"人才。"立体化"在长、宽、高方面都有要求。

长：有业务专长，掌握科学的技术、精通业务，具备技术创新的基础能力，能有效组织和指挥员工低成本、高效率地工作。

宽：有宽阔的知识面，懂得社会学、心理学，了解国家政策法规，能及时把握员工的思想脉搏，因势利导处理好员工在工作、生活、家庭及社会事务中所发生的各种问题，极大地调动员工的积极性、创造性和工作能动性。

高：有高超的思想境界，能站在高处思考和分析问题，提出科学的发展观点和开拓进取的创新观点，能牺牲局部利益顾全整体利益。

要具备"立体化"的综合素质，不仅要靠内部培养和学习提高，还需要走出去，学习国内外同行先进的管理模式和做法，然后引进来，为我所用。2004年5月17日，胡志勇带着几名大学生到北京会议中心参加会展，从会展中看到了我们与国外同行的差距。2010年8月，他带领管理人员仇万裕、白云生、赵沈烽、徐秉智、张建亭等到宁夏小巨人机床公司学习其先进的管理经验和管理模式。2012年5月，他安排仇万裕和赵沈烽参加新加坡国际管理学院的学习，获得现代卓越企业领导课程结业证书。2012年起至今，他多次带领管理人员到各个国家考察参观和学习交流，回来之后管理人员都会进行汇报，在全公司范围内开展学习提高活动，一方面为公司带来新思想和新技术，另一方面指导公司进行变革实践。

对公司管理人才的培养，胡志勇采取了自我挑战竞聘、实践考核、轮岗提升、再评价再考核筛选、管理者领学加个人自学、走出去开阔视野、"立体化"培养等方法，为公司未来的人才培养提供了很好的借鉴。实践证明，他的一整套做法为公司培养出了一批组织管理能力强、落地执行好的优秀管理团队，为富乐科技创造辉煌业绩提供了足够的管理人才资本。

## 二、研发人才的培养

胡志勇一直强调，富乐科技从事的骨科植入医疗器械行业是一个多学科交叉、知识密集的高新技术行业。他清楚地意识到富乐科技要想在市场上立足并持续发展，技术创新、产品迭代必不可少！认为"只有创新才有出路"。因此，他带领富乐科技始终坚持走自主研发的道路，专注于骨科植入医疗器械的研究与开发。公司每年将销售收入的6%~8%作为研发投入费用，并一直保持下来。在研发方面的大力投入确保了富乐科技脊柱产品的市场领先地位。

技术创新、产品迭代又离不开创新型人才队伍的建设。目前，公司从事研发技术性工作的人员占30%以上。对于研发人员，胡志勇非常注重选拔、招聘创新型人才，并以最优厚的待遇吸引优秀的研发工程技术人才。引进研发人员主要采取校园招聘和社会招聘两种方式。校园招聘主要以机械工程专业为主，还涉及生物医学工程、材料学、工业设计等专业。招聘引进人才只是人才培养的第一步。

科研人员的技术含量与机械工程的技术含量有着本质的不同：富乐科技的技术是生物工程，或称生命组织工程，是医学和机械知识的结合。

（1）从医学上讲，要了解人体骨骼结构及其功能，以及对于病变的治疗要求和过程。

（2）设计人体需要的治疗器械，包括生命组织结构、治疗过程的手术器械。

（3）选材要求质轻、无毒、无磁、弹性模量低、耐腐蚀性及生物相容性（血液相容性、组织相容性、力学相容性等）高。

（4）人身体的生物力学是复杂的，需要更深入地探讨。

（5）医学近年发展非常快，治疗方法的改进、材料方面的新发现，要求我们的工作要全球通力合作。

胡志勇深刻明白：研发技术人才实在难得，没有现成的人才可用，只能依靠自己培养。多年来，公司采取多种培训方式来提高研发人才的科研水平，要求所有的研发人员都要经过严格培训，合格后才能上岗。2015年，公司引进第一名硕士研究生；2016年，公司引进一批硕士研究生，之后每年公司都会引进硕士研究生。胡志勇亲自为这些高学历的人才确定薪资，保证他们在待遇上高于普通市场水平；并对他们的加入表示热烈欢迎，要求公司各相关负责人做好他们的一切服务工作。引进人才落户北京的工作手续要认真细致，让他们安心；住房问题要落实，居住环境要舒心，让他们思想上没有负担；成长培养要做好规划，定好阶段目标和中长期目标……胡志勇在待遇留人、感情留人、环境留人方面做足了功课，因为富乐以前没有研究生，一定要把花费好大力气引进的高级人才留住。只有把人才留下来，才有可能培养成可以为富乐所用的高级人才。现在富乐有研究生近20人，他们大多在公司研发岗位上，通过系列的培养目前已成为公司研发部门的坚实力量。

### 一线实习　墩苗成长重锻炼

在应届大学毕业生入职之后，公司会安排 6 个月时间让他们到生产一线各岗位实习，学习工艺及产品知识、各加工工序的工作内容、产品由图纸转化为成品的生产加工过程、生产中遇到的实际问题及具体解决办法等，同时协助生产线进行质量管理及控制。公司要求实习人员在实习期内每周递交一份实习报告，报告内容包括对生产工艺的认识、发现的问题及相关建设性的个人意见，每月末集中汇报。

经过实习，他们提高了对机械加工的认识，培养了职业兴趣，加强了研发技术理论与生产实际、实践的结合，扫除了对于生产实际问题的盲点，增强了从解决小问题到深入解决生产大问题的思想认同感，培养了脚踏实地的工作作风，增强了动手实践能力。

2004 年 4 月，胡志勇召开管理人员会议，为 3 位大学生到车间实习做准备工作。他提醒大家首先要认识到这次招聘这么多大学生的目的和意义，其次要积极帮助和引导他们，使他们感受到良好的工作氛围，这也是环境留住人才的一部分。会议决定从 4 月 20 日起，他们每人在 4 个班组轮流学习实践，每个班组 3 个月。

在实习过程中，公司和员工双方都有一个了解和适应的过程，最关键的是实习对于后期潜心研发是一个很好的考验：有的人接受不了"下车间"做蓝领，有的人认为工序工作枯燥无聊，有的人没有耐心、熬不过 6 个月的实习期，有的人浅尝辄止、眼高手低、心浮气躁而被淘汰。总之，熬过来才能留下来，实习为后期员工尽快融入公司、适应岗位工作奠定了良好基础。

### 师徒结对　互帮互促共进步

新员工入职后，对新的工作环境和工作内容需要一个适应阶段，这个适应阶段的时间长短因人而异。为了帮助新员工更快适应新环境，掌握新岗位的工作技能，从 2004 年开始，胡志勇在公司范围内开展"一对一"师徒结对"传帮带"活动。挑选各个岗位工作业绩好、道德品质高、作风纪律好的优秀人才担任师傅，负责新员工徒弟试用期内的"传帮带"：传立足于向徒弟传授岗位基本技能，立足于帮助徒弟尽快熟悉工作环境和岗位工作要求，立足于带领徒弟进入工作状态，互帮互促，共同提高。双方签订《师徒"一对一"帮带协议》，约定帮带协议期内师徒双方的责权利，协议期内公司给予师傅一定的帮带补助，帮带期满后对师徒双方进行考核。

富乐技术总监樊国平说："当年我的师傅是陈工，他教我看图纸、手工绘制图纸；我教他电脑绘图、电脑基本操作。我们达到了互相帮带，共同融合的状态，师徒把双方带到一个新的技术水平，如果仅靠个人自学根本无法达到这个水平。"

**岗中学习　提高专业能力**

对于新来的应届毕业生，公司会安排他们在上岗前完成相关软件、专业知识的学习，学习内容主要有绘图软件（UG、Solidworks、Pro-E 等）、办公软件、人体解剖学、生物力学、骨科学等。经过 3 个月岗位学习培训后，组织他们开展学习成果汇报观摩活动，用 PPT 或文档方式展示个人阶段学习成果，之后技术总监和项目组长通过现场提问、布置新课题等方式与新人进行交流。这种岗位培训、交流的方式，不仅便于新员工尽快掌握岗位知识，做到应知应会，还可以提升新员工的学习能力和思考能力。

2016 年 7 月至 9 月，公司安排技术部新来的 5 名研究生每周五下午在部门内部做工作汇报，项目组长、技术总监、总经理都参加，针对他们的汇报提出建设性的意见和建议，布置新课题，明确下阶段努力方向。通过汇报交流，可快速提高新员工的专业技术水平，帮助个人尽快成长。

除部门内学习汇报以外，他们还会定期参加公司内部组织的骨科学、解剖学、人体结构等临床专业知识培训，并由临床经验丰富的市场人员讲解手术过程、模拟产品的使用方法、操作步骤等。公司通过这种面对面交流、场景式讲授培训的方式，帮助技术人员了解并掌握临床知识，提升从源头设计出安全有效的产品的设计能力，更好地解决临床问题、满足临床需求。

### 转换角色　增强自信心

从 2004 年开始，胡志勇尝试让新人先做学生后做讲师，增强他们的自信心。2004 年 7 月 29 日，他给大学生讲了一些有关制图的经验做法、选图技巧、画图要点。2004 年 8 月，他让大学生新人做讲师，给生产一线人员培训，从学生角色转变到讲师角色。自此，富乐科技每年都组织研发部门新入职的大学生给生产一线的工人培训机械识图，历时一个月或者更久。大学生通过做培训课件、当讲师、实施培训、出考核试题、评分汇总、提交总结等流程，在教与学过程中增强了自信心，锻炼了表达能力，拉近了同事关系，同时也认识到自己的不足及需要提高的方面，可帮助个人快速成长。

2015 年 7 月，公司引进的第一名应届硕士研究生刘振海接到了培训工作安排的通知，他是这样记录培训体验的：

走出校园走进富乐，从学生到讲师，角色变化有些大，没想到自己这么快就可以做讲师，将学校所学知识应用到实践中来，发挥个人价值，内心的欣喜不言而喻；但本人性格内向，又不善言辞，初入职场，对周围的一切都很陌生，刚接到培训工作安排时，我心情十分紧张，一想到我的学生是有着丰富加工经验的成年人，心理压力骤增，担心自己无法顺利完成培训任务。战胜内心的胆怯之后，我充分利用自己积累的学习资料和经验，加班加点精心准备培训课件，尽力在培训内容方面做足准备；同时利用自己当时在各部门实习的机会，抓紧了解公司的产品情况，希望可以在培训理论知识的过程中结合实际产品，使培训过程不至于枯燥无聊。一方面可以缓解自己的紧张情绪，另一方面也便于培训对象对知识的直观理解。下班后，我利用休息时间学习了大量机械识图的相关知识，不断熟悉课件，揣摩自己在培训时应该如何掌握进度和节奏，课件也仔细检查了无数遍，生怕自己考虑不周或难以胜任而被学生问责、课堂上出现僵局等情况。培训时，部分同事比较活跃，我的紧张情绪得到缓解。培训过程中，我与大家共同学习进步。培训结束后，心里的一块石头终于落地：自己圆满完成了初入职场的第一课。这次培训对我个人来说是一次挑战，也是一次锻炼，我对自己充满信心，对未来的工作和生活充满期待，希望在工作和生活中渐渐磨砺自己的心智，能够更加自然地融入同事中，与同事们融洽相处。

——检测中心　刘振海

### 外出交流　提高综合素质

富乐科技组织新人参加行业技术交流会和医疗器械展会，拓宽眼界，更新认知，改进个人工作方法，优化产品质量；组织新人走进市场进行锻炼，到医院与医生和专家现场交流、手术跟台等。一方面认识市场与客户，定期去拜访客户，了解客户需求及意见反馈；另一方面不定期随同销售人员接见客户，做好市场技术支持。通过对话专家和高手，学然后知不足，知不足而后学，达到持续学习、持续提高的效果。

研发技术人员参加医疗器械展会

吴楠是研发部 2019 年入职的硕士研究生，用他自己的话说，刚来的半年就是在打杂：负责 3D 打印中心自动门的开启和关闭、打扫卫生等。他没有抱怨，没有不耐烦，没有原地踏步。相反，他默默地坚持学习，自学解剖学、产品和器械知识，观看公司产品的手术视频……一次偶然的机会，领导安排他到苏州出差，和研发部资深老员工一起参加行业内的 3D 打印学术交流会。他当时很不解，整日打杂的职场"小白"居然会被安排出席如此重要的会议！恰恰就是这次会议改写了他的职业生涯。

这次交流会之后，他开始逐渐有机会接触北京协和医院的专家，刚开始旁听，接着逐步参与，最后单独对接项目。2020 年 5 月，他开始和北京朝阳医院杨主任对接，推进折叠式颈椎后路板项目。该项目的推进过程分三个阶段：一是摸索阶段。根据医院医生的描述以及自己对产品的理解进行产品和器械的设计。然而在人体椎骨上进行手术模拟时，他发现并不能实现预期目标，理论和实际操作之间存在差距，于是马上进行二代产品和器械的设计。二是实际模拟和改进阶段。产品和器械完成升级后，为了更好地了解手术过程，开始在尸体上进行手术模拟。吴楠说在进入解剖室之前，他内心极度恐惧，设想着会很可怕。事实上，当对着"大体老师"（尸体）默哀之后，就不再感觉恐惧了，反而对"大体老师"充满敬意。模拟手术的过程中，他全程参与并做记录，杨主任会给他讲解解剖知识，同时提出产品和器械的不足之处。在这个过程中，他清晰地了解到医生的诉求和临床需求，对椎板成形手术及各种器械的操作有了非常明确的认知，术后及时总结，并搜集相关文章、手术视频相互验证，加深理解。三是产品初步定型并投入临床使用阶段。关于该产品和器械的配合使用及杨主任提出的各种问题，他都能对答如流，可以很轻松地沟通并解决问题，他也因此得到了杨主任的欣赏，现在杨主任的主要项目都是吴楠单独对接和沟通。

吴楠说："医疗行业是一个很特殊的行业，需要综合运用工程学的知识来解决医学上的问题。要解决问题，首先就要了解问题，分析问题的症结，然后对症下药。工程学的运用很重要，对临床的认知更重要，否则设计的产品就有可能驴唇不对马嘴。此外，学习真的很重要，机会只会留给有准备的人，看不见的努力才是拉开人与人之间差距的关键。有机会接触临床一线的专家对于研发人员设计和改进产品大有裨益，也是个人获得成长的一种重要方式。"

**承担项目　提升责任意识**

经过一年多的培养，公司会逐步分担一些项目给新人，由小到大，由易到难，让新人实施并跟进项目，让他们在项目工作中提高责任感，在项目实施和跟进过程中发现问题、解决问题，从而取得进步。

在公司发展的任何一个阶段，人才问题都是最重要的问题。将人才引进到公司后把他们放在合适的位置，充分发挥其价值显得尤其重要。胡志勇对人才问题尤其重视，他认为光给钱不够，还要给"权"！公司重新确定技术部的组织架构，根据不同时期的产品划分，将研发人员分为脊柱项目组、创伤项目组、运动医学项目组、辅助组；后来又分为项目一组至项目五组……各小组设项目组长，项目组长根据各小组成员擅长的领域和性格特点等进行项目再分配，每个人同时会有好几个项目的工作任务。不同的项目小组人员在经过一段时间之后会被拆解、调整到新的项目小组，项目组长也会平行流动，这样操作便于工作内容的协调和人员之间的优势互补。

研发项目化管理和项目组长的设置，保证了人人头上有指标，个个项目有考核，同时保证了研发项目不会因个别人的岗位变动而受到大的冲击和影响。每个研发人员对所承担的项目负责：实施方案确定、进度跟踪、项目实施过程中现场技术支持等。新进的研发人才被委任项目组长后取得较快成长，大大充实了研发人员力量。

**双通道晋升　建设人才梯队**

在个人成长晋升方面，富乐科技内部实行双通道制度，根据个人能力、性格特点和爱好，在管理路线和专业技术路线之间给予不同的晋级。一般技术人员的晋升路线为：初级职员（设计员）—中级职员（设计师）—基层主管（项目经理）—部门主管—研发总监—研发副总／总工程师—总经理。

研发人员除了走设计员、设计师、项目经理的专业路线之外，还可以走管理路线，项目经理白艳丽、张惠仲等是从研发部提拔起来，晋升为质检部、生产部的部门经理。他们经过了基层历练、中层考验，最后成为中高层管理人员，个人努力的同时也离不开公司设置的畅通的职业发展通道。岗位晋升丰富了他们的工作内容，满足了他们的职业生涯规划，对于公司人才梯队建设目标的实现也大有裨益。"到了一定阶段，就要放他们走，让他们跳出研发部这个圈子，到公司其他部门和岗位去，只有这样才能培养和留住更多人才。"技术总监樊国平说。

我们的技术工作神圣又伟大。对于研发技术人员的内部培养可以说是一个艰辛而又漫长的过程，因为岗位的重要性和岗位涉及知识的复杂性，一般的应届毕业生至少需要两年才能派上用场。富乐科技是培养人才的摇篮，胡志勇主要通过岗位实习、师徒"传帮带"、交流会、岗中学习、转变角色、承担项目、不同晋升路线等多种形式，培养出一大批肯钻研、能创新的研发技术人才，不仅让他们充分发挥自身的价值，而且实现了公司科技研发人员梯队建设的目标。

## 三、营销人才的培养

胡志勇认为单枪匹马成就不了大的事业，必须依靠一群人共同奋斗，发挥团队的作用，共同开辟市场，开发客户。在公司营销人员的培养过程中，他亲自带队伍，充分尊重员工的个人选择，要求个人做好职业定位，开展"传帮带"，放开手鼓励销售人员去开拓市场，一次不行再来一次、两次、三次、更多次……让他们不断战胜困难和挑战自己，培养营销队伍不惧失败、一往无前的拼搏精神。

**做好职业定位　自我驱动式成长**

公司的营销人才大部分是自己先做好了职业定位，主动选择到公司的销售岗位，立志在销售领域开辟一片天地，干出一番事业。这就是内驱力——自己内心想要成功。在这个力量的驱动下，个人往往会自觉进入角色，想方设法取得成绩。自我选择需要一种悟性，悟性再加上个人努力往往能获得意想不到的结果。

做定位。公司的销售精英刘玉辉 2005 年 3 月 4 日到公司办公室工作，入职后的一个多月主要做一些文职工作，她觉得没什么成就感。当时胡志勇在公司发出了年轻人要敢于接受挑战的号召，年轻的她有种敢想敢干的精神，自认为具备相应的能力，她就毫不犹豫地报名加入有难度、有挑战的销售工作中去！她向胡志勇提出想换到销售岗位去，胡志勇同意了她的选择，但告知她销售工作很辛苦，收入没有保障，经常需要出差，工作时间不分上班和下班等。明知山有虎偏向虎山行，她表示愿意从事销售工作，并承诺自己一定要干出个名堂来。

练内功。销售工作最关键的在于自身，要靠自己去钻研、去实践、去感悟，并且要能一直坚持下去，刘玉辉就是这样成长起来的。公司很多销售人才的成长过程也和她大体相同。初入销售门，从最基层做起，她在成寿寺学习发货、研究产品。可以说，那时她除了发货，其余一切上班时间都在研究产品，先是认识，一边看产品手册，一边拿着实物对照；再看使用说明书，了解产品是什么用途、如何使用等。后来公司销售部从成寿寺搬到马坊，刘玉辉做了销售经理助理，做一些内勤工作：招投标、议价、标书制作等。后来公司一位销售区域经理离职，刘玉辉终于有机会正式跑市场、做销售工作了。

闯市场。她第一次跑市场是2006年年底跟王凤云老师一起出差到贵州参加骨科年会，会议结束后王老师返回北京，她开始了一个人跑市场的艰苦工作。因为自己没有任何市场经验，也不认识客户，她一时有点蒙，该怎么开始工作呢？她决定先从认识行业内的人开始，通过参加会议及同行朋友介绍，认识了一些专家和经销商，主要是经销商，因为业务是从经销商开始做的；然后了解市场情况，挨个跑客户。跑客户属实很辛苦，压力也很大。

讲诚信。对于销售工作，刘玉辉是一个很有悟性的人，她说很多时候要靠个人感悟，一个人勤奋加上有悟性就能把工作做好。事实确实如此，她刚开始接触市场，没有业绩，也没有可供自由支配的销售费用，所以只能从自己身上节约。她为了节省费用，曾经住过几十元钱一晚的洗浴中心；没有资金去开钟点房，就去公园的椅子上躺一会……她对自己很"抠"，但是对客户却很大度，对于客户提出的合理要求她全部都满足。和经销商往来期间，她一直坚持一个原则——诚信第一：将公司的政策如实向经销商讲明，坚决不忽悠，不夸大不缩小，一旦向客户做出了承诺，她绝对要做到；但是做不到的事情她也坚决不会轻易许诺，因为她知道说出去的话就要负责到底。这也正体现了富乐科技的核心价值观：诚信为人、追求卓越、服务顾客。一些客户提出的超出公司政策规定的要求，她也会尽量与公司协调沟通，想尽一切办法满足临床的需要。

重服务。刘玉辉尤其重视做好客户服务工作。对于经销商、医院主任和专家提出的各种问题她都给出相应的解决方案，当时解决不了的她会记下来，跟别的销售经理研究或者向胡志勇请教之后，再马上给对方一个满意的答复。医院的主任被这个中原女子坚忍不拔的精神所感动，更为富乐科技有这样优秀的销售经理而欣慰，久而久之富乐品牌便深入人心，被客户接受。现在她负责的云南、广西、贵州三个省份的销售业务做得风生水起，赢得了客户和公司的一致认可。刘玉辉说："在个人成长的路上，我是先做人再做事，做好自己，事情自然就好做，也容易成功。"

**把自己逼上绝路　勇当开路先锋**

公司销售经理曾奇 2004 年加入公司，从事销售工作，负责河南、湖南、湖北三个省份的市场。都说万事开头难，他刚开始工作很不顺利，很难打动客户的心，订单少得可怜，业绩也很不理想。身为河南人，家乡的市场都如此难拿下，他心有不甘。经过深刻的思考，他下定决心：一定要把业务做好！在销售会议上，曾奇当众承诺："我宁可不要工资，也一定要把业务搞上去！"他把自己逼上了销售的"绝路"，断了自己的后路，把自己推向了医疗器械销售市场。他是最不怕麻烦的一个人，为了赢得客户，提高销售业绩，他使出了一切招数：帮助客户照顾孩子、接送客户孩子上下学；婚期在即，接到客户电话，二话不说直奔医院跟台解决技术难题……

同样自断后路的还有王圣利。刚加入公司时候他做资料宣传工作，后来看别人都挑战了销售岗位，听着人家讲的故事，看着人家拿到的奖金，他好生羡慕，也想从事销售。胡志勇尊重他的意愿，鼓励他到销售岗位。有人说"理想很丰满，现实很骨感"，这句话形容当年的王圣利再贴切不过了：转到销售岗位半年了，他仍没有开发出一个客户，吃饭都成了问题，更别说拿奖金了。胡志勇看在眼里，为他捏了一把汗，年轻人哪里经得住这样的打击！他与王圣利谈心，并分享了创业初期自己经历的挫折和坎坷，鼓励他别心急慢慢来，成功都有一个过程。胡志勇对他的成长很期待："如果认定一件事情，就要相信自己，坚定信念，为了目标全力以赴去奋斗打拼。"经过胡志勇的劝导，王圣利很受鼓舞，内心更坚定了："我一定要做出成绩，我宁可不拿工资也要往下干，销售业绩一定要干上去！"后来他自己买了营销管理、沟通技巧、心理学等方面的书籍，白天跑市场、陪客户，晚上就熬夜苦学，除了学习销售技巧还学习产品知识，攻下了技术关和产品关。自己强大之后所有的困难都不再是困难，所有的问题都迎刃而解了。2022年10月，王圣利很自豪地说："取得今天的成绩跟个人努力分不开，更要感谢胡工对我的耐心教导，是胡工给了我莫大的勇气和力量，让我坚定信念并为之付出，相信付出就会有回报，生活不会亏待每一个努力向上的人。"

**教练式"传帮带"贯穿营销人才培养始终**

公司需要优秀的营销人才，但人才不会自觉自发地成长。"师傅领进门，修行在个人"。个人努力固然重要，要是有师傅或者教练来帮带会加快人才的成长过程。很多销售经理都是从底层做起，从最基础的发货、整理档案等后勤工作到库管员、招投标等具体的业务工作，经过一段时间的学习了解之后才开始做销售业务。

胡志勇通过交流会和培训会的形式给新人讲解产品，以及公司不断发展壮大的历程，给他们宣贯公司的文化和价值观，传递富乐精神，通过企业文化引导他们诚信经营，做好客户服务工作，先付出再求回报，树立正确的义利观等。除此之外，胡志勇还带他们去北京及全国各地参加各种学术会议、骨科年会等，甚至参加国外的展会。参加会议好处很多，不仅可以了解市场的前沿信息，知道同行有哪些新产品、新动向，而且可以接触很多业内专家，与专家沟通交流的过程也是获得客户的过程。

胡志勇除了亲自上阵培训技术人员外，也经常带着销售人员到医院去跟专家沟通，到市场去谈业务。他的做法是第一次先当教练，亲自做示范，让业务员旁听、观察、学习他跟专家如何就技术问题进行沟通、如何探讨临床问题，提高业务员的沟通技巧和沟通艺术等。第

胡志勇亲自帮带营销人才成长

二次他同样带着新人去医院，不同的是这次是销售人员自己跟医生和专家沟通，胡志勇旁听、观察，事后销售业务员再与胡志勇交流他自己的体验，找出哪里做得好，哪些地方有待加强提高。他通过亲自示范做教练，把自己所掌握的知识、技巧传授给业务员，帮助业务员成长。现在的营销副总经理也传承了胡志勇的做法，亲自带着业务员跑市场，以现场指导的"传帮带"方式培养销售人员，让他们自己进入角色，做好销售业务。

**放手加鼓励　打造营销精英**

在销售人员成长的过程中，领导者不能过多过细地参与，过细的指导虽然会让业务员少走弯路，但他们感受不到你曾经为开辟捷径所付出的代价，感受不到通向捷径的曲折坎坷，会变得无所适从，不利于独立开展业务。胡志勇在带领他们进入角色之后大胆放手，让他们自己接受市场的考验和洗礼，只有这样才能充分激发销售经理们的积极性和创造性，让他们自己获得快速进步。

业务员在单打独斗闯市场的过程中难免会经历挫折和失败，这时候胡志勇会找业务员聊天，主要从四个方面来做好疏导鼓励。

心态方面：做业务要有积极的心态，积极的心态能帮人把坏的事情做好，消极的心态能让人把好的事情变坏，积极行动可以创造奇迹。

持续学习：市场千变万化，学习是给自己补充能量，要善于学习，善于思考分析，善于总结反省，只有这样才能创新。

愿意付出：要有为自己做事的意识，先付出再求回报，付出越多回报越多；懂得舍与得的关系，舍的本身就是得，小舍小得，大舍大得，不舍不得，要舍得付出。

坚持就会胜利：刚开始做业务不能立竿见影地获得好局面是正常的事情，不能灰心，遇到难关要攻克，遇到坎坷要踏平，就像《西游记》中的师徒一样，一路战胜妖魔鬼怪，最终修成正果。遇到瓶颈的时候要坚持，直到突破瓶颈达到新的高峰。要坚持到底，不能输给自己，只有这样才能让自己更强大，才能取得好成就。

销售经理徐中万高中毕业后就加入了富乐，刚开始做办公室后勤工作，确切地说是打杂。2003年公司在马坊建造新厂，他作为筹备组成员之一，在工地上开车、拉土、运送建筑材料等，建筑工人干的活他几乎全干过，他还负责工地物资的协调采购，在建厂过程中立下了汗马功劳。后来他自己主动提出调至销售岗位，刚开始销售业务也一直没什么起色，有点想打退堂鼓。胡志勇找他深入沟通，鼓励他慢慢锻炼提高，不能泄气，要越挫越勇……后来他静下心来分析自己，分析市场，学习产品，钻研业务，取得了很好的销售业绩，尤其是在脊柱类产品带量采购报量中拔得头筹，真是功夫不负有心人。

四川区域的销售经理彭程2011年8月加入富乐科技，在此之前他在301医院工作过2年。从医院来到公司销售部门，截然不同的工作环境让他起初一筹莫展。2012年3月，他作为一名新人第一次到四川开展销售工作，连续出差110天，在一个个陌生的城市，辗转一家家医院去向骨科主任、医生推荐富乐的产品。困难重重，完全没有成果，个人心理压力和孤独感无以言表。公司给了他成长的机会，胡志勇鼓励他：每个销售人员都曾经走过同样的路，有过同样的经历和感受，坚持下去就会成功。彭程也自我鼓劲：一定要坚持下去。

胡志勇引导彭程进入角色之后大胆放手，彭程也战胜了内心的焦虑与孤独，变压力为动力，积极开拓市场。2012年6月，他去绵阳市中心医院拜访骨科崔主任。崔主任手术很多，连续两天拜访都未见到本人，由于还有其他事情要办，彭程就在公司产品宣传手册上给崔主任写了留言，说明拜访未能如愿的情况，将名片一起从门缝塞进了主任办公室。几个月后，该医院的代理商联系彭程，说对富乐生产的膨胀钉很感兴趣，希望能够合作。后来富乐产品顺利进入绵阳市中心医院销售。现在该代理商成为绵阳、德阳最大的代理商，对富乐品牌忠诚度极高。

遇到危机时如果能巧妙化解，危机就会变为转机。2014年，彭程去拜访了成都市第三人民医院的梁主任；2015年，富乐产品顺利进入该医院销售。但仅销售半年就遭遇了重大危机：该院的代理商在其他厂家的利益诱惑下，找各种借口想用其他品牌替换富乐产品。由于梁主任在脊柱侧弯手术领域有着高深的造诣，所以该医院对富乐在四川市场的意义非同小可，彭程第一时间向公司领导汇报了此事。营销总监当晚便飞到成都，和彭程一起拜访了代理商，但代理商执迷不悟，仍要坚持更换品牌。后来二人又拜访了成都该医院的临床专家，再次介绍了富乐产品的优势，以及富乐在医工转化方面不断创新的成果和满足临床需求的优势，让该院临床医生对富乐品牌有了全新的认识。后来我们公司更换了该医院的代理商，产品继续销售。2016年，梁主任当选中央电视台"感动中国"十大人物，他高超的脊柱侧弯手术造诣及其感人事迹和富乐品牌迅速传遍大江南北。富乐能为那么多严重的脊柱侧弯、强脊患者提供物美价廉的国产脊柱内固定产品，大家都感到无比自豪。2021年，四川有230家公立医院和几十家民营医院都使用了富乐的产品，成都市第三人民医院是四川省使用富乐产品最多的医院。现在，彭程负责的四川区域是公司国内单省销售额最高的省份，爆发出磅礴的力量。个人悟性加自身努力和不懈追求使他成为公司的单省销售冠军。

胡志勇说："公司很多销售业务员基本没有接受过正式培训，都是进入公司后依靠他们自身努力再加悟性一步一步成长。我大胆放手让他们去开拓市场，然后在他们看不到成绩时多多鼓励他们不要灰心，在遇到挫折时帮他们指出怎样攻克前进道路上的一道道难关，逐步提高，营销精英都是这样培养起来的。"

## 四、工匠技能人才的培养

经过改革开放以来几十年的发展，中国制造从小到大，现在又走到了一个新的历史阶段，即从低端制造业迈向高端制造业。在高端制造业方面，弘扬"工匠精神"是推动中国高端制造业全面发展的重大举措。根据《中国制造2025》的时间表和路线图，为了实现从低端制造业迈向高端制造业的转型，2016年3月，时任国务院总理李克强在《政府工作报告》中首次提出要弘扬"工匠精神"："鼓励企业开展个性化定制、柔性化生产，培育精益求精的工匠精神，增品种、提品质、创品牌。""工匠精神"对于个人，是干一行、爱一行、专一行、精一行，务实肯干、坚持不懈、精雕细琢的敬业精神；对于企业，是守专长、制精品、创技术、建标准、持之以恒、精益求精、开拓创新的企业文化。

没有一支技术精湛、手艺高超的技能工匠人才队伍，企业就不可能生产出高质量的产品，就难以适应企业可持续发展和产品更新换代的要求。富乐科技对于工匠技能人才的培养，可以说是从娃娃开始抓起的。

**以职业爱好为内驱力　吸引工匠人才**

都说"兴趣是最好的老师"，这句话很有道理。如果一个人对某件事物或者某种工作感兴趣，再加上潜心学习研究，没有不成功的道理。胡志勇从小就立志要当工程师，巧的是他从事的也是工程师的职业，十六七岁开始从车工学徒做起，16年的车工经历培养了他对机床特殊的感情和兴趣。他说："学车工时期，我对机床特别喜好，连擦机床都擦得很认真。使用机床加工时，我尽量显示车床的价值，工作期间我利用机床练习了高超的手艺。后来我认识到设备的重要性，有了设备才能显示你的手艺。在成寿寺的时候买了一台数控车床，就是现在的普通数控机床，当时觉得很珍贵，十分爱护，给它单独找了一间房，并安了空调。"当时胡志勇自己的房间都没安装空调！由此可见他对机床设备的浓厚兴趣和强烈的爱惜之情。

直到现在，胡志勇对机床设备的感情依旧没变。"只要来到公司，我都会抽出时间到车间现场，去看看新增设备的先进性及设备的应用情况。有时候，我在设备旁边静静地观察，用手机录下加工过程，也经常拍一些设备的照片，在机床边一待就是半天。我从心里觉得，这些设备就像我的亲人一样，我有了这么多的亲人，我们公司用这些机床加工出的产品能够让我们的患者放心，而且质量比较可靠，达到了医疗器械'安全有效'这四个字的标准。我对设备的感情一直这么深，所以在改造、升级、更新高端机床上肯大力投资。"胡志勇把自己对这份职业的爱好和兴趣传递给公司的"工匠"们，经常与他们分享自己的工作经历、创业经历，并交流机床加工的机械美、产品加工的艺术美等，在耳濡目染下，这批"工匠"对胡志勇的技术才能、工作态度、为人处世风格越发崇拜。有了职业爱好作为内驱力，加上胡志勇榜样人物的示范和引导，"工匠"人才被吸引到富乐技能队伍中。多年来，富乐"工匠"人才凭着强烈的好奇心和上进心，利用不断升级更新的加工设备，用精心铸造精品，不断为富乐的优质产品贡献力量。

**完善技能导向的用人制度**

疏通技能人才职业发展、晋升通道。建立健全技能人才职业技能等级制度，重视并鼓励技能人员提高个人技术等级。公司车工、铣工、钳工的职业技能共设八个等级，分别为一级工、二级工、三级工、四级工、五级工、六级工、技师、高级技师；线切割的职业技能共分四个等级，分别为一级工、二级工、三级工、四级工。由技术委员会根据技术工人工时完成情况、质量情况、安全文明生产情况、遵守公司规章制度情况、考勤情况，结合职业标准和企业岗位规范要求评定相应的职业技能等级。对于同级别中技术特别优秀者、解决重大工艺技术难题和重大质量问题者、技术创新成果突出者，经提名，技术委员会可破格对其进行越级晋升审评。

健全技能人才激励机制。一是健全高技能人才表彰奖励体系。公司自2013年起开展高技能人才评选表彰活动，年终表彰大会单设创新奖，加大对优秀高技能人才的表彰奖励力度，提高全公司对技能人才的认可度。二是提高技能人才的待遇与地位。公司设立技能津贴、岗位津贴、班组长津贴、带徒津贴等，支持高技能人才在岗位上发挥技能、攻关创新、管理班组、带徒传技。实行"技师＋工程师"等团队合作模式，在科研和技术攻关中发挥高技能人才的创新能力。在企业产品研发、技术创新等经营管理的重大决策中听取高技能人才的意见；提高高技能人才在职工代表大会中的比例。按照有关规定，选拔推荐优秀高技能人才到党支部、工会、共青团、妇联等组织任职或兼职。三是完善技术工人培养、使用、评价相结合的激励机制，建立基于岗位价值、能力素质和业绩贡献的技能人才薪酬分配制度，原则上高技能人才人均工资收入增幅不低于本单位中层管理人员人均工资收入增幅，引导技能人才树立终身学习理念，不断提高技能水平。

**注重全周期高技能人才培养**

复制个人成长模式，培养高技能人才。2000年以前加入公司的工人多数都很年轻，他们的典型特点是年纪轻、学历低、技术弱。胡志勇抓住他们可塑性好、接受能力强的特点，从自己的成长经验中吸取精华来为公司培养能工巧匠。他说："我当工人，干了16年车工，做技术工作十多年，然后又转到技术管理岗，后来又转到综合管理岗。我自己就是从自学和外界的培养实践中成长起来的，所以根据我个人的亲身经历，我对我们员工的培养也是按这个模式进行的。"

人才成长方面比较典型的是李有军。他初中毕业后在北京一家小卖部做一些零碎工作，1997年，18岁的他加入富乐，从车工学徒干起。操作的是手摇的普通机械传动机床，直到2000年左右，公司增加了第一台数控线切割机，胡志勇安排他去线切割机厂家实习，学习机床的技术要求和实践操作，经过这段学习他掌握了数控线切割机的要领。2002年，公司新购买了一台简易数控车床，李有军又有一个跟着厂家学习培训的机会，他努力学习，熟练掌握了普通数控机床的操作。2003年，到马坊生产基地建厂后，公司新增加了十多台数控机床，胡志勇安排李有军培训了张成伟、鄢玉伟等一批技术工人，他们也慢慢通过实践来提高自己，掌握了数控机床的操作技巧，这是公司一线技术工人技能提高的一个过程。

直到2005年公司不断升级设备，购置了数控加工中心，胡志勇与机床厂家达成协议，提出由厂家培训富乐的一线技术工人，帮助他们掌握机床的操作技巧和技术要求。经过机床厂家的培训加学习实践，技术工人最终能够熟练操作数控加工中心。这一批基层的能工巧匠的成长都是从零开始，从初级到高级不断提升的过程，他们自己有兴趣，肯学，同时公司给他们创造了一个平台，让他们不断深入学习、不断提高技术水平，全面提升了技能。

锤炼积累，技能高手变身管理者。胡志勇重视在工作中让技术工人参与企业管理，选拔优秀的技术人才做生产管理工作。操作机床是最基本的技能，生产一线加工时机床运行中会出现各种各样的故障。胡志勇认为，技术工人能熟练操作机床还不够，对机床的维护和管理也是很重要的一项技能。在对技术工人进行摸底了解后，他特意把张成伟调到机修动力组，让他负责机床设备的维修和管理。在操作机床的基础上再去管理机床，做好维修保养，知其然更知其所以然，在技术能力上又提升了一步。李有军的成长路线为：技术工人——班组长——车间调度——车间主任——富乐子公司博川的管理者。

鄢玉伟也是由技术工人成长为管理者的一个很典型的例子，成长路线为：数控车工—加工中心操作工—调试技术员—纵切班长—车间主任，对脊柱生产线进行全面管理。他们脚踏实地、坚持学习，使技术能力、管理能力、综合素质得到了全面提升。他们不只有技能，而且具有一定的管理能力，如果没有以前的基础，他们根本就不可能成为能工巧匠。在这个培养过程中，他们大量自学。胡志勇时常鼓励他们发扬工匠精神，创新工作方式，并带他们走出去到其他单位参观学习，开阔视野的过程也是成长提高的过程。

**竞赛比武　选拔能工巧匠**

技术出身的胡志勇不仅重视理论、实践的提高，而且喜欢挑战高标准、高技艺，他经常开展一些竞赛比武活动，借此选拔工匠。

2004年7月中旬到8月中旬，公司开展"技术工人帮学竞赛月"活动，老工匠帮助年轻人，经验多的帮助经验少的，能者为师，互帮互学，掀起学帮热潮，打造学习型企业。2010年6月，公司开展"业务技能提高比武"活动，对各岗位的职业技能进行宣传、培训和练兵；完善技能学习、技能培训、技能考核制度，规范流程，考核评定出技能高手。

2015年12月，胡志勇在公司宣布："国家近期一直倡导弘扬工匠精神，我们也要重视工匠型人才的发展，要选拔出公司内部的技师，提高技术工人的职业地位。"于是公司内有声有色地开展了技师选拔赛，从不同工作岗位的一线技术人员中选拔出一批能工巧匠型技师，一方面加快公司高技能人才的培养，提高技术工人的专业技能素质，充分调动技术工人的工作热情和积极性，促进员工提高工作质量和效率；另一方面加强生产人员的人才梯队建设，构建畅通的职业发展通道，稳定生产队伍。技师选拔分为理论考试和实际操作考试，胡志勇专门组建了技师评审委员会，执行总经理、管理者代表兼副总经理、技术总监、质检部主任、制造厂厂长、人力资源部主任等人执行技师评审方案，经过闭卷考试和理论加实操考核、评选，最终在纵切班组、立加班组、数控车工班组选拔了9名技师。胡志勇亲自为他们颁发技师证书，并给予每名技师补贴800元/月，他们作为公司正式选拔的第一批能工巧匠，在生产一线岗位发挥出技术骨干的榜样和模范作用，在公司内营造了一种崇

第六章　企业发展中人才的培养

尚技术、蓝领光荣的氛围，推动了公司一线技术人员队伍的发展壮大。

2015 年 12 月，技师选拔实操考试、评定及颁证现场

30 年来，胡志勇对高技能人才的培养与企业的发展始终保持同步，给富乐培养了一支掌握先进技术、先进工艺和操作技能，具有较高素质的高技能人才队伍。他们成为推动公司技术创新和科技成果向现实生产力转化的骨干力量，大大提高了企业的技术创新能力。

2018 年 12 月 19 日，首届北京平谷企业家发展论坛在北京市平谷区举

255

办，论坛以"创新转型，绿色发展"为主题，致敬改革开放40年，大力弘扬平谷区企业家精神和工匠精神。富乐科技的技术总监樊国平荣获平谷区首届"优秀工匠"称号，这一荣誉的获得激励富乐人充分发扬创新实干的工匠精神，为助推平谷经济创新转型和绿色发展做出更大贡献。

2018年12月，樊国平荣获平谷区首届"优秀工匠"称号

富乐能有今天的成就，是因为胡志勇费尽心思选拔培养了一批学习能力强、敢于挑战的管理人员，注重实践、勇于创新的研发技术人员，敢打敢拼、永不服输的营销人员，以及精益求精、追求卓越的工匠人才。在富乐成长的道路上，胡志勇坚持企业和人才共成长，企业重视人才，人才珍惜企业，构建了良好的人才培养激励机制，实现了企业和员工的双赢。

# 第七章
## 组织建设

　　一名党员就是一面旗帜，一个支部就是一座堡垒。富乐党支部自成立以来，逐步建立了"党建立企、党建兴企、党建稳企"的工作主线，以"红色引领"为中心，将党建工作融入企业经营发展，形成围绕运营抓党建、抓好党建促发展的良好局面。工会组织在党组织带领下开展各项活动，促进企业与员工和谐发展，构建和谐幸福企业。

## 一、红色党建引领富乐全面发展

从种芽菜的个体户到成功的民营企业家，从 3 名党员发展到 43 名党员，从党建工作"有形覆盖"到"有效覆盖"，从"布局全国"到"谋定全球"……

富乐科技是北京市非公有制企业党建工作示范基地、北京市工商业联合会党建示范点、平谷区先进基层党组织。公司党建指导员、创始人胡志勇带领企业始终植根于骨科植入物行业，用工匠精神打磨创新发展的企业灵魂，听党话、跟党走，将企业一路做大做强，实现全面发展。人员规模由 2006 年的不足百人发展至今天的近 400 人，公司产品从两大类百余种规格发展到四大类逾万种规格，加工方式由机械式加工升级为智能化加工，管理模式由粗放型管理转为精细化管理，销售额从 1000 余万元增至 3.5 亿元，公司走上了现代化、国际化品牌发展道路。

### 组建富乐党组织　　筑牢快速发展基石

"基础不牢，地动山摇"。对非公党建而言，"形"就是基础，没有基础就如同一盘散沙。"如果一个员工的思想正，那么他的工作成果一定不会差。"胡志勇认为，"在某种程度上，你的思想和定位决定了你的走向和成就。"

早在 2006 年富乐党支部成立时，富乐创始人胡志勇就看到了党建文化带动企业发展的巨大能量。"记得 2006 年公司仅有 3 名正式党员，刚刚符合成立党支部的条件，在这种情况下我们向马坊镇党委提交申请成立了党支部。"回忆起富乐党支部的发展历程，创始人胡志勇很是感慨。

**富乐党支部成立背景**

背景一：外部困难不少。富乐科技 2003 年 4 月开始在马坊筹建生产基地，当时遇到很多困难，新厂水、电、暖、气、路都不通，各种设施不具备，可以说完全是自力更生，没有可以求助的组织。2004—2006年二次创业初级阶段，富乐科技又遇到消防、环保等方面的难题，都是胡志勇亲自出面找相关部门反复沟通协调，经历了千辛万苦，他当时想：要是有个组织可以帮助公司与政府部门、政府职能部门沟通那该有多好！

背景二：内部矛盾频出。富乐科技2003年11月正式落户马坊，成为当时马坊工业区为数不多的"大"企业之一。紧接着大批人才加入，公司规模迅速扩张，富乐科技迎来了新的发展机遇，胡志勇更忙了。今天这个矛盾纠纷、明天那个问题冲突，半夜员工在宿舍打架惊醒了他，10多名员工为了个人利益要罢工困扰着他，弄虚作假的产品质量事件，加工出来的废品被偷带出公司扔到农田里……各种各样的状况真是让胡志勇分身乏术。

建立党组织——创始人胡志勇决定。基于外部困难、内部矛盾，人多事情多，人多思想杂，企业的最高管理者要把各种思想不统一的人聚在一起并管理好他们，这可不是一件容易的事情。身为一名接受党组织教育多年的老党员，胡志勇深刻认识到只有党组织才能把这些人的心凝聚起来。他决心要建一个组织，用组织的思想、组织的信仰来统一大家的目标和行为，引导大家树立大局观，学会做人做事，自我约束，实现企业与员工和谐双赢发展。胡志勇与马坊镇党委、蒋里庄村党支部多次沟通，马坊镇党委终于同意支持富乐成立党支部。

**富乐党支部正式成立**

"起来，不愿做奴隶的人们……"嘹亮的国歌声回响在富乐的多功能厅。2006年6月26日，富乐党支部成立大会在公司多功能厅举行，马坊镇组织部部长主持会议，马坊镇党委副书记、蒋里庄村书记在会上做了简短发言，表示祝贺。

2006年6月，富乐举行党支部成立大会

富乐科技在平谷区马坊镇率先成立了非公企业党支部，面对鲜艳的党旗，创始人胡志勇和 3 名党员一同举起右手重温入党誓词。会上，胡志勇回顾了富乐科技的发展历程，并表示党支部成立是富乐科技的一个重大事件！自从迁到平谷马坊后，富乐科技在各级党组织及领导的关怀下取得了可喜的成绩，公司二次创业时期需要党的领导，需要党员带头做好 3 个方面。

第一，树立崇高的信仰。树立崇高的理想信念，始终保持共产党人的先进性。公司目前处于快速发展时期，没有正确的信仰和信念是达不到现代化目标的。党建工作在企业发展过程中具有十分重要的作用，抓党的建设，就是抓企业的发展，有了党支部，企业就有了核心，就能做大、做强。同时，党支部也是企业发展的智囊团、企业运转的润滑剂。

第二，做一枚永不生锈的螺丝钉。外科植入物行业是新兴行业，需要大量的技术人才和管理人才，只有培养出甘做一枚螺丝钉，在平凡的岗位上做出不平凡的贡献的人才，才能创造出无愧于时代、无愧于历史、无愧于人民的一流工作业绩。

第三，牢记历史使命。共产党员在新的历史条件下，要做到三个牢记：一是牢记当前的庄严使命，树立为党和人民长期艰苦奋斗的思想；二是牢记全心全意为人民服务的宗旨，通过扎实有效的工作，带领群众百折不挠地创造自己的幸福生活；保持昂扬向上的精神状态，成绩面前不自满，困难面前不退缩，戒骄戒躁，不断进取，勇于开拓，善于创新，扎扎实实做好各项工作；三是牢记党和人民的重托和肩负的历史责任，自觉加强党性锻炼，"历览前贤国与家，成由勤俭败由奢"，弘扬艰苦朴素的作风，坚持勤俭办一切事情。

**党旗高高飘扬在富乐**

1921 年 7 月，中国共产党第一次全国代表大会在上海召开。党的一大宣告中国共产党正式成立。中国共产党从一开始就坚持以马克思主义为行动指南，始终把为中国人民谋幸福、为中华民族谋复兴作为初心和使命。有了中国共产党，中国革命有了坚强的领导力量和正确的前进方向；中国就有了光明的发展前景。毛泽东曾指出:"自从有了中国共产党,中国革命的面目就焕然一新了。"

作为非公有制企业,只有跟着党走才会发展壮大。自2006年6月26日成立党支部以来,富乐科技逐步建立了"党建立企、党建兴企、党建稳企"的工作主线,以"红色引领"为中心将党建工作融入企业经营发展,形成围绕运营抓党建、抓好党建促发展的良好局面。"党建工作已成为企业发展不可缺少的一部分。党组织统一了大家的信仰、目标和奋斗方向,自从有了富乐党支部,富乐面貌发生了翻天覆地的变化,帮助我成功实现了二次创业。"胡志勇说。

一名党员就是一面旗帜,一个支部就是一座堡垒。从学习北京精神、奥运精神到学习习近平新时代中国特色社会主义思想,再到学习党的二十大精神,富乐党支部作为一座坚强的堡垒,凝聚人心,团结力量,为富乐持续创新发展提供了不竭源泉,每一名党员用责任和行动去守护人民的生命安全,让党旗更鲜艳,让党徽更耀眼。

## 建设学习型党组织　引领富乐跨越式发展

2014年6月,在庆祝中国共产党成立93周年之际,《引领——北京新经济组织党建巡礼》一书以《建设学习型党组织　筑牢发挥党组织作用的基础》为题目,介绍了富乐科技以党建引领打基础,推动企业上台阶,实现跨越式发展的经验。

2019年,北京市工商局编写的《非公党建工作示范点经验材料汇编》一书中刊登了《建设学习型党组织　引领企业科学发展》一文,介绍富乐科技党支部助推企业再上新台阶的典型做法。

2021年1月28日,北京市委组织部官网——北京组工网,发表题为《平谷区党建引领红色富乐全面发展》的文章介绍富乐的党建工作。

事有所成,必是学有所成;学有所成,必是读有所得。党支部要发挥引领作用,首先要有引领的本钱,推进学习型党组织建设就是重要一环。富乐党支部在自身建设中,突出建设学习型组织,坚持搭建"三大平台"、丰富学习载体、发挥党员带头作用，打好发挥党组织作用的基础，引领公司跨越发展。

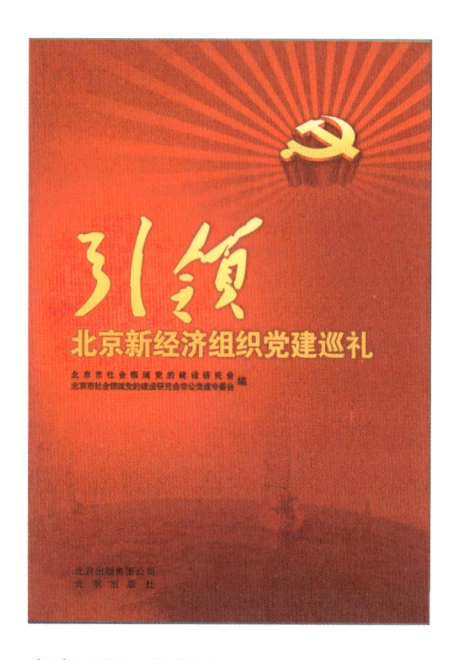

党建巡礼宣传封面

党建巡礼宣传内页

原北京市工商局非公党建工作示范点
经验材料汇编

北京市委组织部官网宣传富乐科技党建
典型做法

## 搭建"三大平台" 增强党组织学习力

富乐党支部在建设学习型党组织的过程中，不局限于党员，还把触角延伸到普通员工。通过搭建"三大平台"——学习平台、宣传平台、活动平台，不断增强党组织的学习力，营造良好的企业文化。

一是搭建学习平台。2007年，富乐成立读书会，胡志勇亲自做表率，带领党员积极学、员工跟着学，学习企业核心价值观、北京精神、奥运精神、社会主义核心价值观等，营造出良好的学习氛围。先后配发了《弟子规》《精细化管理》《细节决定成败》等书籍，并在内刊《向日葵》上开设"读后感"栏目。在全公司开展"读一本好书、学一门技术、提一条建议、攻一个难关"的"四个一"读书活动。通过自上而下、从党员到员工群众的体系化推进，使富乐读书会成为培养和引导全员增强学习兴趣、提高创新能力的平台。

二是搭建宣传平台。胡志勇非常重视构筑企业文化宣传平台，从最初没有宣传阵地，到建立"一栏""一站""一号""一群"四个宣传平台，即党务公开栏、公司网站、微信公众号（北京富乐科技党建微平台）、微信群（富乐科技官方群）。党支部成立初期，党务公开栏和公司网站是主要的宣传平台，公司通过这两个平台宣传富乐的党建活动和党支部动态信息。自2019年开始，富乐党支部开始创新学习方式方法，开展"线上+线下"学习，把"公众号+微信群"作为强有力的抓手，不断增强新时代党建工作的时效性、可操作性，运用手机微信群"富乐党员之家"和"富乐科技党建微平台公众号"开展线上学习，把学习从书桌延伸到手机，从8小时以内扩展到8小时以外，激发了党员群众的学习、工作热情，做实思想政治工作，确保队伍稳定。富乐通过这些宣传阵地，引导全体员工树立"学习上水平，工作才能出成绩，效益才会上台阶，个人待遇才会有提高"的价值理念，创造了向学习型员工、学习型企业发展的良好局面。

三是搭建活动平台。富乐投入大量资金，用于学习型党组织软硬件建设，通过培育两大群团组织（工会、共青团）、打造三大活动品牌（安全生产活动月、职工运动会、环境建设志愿者服务活动），搭建三大平台（党员活动室、职工培训室、多功能厅）的"233"计划，利用党的生日、公司厂庆日等重大节日宣传企业文化，开展唱红歌、诗朗诵等活动，做到寓教于学，形成了全员学习、全面学习的良好氛围。

**创新学习载体　增强学习持久力**

"把每一个企业员工当作自己的孩子去真心对待，这是党建的基础。"胡志勇认为，有效的党建必然不是端坐在会议室枯燥乏味地说教，党建"三大平台"更多是作为活动载体，通过多种形式引导富乐全体党员及员工感受党的信仰和使命、理解党员义务、履行社会责任。

自2006年以来，富乐党支部不断创新学习载体，从三个方面增强学习持久力。

一是"143"推学助学。形成"143"学习型党组织创建模式，即建立一个共同愿景，从学习型党支部、学习型党小组、学习型党员、学习型员工4个层面开展学习型组织建设；实施3个推进措施，即开展争创"五好"党支部、争做"五好"党员、争做"六好"职工活动，发挥党员先锋模范作用，推动学习型组织建设。

二是带学促学。公司创始人带头给新员工上好"富乐第一课"。新员工进入公司时，胡志勇亲自给他们讲授第一堂课，讲解党和国家政策、企业发展历程和形势，提出践行企业核心价值观"诚信为人、追求卓越、服务顾客"的要求，叮嘱大家要讲诚信，要对得起国家，对得起企业，对得起父母，对得起自己……企业核心价值观的持续宣贯，在改变80后、90后年轻员工自身陋习方面起到了再教育的重要作用。

三是请进来，走出去。"眼界决定境界，思路决定出

创始人胡志勇宣贯企业核心价值观

路"。请进来，广泛学习，增长见识。邀请地方主管领导、行业专家等进行辅导交流，先后就企业领导力与执行力、精细化管理等进行专题交流。走出去，拓展学习，开阔视野。先后组织公司党员去宁夏小巨人机床公司、日本 STAR 机床公司、新加坡等地学习先进企业的成功管理经验和做法。通过这种学习方式，开阔了视野，增长了见识，启发了思维。

**丰富学习内容　提高党员政治能力**

创始人与时俱进学习政策，甘做领路人。作为"扛旗者"和始终胸怀"国之大者"的民营企业家，胡志勇自 1994 年自主创业以来，主动融入时代发展，担当时代使命，在加快民生事业发展、持续加强企业科学管理，助推区域经济快速发展，发挥稳经济、促就业作用，助力建设小康社会和共同富裕等方面，勇担重任、贡献力量。1994—2006 年间，富乐科技没有成立党支部，胡志勇紧跟党的脚步，积极深入地学习党的十四大、十五大、十六大、十七大精神和方针政策，给全体员工宣传党的经济政策，将企业的发展与社会政治经济大环境结合起来，适时根据党的方针制定出适合企业自身发展的战略，很大程度上降低了公司经营风险，加快了公司发展步伐。2006 年富乐党支部成立以来，胡志勇主动学习"三个代表"重要思想和科学发展观，2007 年 8 月开展社会主义核心价值观主题演讲会，2008 年 3 月开展广泛的主题教育活动，深化党员认识，充分发挥先进生产力、先进文化的作用，处理好公司发展与环境的关系，承担好企业的社会责任。2009 年 10 月开展主题活动，论述公司的科学发展观，从企业发展布局来落实科学发展观、以人为本和可持续全面发展的要求。

自富乐党支部成立以来，胡志勇多次参加重温入党誓词活动，站在被鲜血染红的党旗下，他和党员们一起握紧拳头庄严宣誓，宣誓身为共产党人的骄傲和自豪，宣誓将青春奉献给骨科事业，宣誓为人民服务的宗旨。使党员牢记入党信念和为共产主义奋斗终身的使命，引导党员牢记党章要求，自觉遵守纪律，增强党性修养，强化政治担当，提高政治觉悟。尤其在党的十八大以来，胡志勇作为党建指导员，带领公司全体党员学习宣传党的方针和新经济政策，使富乐党建工作对公司发展发挥指向标作用。

| 追 求

创始人胡志勇和富乐党员一起重温入党誓词

向身边老党员学习，做合格党员。富乐创始人胡志勇是一名有40余年党龄的老党员，他思想先进，业务精湛，在工作期间获奖无数。

在2019年庆祝建党98周年之际，富乐党支部召开七一组织生活会，组织全体党员学习《"笨鸟"翔空——记自学成才的工程师胡志勇》这篇文章。党员们一致认为，胡志勇用爱岗敬业履行肩上的责任，用付出和奉献诠释共产党员的责任与担当，用热情和汗水诠释奋斗初心。我们要向老党员学习，做到"干一行、爱一行、干一行、精一行"，为振兴中华骨科而不断努力。

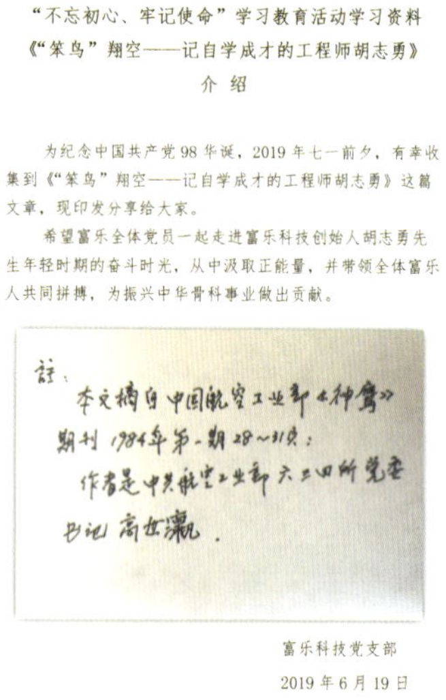

2019年6月，党员学习创始人优秀事迹

在建党百年之际，2021年6月的一天，胡志勇把他珍藏的奖状一一翻出来与大家分享，当翻到这张有些泛黄的奖状时，他的脸上露出了微笑。手捧着这份荣誉，胡志勇说道："这是在1970年活学活用毛泽东思想活动中，因表现突出被中国人民解放军评为'五好战士'，这份荣誉是最让我引以为豪的。"

适时开展主题教育，提升党员政治觉悟。一是学习党的十八大精神，开展"创先争优"主题教育。2012年1月,富乐在党员和群众中间开展创先争优活动,学习党内党外先进人物和先进事迹,号召党员学习先进、赶超先进、争当先进,总结差距、认识不足,增强干事创业的信心和勇气。然后通过党内带党外、党员带群众的方式,在全公司形成学先进、赶先进、当先进的浓厚氛围。激发所有成员的工作热情,使公司所有成员获得进步的动力,让原来工作积极的更有干劲、工作一般的有压力、工作落后的有紧迫感,最终见贤思齐,形成全公司人人追求进步、个个争当先进、你争我赶的热烈氛围。学先进、赶先进、争当先进的活动具有重要的政治意义。

1971年,胡志勇荣获"活学活用毛泽东思想五好战士"

二是结合"两学一做"开展学习党的十九大主题教育活动,2017年10月18日,富乐党支部组织全体党员学习十九大报告,使十九大精神内化于心,外化于行,使党员真正从思想上和行动上逐步修正自我、提升自我。同时,结合新时代、新形势、新发展要求及"三亮一提升"活动要求,将党建工作与公司经营发展工作有效结合。2018年5月至7月,富乐党支部开展"搭平台、亮身份、亮岗位、守承诺"活动,主要通过"一中心""一栏""一徽""两牌"形式①亮出党员身份,使党员接受广泛监督,勇做先进表率,真正让党员身份"亮出来"、关键时刻"站出来"、先锋形象"树起来",有效促进企业守法诚信经营。

三是结合"不忘初心、牢记使命"开展主题活动。2018年4月,富乐党支部开展"缅怀革命先烈、不忘初心跟党走"主题党日活动,组织党员参

---

① 即党群活动中心,党务公开栏,党徽,"一个支部一个堡垒、一名党员一面旗帜"工作场所宣传标语牌,"我是共产党员、愿为党旗添彩"岗位亮身份桌牌。

观顺义焦庄户地道战遗址；2019年10月，开展"传承红色基因 砥砺初心使命"主题党日活动，党员和积极分子20余人前往毛主席纪念堂和香山双清别墅、来青轩等革命旧址瞻仰参观。通过不同时期的主题教育学习活动，让党员接受精神洗礼，以实际行动践行党的宗旨，立足岗位，做好本职工作，牢记初心使命，为公司发展贡献一己之力。

富乐党支部召开"不忘初心、牢记使命"主题党日活动

富乐党支部召开"缅怀革命先烈、不忘初心跟党走"主题党日活动

四是结合党的十九大、二十大精神，学党史、学党章、学习中国特色社会主义思想理论、习近平谈治国理政等。2017年，在党的十九大召开之际，富乐党支部开展"迎接十九大我们有话说"活动，来自不同岗位的党员对党的十九大胜利召开送出了祝福。

富乐党支部召开党史学习教育专题组织生活会

来自技术部的新生力量张惠仲说："祝贺党的十九大胜利召开，我们将在中国共产党引领下开启新的篇章。作为一名基层共产党员和员工，我将时刻提醒自己，不忘初心，砥砺前行，追求卓越，精益求精。"富乐党支部书记花海珍说："党的十九大是人民群众期盼已久的大事，作为一名非公企业党支部的书记，我将始终立足自身岗位，更好地服务党和公司，切实做到服务党员、服务企业发展，以更大的责任担当、更实的工作作风，继续在推进支部规范化建设和企业发展中贡献自己的力量。"

### 发挥党员模范作用　增强党组织号召力

勇当业务先锋。富乐党支部大力开展"把党员培养成骨干、把骨干发展成党员"的双向提高工程，要求党员做到"五带头三最"。"五带头"，一是党员带头学习党的方针政策；二是党员带头掌握先进技术、提升工艺水平；三是党员带头完成生产任务；四是党员带领群团，共同提高技术技能人才水平，推动企业工资水平合理增长，促进劳动关系和谐，实现共享发展；五是党员带头积极献爱心，结对帮扶困难户。"三最"，即思想觉悟最高，业务能力最强，工作业绩最突出。

共产党员五带头标牌　　　　　　　　　党员何勇在现场维护设备

党员缪国帅同志在 2012 年接骨板新产品上市前的紧张生产任务中勇挑重担，主动完成技术工艺服务，工作精细，赢得了公司各级领导的好评和群众的赞扬；党员何勇同志一肩挑起全公司生产设备、生活设施的维护保养重任，在设备安全管理、两条产品线的设备运行等方面严格把关，在他的带领下，设备组员工的素质提升了，责任心增强了，生产设备高效运转，为圆满完成生产任务提供了保障。

党员李洪艳在工作中遵纪守法，廉洁自律，以集体利益为主，尽职尽责，坚守岗位，主动加班加点，几年如一日，带领注册人员取得产品注册证 46 项，为公司产品合规上市做出了贡献。李洪艳同志获得组织认可，荣获 2016 年度"北京市社会领域优秀共产党员"荣誉称号；2016 年 12 月被推选为中共北京市平谷区第五次代表大会社会工委代表团党代表；2017 年被推选为中国共产党北京市第十二次代表大会党代表；2021 年 7 月，被推选为中国共产党北京市第十二届委员会第十七次全体会议党代表。2021年参加建党100周年庆典活动，赴天安门观礼。"这是一份荣誉，更是一份责任。"李洪艳如是说。

2021年，李洪艳作为中国共产党北京市第十二届委员会第十七次会议党代表参会

李洪艳参加北京市建党100周年庆典活动，赴天安门观礼

对党员樊国平而言，组织的肯定和培养是支持自己不断进步的动力。依托党支部开展的技术攻关帮带活动，他从无所适从的技术"小白"成长为研发副总经理，带头开展创新项目20余项，2017年7月荣获"平谷区社会领域优秀共产党员"荣誉称号；2018年12月荣获平谷区首届"优秀工匠"荣誉称号。自担任技术负责人以来，他培育出一批公司发展急需的红领精英和业务骨干，投身于创新活动，不断为市场提供自主研发的新产品，大大增强企业的核心竞争力。除了团结起一批政治素质过硬、工作表现突出的优秀员工，他志愿服务的脚步也从未停歇。

樊国平的优秀共产党员证书

樊国平参加马坊镇党员代表选举会

带头履行社会责任。2008 年,汶川遭遇特大地震,富乐党员带头捐助善款救助灾区人民,同年冬季南方遭遇雪灾,富乐党员向北京市红十字会捐款赈灾;2010 年,为玉树地震灾区捐款;2011—2017 年,与平谷大华山镇李家峪村老年协会结对共建,互相交流提升,春节、中秋之前党员去李家峪村慰问老年人;2013 年,为雅安地震灾区捐款;2018 年,与马坊镇蒋里庄村党支部开展结队帮扶春节"送温暖"活动,慰问孤寡特困老人和困难户;每年七一组织党员群众爱心捐款,用于社会慈善事业;尤其是在 2020 年新冠肺炎疫情防控工作中,公司党员主动参与公司、村(社区)防疫工作,成为一支关键时刻拿得起的红色力量。

富乐党支部开展春节"送温暖"爱心捐款活动

从慰问困难同事到每年固定的七一献爱心捐献活动,从救助灾区同胞到结对共建帮扶活动,从慰问孤寡特困老人到新冠肺炎疫情捐赠活动,富乐科技的党建工作向来都形象生动又独具成效,触动年轻人对党组织的认同,触发其对社会的责任心。党员"五带头"作用充分发挥,体现出共产党员责任感强、政治觉悟高,在提升技艺、突击生产、扶贫济困方面有意识、有行动,更有效果。

"问渠哪得清如许,为有源头活水来"。学习型党组织建设的扎实推进,不仅让富乐科技全体党员思想素质和业务能力明显提升,更为公司各项经营工作的开展带来源源不断的动力,引领公司跨越式发展,上了一个新台阶。

## 聚力红色非公党建　擦亮骨科民族品牌

### 规范组织建设　建强红色堡垒

"非公企业党组织要发挥实质作用",这是 2011 年习近平同志对非公企业党建工作做出的重要批示。2012 年 5 月,中共中央办公厅正式印发《关于加强和改进非公有制企业党的建设工作的意见(试行)》。同年 3 月,中国共产党首次召开全国非公有制企业党的建设工作会议,习近平同志在会上发表重要讲话,强调加强和改进非公有制企业党建工作,抓好"两个覆盖"、发挥好党组织"两个作用"、加强"两个队伍"建设。

党旗所指,行之所向。2011 年以来,富乐党支部班子成员更是以永不懈怠的精神抓好党建工作,把党支部"发挥实质作用"不断引向深入。富乐党支部结合公司特点,按照"抓创新、出亮点、创特色、树品牌"的要求,深入推进"234"工程,使"诚信为人、追求卓越、服务顾客"的企业核心价值观内化于员工之心,固化于公司之制,外化于公司之行,打造坚不可摧的战斗堡垒。

多年来,富乐党支部坚持红色党建引领,努力营造宽松和谐的企业氛围,把促进公司全面发展作为党支部的重要任务,不断增强企业的向心力和凝聚力,为企业发展壮大注入活力。

加强组织制度建设。富乐党支部严格对照北京市、平谷区支部规范化建设要求,制定并完善支部工作制度:三会一课制度、民主生活会制度、支部大会制度、支部委员会制度等。

严格按照民主生活会制度开展组织生活会:2018 年开展批评与自我批评民主生活会;2019 年开展"不忘初心、牢记使命"主题生活会;2020 年开展"学党章党史,争做优秀共产党员"支部大会;2021 年开展"学习百年党史,汲取奋斗力量"主题生活会……

第七章 组织建设

2019年12月，富乐党支部召开组织生活会

2021年7月，富乐党支部召开党史学习专题会

  加强组织班子建设。在公司发展过程中，不断有新鲜血液加入，党员队伍随着公司队伍同步壮大。2010年12月8日，富乐党支部重编队伍进行改组，组建了"一个班子四个小组"，即一名党支部书记、两名支部委员组成的支部班子和行政党小组、营销党小组、技术党小组、制造党小组，每个党小组分设组长，根据党员所在的部门将其划分至相应的党小组。党支部不断加强支部班子建设，班子整体素质较高，整个班子在干部中具有向心力，在员工中具有凝聚力。支部班子和公司领导班子互相支持，形成合力。在开展党建活动时，注重将党建活动与规范企业管理、促进企业发展、提高员工素质等工作有机结合起来，为公司发展提供了强有力的组织保证。富乐创始人胡志勇同志是一名受党教育多年的老党员，他始终关注、支持党支部的各项工作，党支部聘请他担任党建指导员，促进了公司党建工作的有效开展。

富乐党支部组织构架

  加强活动场地建设。作为又红又专的老党员，胡志勇重视并支持党组织各项活动的开展。党支部成立初期主要在公司会议室开展室内活动，后来

胡志勇提议加强党支部活动场地建设，2012年建成20余平方米的党员活动室，配备电视、电脑等电子设备，以满足党支部会议、议事、培训等需求。2018年，投资18余万元建成一个400余平方米的党建活动场地，集会议、活动功能于一体，设置了党务室、谈心室、接待室、聊聊吧等，作为党员、群众学习交流的主要场所，给党员和员工一个温馨的家。党建活动场地建成以来，公司举办党务活动、日常会议、业务培训等几百次，受益人群几乎涵盖公司各个部门和岗位，党员和员工增长了知识，提高了业务技能，进一步激发了大家的干劲，强化了党支部的堡垒作用。

2018年，富乐新建党群活动中心

壮大党员队伍。富乐党支部自2006年成立以来，从起初势单力薄的3名党员发展到2022年的43名在册党员、18名流动党员，党员队伍快速壮大，带领公司发生了翻天覆地的变化。

2007年11月28日，马坊镇非公企业入党积极分子培训班在富乐科技多功能厅举行，参加培训者达33人。现在公司中、高层管理者和技术人员中的党员人数不断增多，党员已成为公司的核心力量，这些党员分布在公司各个部门的关键岗位。党组织的战斗堡垒作用和优秀党员的先锋模范作用突显，吸引越来越多的员工向党组织靠拢。

2007年11月，马坊镇非公企业入党积极分子培训班在富乐举行

富乐党员队伍建设主要通过两大途径：一是公司内部发展培养，二是大学院校党员毕业生组织关系转入。富乐党支部一直坚持"双培养"原则，即"把党员培养成骨干、把骨干发展成党员"，目前公司中高层骨干人员56%以上都是党员，党员队伍呈现出"学历层次高、行业经验足、发挥作用强"的面貌。

富乐党支部一直鼓励党员发挥先锋模范作用，引导普通群众自觉自愿接受组织的洗礼与考验。从普通群众发展为党员要经过严格的选拔程序：提交入党申请书—积极分子（每季度提交思想汇报）—发展对象（发展对象培训班学习合格、函调政审通过）—预备党员（预备期1年）—预备党员转为正式党员。一般要经历4年，经支部会议审议之后才能顺利转正为党员，有时候可能需要的时间更久。所以公司培养发展的党员一定是专业素质过硬、作风优良、具有较高的政治觉悟和崇高的信仰、能全心全意为人民服务的"红"人。富乐党支部不懈努力，把党员队伍建设成

富乐又红又专的党员队伍（部分）

公司的精英团队，为公司发展提供了人才保障。

**追寻红色记忆　培育红色文化**

参观改革开放成果展，汲取红色力量。2018年12月29日，富乐党支部组织党员去国家博物馆参观改革开放40周年大型成果展，一同走进"伟大的变革"，感受改革开放的光辉历程、伟大成就，感受改革开放以来中国发生的巨大变化。26名党员参观了关键抉择、壮美篇章、历史巨变、大国气象、面向未来等6个主题展区，通过观看历史图片、文字视频、实物场景和沙盘模型、互动体验等多种方式，充分领略了40年来，特别是党的十八大以来人民群众生产生活发生的伟大变迁，了解了中华民族从站起来、富起来到强起来的整个过程，充分汲取红色奋进力量。

2018年12月，富乐党员参观改革开放40周年大型成果展

参加活动的党员在国家博物馆重点关注了中国制造的变化，对公司骨科产品新加工设备、加工方式和智能机器人手术等展示成果感触颇深。从中国制造到中国创造的变革加速了我们骨科行业的发展和进步，党员的引领作用在公司发展过程中也非常关键。

参观活动结束后，党员们纷纷表示将以习近平新时代中国特色社会主义思想为指引，永远保持一颗赤子之心，坚定不移听党话、跟党走，响应党的号召，发扬"逢山开路、遇河架桥"的精神，在智能制造的大舞台上施展才华、竭尽所能，撸起袖子加油干，谱写精彩华章，真正融入祖国的发展中去，与祖国同发展、共繁荣！

寻访抗战遗址，重温红色历史。2018年7月，富乐党支部和蒋里庄村党支部携手共建，参观平谷区鱼子山抗日战争纪念馆，为烈士敬献花篮、缅怀革命战士，重温入党誓词；2021年6月27日，富乐党支部组织党员和入党积极分子赴卢沟桥、宛平城参观抗战遗址，庆祝中国共产党成立100周年，组织党员在中国抗日战争纪念馆前重温入党誓词宣誓，让富乐人重温红色历史文化，砥砺初心，汲取持续奋斗的力量。沿着革命伟人走过的足迹，抗战的历史真实地展现在我们面前。在抗日战争纪念馆，党员们仔细聆听革命先烈的事迹，深切缅怀革命先烈的丰功伟绩。

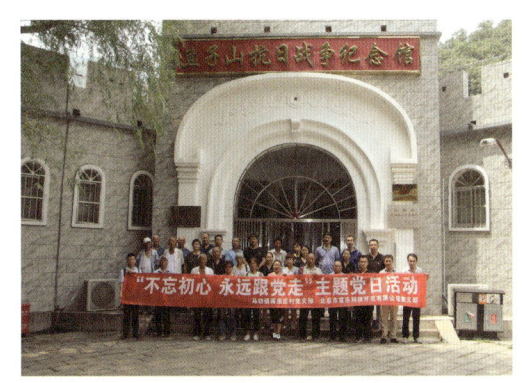

2018年、2021年，富乐党员参观抗日战争纪念馆

回望党的非凡历程，那里有无数视死如归的革命烈士，有无数忘我奉献的先进模范，有长征精神、"两弹一星"精神、抗疫精神、脱贫攻坚精神，这些宝贵精神财富中凝聚着中国共产党人艰苦奋斗、不怕牺牲、开拓进取的伟大品格。这让党员回想起自己选择这条路的初心，突然好似醍醐灌顶、甘露洒心。

我们心中有阳光，脚下有力量。如今，在中国共产党开拓进取的重大时刻，站在实现"两个一百年"奋斗目标历史交汇的关键节点上，新画卷已经徐徐铺开，等待写就。在阔步新征程的路上，我们回望来路，坚守初心、不懈奋斗。在这片广阔天地，作为富乐人，作为富乐的党员，我们要干事创业敢担当，发挥各自的岗位优势，为国家发展、强盛贡献自己的一份力量，不负青春、不负韶华、不负这个大好时代。

唱响红歌比赛，传承红色基因。2021年7月27日，富乐党支部在公司多功能厅举行红歌合唱比赛活动，隆重庆祝中国共产党成立100周年，庆祝公司党支部成立15周年，回顾党的光辉历程，讴歌党的丰功伟绩，让红色基因、革命薪火代代传承。公司7个比赛队伍共210余人参加。通过唱红歌庆祝活动，富乐人学会了团结协作、进取向上、奋斗拼搏、勇争一流，传承了红色基因。

2021年7月，富乐"庆祝建党100周年"红歌大合唱比赛

红色党建引领，发挥先锋作用。党组织各项活动的开展让党员自觉提高政治站位，提高政治修养，自觉用党员的标准来要求自己并影响身边的群众，在工作和生活中时时处处发挥先锋模范作用，吃苦在前，享乐在后，先人后己，为组织、为公司甘愿牺牲个人利益，冲锋在前，守护富乐的安全和健康。富乐党支部组建了环境建设党员志愿服务队、安全隐患排查党员先锋队、疫情防控党员志愿服务队，创造了整洁美观的工作生活环境，确保所有富乐人安全健康。2016年以来，富乐党支部先后多次开展"学雷锋、树新风、亮身份、当先锋"主题党日活动，志愿铲雪、厂区植树，清理厂区杂物，整治环境卫生；开展"防风险、除隐患、保平安、迎国庆"主题党日活动，党

员带头学安全、带头排查公司所有场所的安全隐患并督促相关部门落实整改；开展"做战疫一线红色卫士""学雷锋共战疫"主题党日活动，党员志愿服务队在一线执勤、扫码测温、发放口罩等；开展"做好垃圾分类人人有责"主题党日活动，引导厂区员工做好垃圾分类，保护环境、减少污染……

党员志愿铲雪活动　　　　　　　　　　　　安全隐患排查活动

厂区环境建设志愿活动

"做战疫红色卫士"志愿活动　　　　　　　　垃圾分类志愿活动

**激活红色基因　擦亮金色品牌**

胡志勇回忆，富乐党支部成立之后，公司结合党的指导思想和企业核心价值观进行广泛宣传教育，大家逐渐开始了解并认同党组织，很多积极分子要求进步，申请入党。不仅公司员工积极上进，员工家属对公司文化也大力支持。当年，王明轩是公司的钳工主力，在递交入党申请后公司有几批人员入党，他依然没有正式加入党组织，后来他舅舅到公司问胡志勇，王明轩没有被批准加入党组织，是不是他表现不够积极上进，达不到党员的标准？胡志勇解释说因为公司积极分子很多，党员是从优选择的，王明轩本人表现不错，组织正在考虑他。富乐员工对党组织的信任和积极追随，也影响到员工家属对党组织的认识，大家在这方面达成了共识。

有一次，胡志勇去马坊商场买东西，售货员问他是不是富乐公司的负责人，问他是怎么教育富乐员工的，说富乐的员工特别有礼貌，而且很真诚，跟别人不一样，跟富乐员工打交道很愉快。自从富乐党组织成立后，通过正确的教育和引导，激发了一种积极向上的精神力量，形成了很好的风气和氛围。富乐党支部不但建立了一个坚强的堡垒，而且带红一片，为富乐品牌增添了活力和动力。

日积月累的党建工作成效，为企业带来了订单，打造了品牌和发展平台。一位台湾客户参观完富乐公司的展厅和党建活动场地后，动情地表示："我们应该相信一个党性坚定的民营企业。"企业的 VR 视频推送出去后，国外客户表示："你们是一个值得信赖的公司，相信你们的产品和服务是一流的！"

"非公有制企业的党建工作难点很多，不是一朝一夕可以完成的，必须通过长期不断渗透再渗透逐步完成。当你肯花时间和精力真正将党建深入做下去的时候你就会发现，它对企业发展的巨大促进作用是无法计量的。现在富乐公司很多问题都可以通过党建平台解决，可谓事半功倍。"2021 年，胡志勇在富乐党支部组织生活会上说，"做企业很累，做党建更累，但是我们要坚定一个信念——永远跟党走没有错。在党建路上，富乐花了近 20 年的时间和精力，现在看来，值得！"

时间镌刻不朽，奋斗成就永恒。富乐党支部在上级党组织的大力支持和帮助下，在富乐领导人的带领和全体党员的共同努力下，高举中国特色社会主义伟大旗帜，坚持社会主义科学发展观，全面贯彻习近平新时代中国特色社会主义思想，坚持"诚信为人、追求卓越、服务顾客"的核心价值观，形成党建与企建相结合、共促进的新局面。今后，在党建文化和企业文化的相互融合下，富乐全体员工势必会产生更强大的力量，从自身岗位做起，用行动诠释共产党人的精神，践行富乐人的责任与担当，为实现骨科民族品牌"百年富乐梦"贡献力量。

## 二、情系职工促和谐　服务企业促发展

工会是以工人阶级为阶级基础的群众组织，是联系企业和员工的桥梁和纽带，是全体员工利益的代表者和维护者。工会在全面建设小康社会、构建和谐社会中，具有不可忽视的功能和作用。工会对于我们开展各项工作，组织联系群众、维护群众利益、引导服务员工等方面，具有极其重要的现实意义。

富乐创始人胡志勇非常支持和重视工会组织建设，带头弘扬社会主义法治精神，保障员工利益。自2006年8月组建以来，富乐工会充分发挥桥梁和纽带作用，通过职工代表大会维护员工合法权益，依法行使员工民主权利，打造"工会有作为、职工有贡献、企业有发展"的良好环境，促进企业与员工和谐发展，构建和谐幸福企业。

### 职工之家建起来

#### 建立工会组织　员工有了温暖的"家"

2006年8月8日，富乐工会成立大会在公司多功能厅召开，胡志勇邀请马坊镇党委副书记和马坊工会领导参加。大会正式选举产生了第一届工会主席韩文侠，工会委员9人（徐秉智、仇万裕、李洪艳、仇凤梧、姚建辰、王连红、考月岗、杨慧莉、白云生），选举员工代表30人。在第一届工会

领导班子的组织带领下，工会作为员工的正式组织，切切实实为员工服务，让在富乐工作的员工感觉到"家"一般的温暖。在富乐工会成立大会之前，公司召开了两次会议：2006年7月31日，召开工会第一次代表大会预备会议，充分讨论并提出了工会基层委员会委员候选名单（10人）；8月2日，召开富乐工会第一次代表大会，以等额选举的方式选举通过了10名工会委员候选人。其中考月岗、杨慧莉和白云生为经审委员会委员候选人。这两次会议提名并确定了新一届工会领导班子成员，为富乐工会正式成立奠定了良好基础，为工会开展工作奠基铺路。

2006年8月，富乐工会成立大会举行

### 工会规范化建设　创建模范职工之家

工会按期换届，提高履职能力和员工满意度。2006年第一届、2009年第二届、2012年第三届、2015年第四届、2018年第五届、2021年第六届工会委员会均按期换届并补充职工代表成员。2018年以来，公司通过工会组织规范化建设，健全非公企业工会组织体系、工作制度，促进工会作用正常发挥。富乐工会积极开展各种活动，不断学习新思想、新理论，发挥工会干部的带头作用，服务员工，提高履职能力，同时提高员工对富乐工会的满意度。

加强工会队伍建设，调动积极性。富乐不断加强工会干部队伍建设，调动工会干部的积极性和创造性。严格按照《工会法》和《企业工会工作条例》规定，发展工会积极分子和兼职工会干部队伍，建立了一支富有生机活力的"专兼"相结合的工会干部队伍。

规范工会建设，增强凝聚力。自2018年第五届工会委员会换届以来，富乐工会结合公司实际情况，贴近员工所思所想、精神文化需求和生产生活保障等，有针对性地开展工作，把研发创新、技术革新、学习型组织活动、创建和谐劳动关系、为职工排忧解难、做好事实事等列入工会工作内容，以员工认可和满意为考核工作成效的重要标准，增强工会组织的凝聚力和吸引力。

**工会趣事——富乐创始人英国享礼遇受尊重**

2007年11月，原国药局和北京市药监局联合举行一次出国考察，胡志勇和药监局领导一起乘坐飞机到英国利兹市出差，考察城市市场和国际贸易协会。考察中有一次招待会，胡志勇被安排坐在利兹市市长和国际贸易协会主席两个人中间。他对于招待会座席的安排很不解，如此优待让他很意外，便悄悄问原国药局的人员为什么如此安排。原来是因为富乐工会建设开始得很早，并且很正规，国际上很重视工会组织及其建设，网络上关于富乐工会组织建设的信息传播至英国，富乐工会在国际上也"小有名气"！国内民营企业在当时对工会的认识还很浅薄，但是富乐却建立起自己的工会，不仅在国内而且在国际上都走在前列。

11月18日，考察团在英国利兹一个西餐厅举行宴会，当天正巧是胡志勇65岁生日，就餐期间灯光突然熄灭了，餐厅的工作人员边推着餐车边唱着生日歌向他走来，一个巨大的生日蛋糕出现在胡志勇眼前，这让他感到非常惊喜和意外！胡志勇至今记忆犹新：自己从没有举行过隆重的生日宴，因为富乐建立工会组织，宴会座席他被安排在利兹市市长和国际贸易协会主席中间，后来又被安排在英国利兹市过一次这样别致的生日，简直太感动、太幸福了！

## 员工权益护起来

**建立健全制度机制　维护员工合法权益**

建立健全非公企业工会维权机制，维护员工合法权益。维护员工的合法权益是工会的基本职责。富乐工会建立了企业劳动争议调解委员会，坚持"基层为主、调解为主、预防为主"的原则，把劳动争议问题解决在一线和初期，平时密切联系员工，听取和反映员工的意见和要求，主动关心员工生活，帮助员工解决困难，全心全意为员工服务。

建立健全平等协商机制，保障员工的劳动权益。富乐工会通过工会委员会和员工代表大会，根据《劳动法》和《工会法》等有关法律法规调整劳动关系，建立健全平等协商、集体合同制度，保障员工的劳动保护、安全、工资、休息休假等各项劳动权益。2008年起，每三年签订一次集体合同、每年签订一次工资集体协商协议书，每年签订一次女工特殊权益保护专项合同。

富乐工会召开员工代表大会

富乐工会在维护员工合法权益时，兼顾企业方和职工方利益，坚持把员工利益和公司长远稳定发展作为工作的出发点和落脚点，协助公司构建了一套具有市场竞争力的薪酬福利制度，而且坚持企业发展与薪酬福利同步提高的原则。现在，富乐员工的各项福利均高出国家法律规定，例如：为员工缴纳五险一金，提供带薪休假；享受生日餐、结婚礼金、节日慰问品；为员工办理"京卡互助卡"等，在这些措施保障下，员工稳定度和敬业度均位于行业、地区前列，更好地促进了公司的经营发展。

**民主管理　民主监督　员工依法行使民主权利**

建立健全民主管理机制，保障员工的民主政治权利。一是工会通过员工代表大会和工会委员会的形式，组织员工参加本单位的民主决策、民主管理和民主监督，保障员工依法行使民主权利。2008年1月《劳动合同法》实施后，胡志勇主动与工会组织沟通，召开员工大会，宣讲实施《劳动合同法》和签订劳动合同的必要性，员工劳动合同签订率达95%以上。二是开展主题论坛，让员工参与管理。2008年10月，富乐工会在全公司开展主题为"富乐怎样才能突破瓶颈快速发展"的论坛，号召广大员工发表个人意见，提高认识，增强在公司工作的自信心，在公司内部广泛达成共识；使公司的管理细化、规范化、科学化；通过发表意见，对员工进行培训，提升员工参与管理的水平。三是推行"六公开"，即涉及职工切身利益的法律法规和政策要公开；涉及职工合法权益的重要规章制度要公开；涉及职工养老、失业、医疗、工伤、生育的社会保险缴纳情况要公开；涉及劳动安全保护的情况要公开；集体合同及工资集体协商的签订、续签和履行情况要公开；涉及辞退和处分职工的情况和理由要公开。2011年3月，公司《员工手册》《员工带薪年假规定》和《劳动合同书》新版本经员工代表大会审议通过后执行。自2008年《劳动合同法》实施、公司签订集体合同以来，员工劳动纪律明显好转，再没有出现过停工、怠工事件。

建立健全劳动保护监督机制，保障员工的生命健康权。公司每年为员工提供免费体检福利，每年为一线生产人员提供职业健康体检福利，做到提前预防和控制疾病，保证员工身体健康。2021年5月，富乐工会在"我为员工办实事"实践活动中，以保障员工身体健康为出发点，主动倾听员工心声，了解员工实际需求，经过前期民主调查、民主搜集意见，针对员工普遍反映的热水器水垢多、清除水垢后饮用水有异味、上班高峰期接打热水排长队，甚至有部分人员喝不上热水等问题，建议公司更换热水器，让员工饮用纯净水。工会积极响应员工诉求，通过召开委员会议商讨、现场查看、制定更换方案、报送领导审批、采购等环节，5月底就为办公楼和生产车间换装安吉尔净化热水器6台。此次活动完全解决了公司员工的饮水难题，让员工都能喝上纯净水，并且所有人都能快速高效打完水。还有一个便利之处就是新热水器有开水和常温水两种功能，有些员工忙于工作经常口干舌燥，却因水温太高而无法解渴的难题也得到彻底解决，员工饮水有了更好的保障。

## 技术创新搞起来

### 关注员工职业发展　　大力提升技能水平

公司发展过程中需要各种各样的人才，技能人才是生产的核心主力。从2013年开始，北京市总工会推出本市在职员工职业发展助推计划，大力弘扬工匠精神，鼓励在职技术工人考取高级工、技师和高级技师，最高给予每人补贴2000元。胡志勇鼓励技术工人积极参与职业助推计划，提高技艺水平。

公司领导白云生为技术工人颁发技能补贴

工会积极落实胡志勇的指示精神，给技术工人及时宣传助推计划，指导其报考技能资格，帮助其申请助推补贴。2014—2016年，公司有30余名技术工人取得技师、高级工职业资格并成功申请助推补贴资金。

### 创新＋革新　　助力实现"两低两高"

建立创新＋革新奖励机制，激发创新活力。富乐工会积极支持公司的各项创新活动，号召员工立足岗位练好本领，集中精力做好研发创新、技术革新。要勇于尝试新方法、新思路，改变原有模式，进行工艺革新和创新。2013年以来，公司每年奖励的工艺技术革新人员都很多，奖励采用通知公告和发放创新奖金相结合的方式，奖金金额根据革新所产生的经济效益和节约的成本来确定，单项奖励金额高达5000元。创新奖励机制更好地激发了员工的创新主动性和积极性，实现了降低成本、节约时间，提高质量、提高效率的目标。

征集创新合理化建议，增添创新动力。除了在公司内部鼓励并奖励工艺技术创新外，从 2017 年起，富乐工会积极响应上级工会征集合理化建议的号召，每年年底上报当年公司内产生较大经济效益和影响力的创新、革新以及合理化建议，累计 5 人获得奖金，有 4 人已在公司领过创新奖金，他们的一个创新项目受到公司和上级工会的双重奖励。这使得创新项目的影响力由富乐公司扩大到平谷区，借此政策东风，富乐的生产技术人员在工作中创新意识大大增强，行动力也随之增强，为公司创新活动的开展注入源源不断的动力。

**搭建创新平台　加速创新成果转化**

创新是企业的灵魂。富乐公司创新工作的开展立足于关键技术的研发攻关和创新资源的挖掘，加速推进技术创新成果的转化应用。2015 年，公司建立了胡桓宇创新工作室；2017 年，公司成立科学技术协会。胡桓宇创新工作室和科学技术协会作为富乐的创新平台，吸引了一大批科技人员加入。2017 年，黄锡艺、徐秉智荣获第 23 届北京"优秀青年工程师"荣誉称号；2020 年，樊国平荣获平谷区第一届"优秀工匠"荣誉称号。这些创新荣誉的获得，凝聚了公司科技人员的日夜辛苦钻研和不懈奋斗。

## 活动平台搭起来

**搭建学习平台　提高员工职业素质**

胡志勇注重企业组织的持续学习进步，在公司内开设"一室一刊一会"学习平台，即图书室、《向日葵》内刊、工作日晨会。

建立图书室。2006 年，胡志勇在公司设立图书室，目前富乐图书室藏书近万册，包括业务类、管理类、文化类等书籍，每日下班后开放，由志愿者值班，为读书爱好者提供图书借阅服务。图书室建成后，胡志勇带领管理人员集中学习，学习管理知识、专业知识、政治理论等，普通员工也在他们的带领下掀起了业余时间学习的热潮。

创立《向日葵》内刊。2008年4月26日，富乐公司内刊《向日葵》第一期出刊，由公司工会读书会主办，每月一期，每期两版。这天也是富乐成立14周年的日子，公司创始人胡志勇为《向日葵》创刊题词并祝贺："4月23日是'世界读书日'，读一本好书，是人一生的财富。富乐公司读书会主办的《向日葵》第一期出刊了，我向同志们表示祝贺。"

题词：富乐春光明媚，杏花桃花百花开，万紫千红迎春来。在这美好的家园里，工作之余能读本书，真是神仙的享受。书中有修养，让我们懂得道德的高尚；书中有技能，教我们聪明地去创新；书中的失败让我们在困难面前不灰心；书中的成功告诫我们在成绩面前不能迷失自我……书永远是我们的朋友，书是我们的好老师。让我们每天挤出一点时间投入书的怀抱，点点积累，汇成知识的海洋。上天揽月我能，下海捉鳖我行。希望富乐的同志们行动起来，奔向自己理想的目标。我们和富乐公司一起成长，《向日葵》和我们一起成长，让我们都来一起参与，一起追求，一起快乐。

自创刊以来，《向日葵》结合公司经营实际，在全员范围内开展宣传活动。一是办特刊。2010年3月安全月特刊、2010年11月节约反浪费特刊、2019年安全专刊、2020年疫情防控专刊、2021年垃圾分类专刊和建党百年专刊等，不仅为员工提供了交流学习平台，还促进了公司活动顺利开展。二是改版面。2010年6月改版，改为每季度一版，设有向日葵、行业聚焦、实事生活、富乐园地/畅谈富乐4个版块。其中，向日葵版块侧重公司动态、员工心声倾诉、管理人员经验交流等；行业聚焦版块主要关注行业内重大创新和变革、新产品信息等；实事生活版块关注国家时事政治、生活热点话题等；畅谈富乐版块主要关注的是各部门员工的动态消息、发展变化等。三是获认可。2009年12月22日，北京市工商业联合会开展了2009年度优秀内报内刊表彰会，会议提出，非公有制会员企业在发展经济的同时，要高度重视企业文化建设，许多会员企业通过内报内刊提升企业管理，传播企业文化，扩大品牌影响，树立企业形象，构建员工精神文化家园。内报内刊是企业文化的重要载体，起到了沟通内外的作用。《向日葵》内刊，虽然在众多优秀的内报内刊中略显单薄，但在创办初期就得到了北京市和平谷区工商业联合会的肯定，鼓励富乐以更大的热情和动力将《向日葵》办好办大，真正发挥企业内刊的价值——在企业管理者与员工之间、企业与社会之间架起一座沟通的桥梁。富乐公司内刊《向日葵》多次荣获非公企业内刊鼓励奖、优秀奖。四是送寄语。2011年5月，时任公司总经理赵红芸为新版《向日葵》送寄语：企业是一本书，企业刊物如同这本书的封面；企业刊物的每一篇文章均在折射着企业精神世界的光芒。"路漫漫其修远兮，吾将上下而求索"，希望把《向日葵》办好办实，使其真正成为企业的窗口，见证企业建设发展史上辉煌的每一页。

打造特色晨会。2011年4月，在公司成立17周年之际，富乐建立了每日晨会制度，主要分享公司重大决策、时事政治、行业最新前沿动态、工作生活案例等。晨会中重要的是每日一读，主持人由全员轮流担任。通过推行晨会制度，使员工认识到企业就是一个团队，只有增强团队合作，企业才能更好、更快地发展。特色晨会推行一个月时，公司内刊《向日葵》于2011年5月在总第25期以《晨会文化　带企业走向成功之道》为题进行了报道。

通过搭建学习平台，开展各种文化学习活动，员工学习能力、职业素质得到提升，对企业的了解也逐步加深，员工更加热爱公司，生产力提升，企业更有发展活力了。

**搭建互助平台　增强员工归属感**

为员工排忧解难，做好事实事。富乐工会着力解决员工关心的难点问题，开展帮扶活动，为群众办实事、办好事。公司员工遇到特殊情况时，工会总会尽最大能力帮他们渡过难关。2014年，公司一名外省籍员工妻子难产、初生女儿命悬一线，工会及时组织员工为其妻子献血，胡志勇向他们提供经济支持，挽救了一家人。"富乐公司、工会给了我们全家人第二次生命，我无以为报，唯有努力工作报答胡工、工会和富乐人对我们的无私奉献。"这位接受帮扶的员工动情地说。2015年，公司一名女员工的丈夫因意外事故离世，其女儿当时也患病，这名员工精神和经济上都面临巨大压力，工会采取心理疏导和登门慰问的方式，给其送去慰问金、慰问品，帮她走出困境，度过人生的至暗时光。2014—2017年，公司工会每年都会到身体有残疾、家属患病、家庭贫困的困难员工家里走访慰问，表达对员工及其家属的

关怀。2015年以来，工会增添了一项慰问生病员工的服务工作，工会领导与部门领导入户慰问，送去牛奶、水果等营养品，帮助其尽快恢复健康回归岗位……富乐工会的一系列关爱帮扶活动给患病、有困难的员工带来极大的心理安慰，他们感到在富乐工作内心踏实又温暖，归属感越来越强。他们说无论工作任务多么艰巨，都要战胜困难，全身心投入本职岗位工作中。

工会慰问帮扶困难职工

### 搭建文娱平台　提升员工精神面貌

举办各种文娱活动，激发员工的自觉性和主动性。富乐工会全年的活动基本是和各种节日密切相关的，从元旦开始安排新年联欢会（后来称为年会）、元宵节的品元宵猜灯谜活动、三八国际妇女节的茶话会活动、春游活动、春季运动会，到夏季送清凉活动、夏季旅游消暑活动、中秋节发放月饼、迎国庆活动，再到年底发放迎新春大礼包。还会结合企业需要开展安全知识竞赛、安全隐患排查及志愿服务活动。工会既参与企业的经营活动，又独

2015年3月，工会组织元宵节活动

2018年，工会组织三八国际妇女节活动

第七章　组织建设

2019年1月，工会发放春节大礼包

立自主开展工作。因此，工会要紧密围绕中心任务，在构建和谐劳动关系的实践工作中发挥优势、有所作为。富乐的企业文化是以人为本，以文化为手段，以激发员工的自觉性和主动性为目的，为企业发展壮大提供最强大的内动力。

**搭建健身平台　强健员工体魄**

考虑到员工身体"亚健康"状况普遍、工作生活压力大等实际情况，为了让员工有一个健康的体魄，更好地工作和享受更高品质的生活，从2021年11月开始，富乐工会在公司内建设一个200平方米的健身中心，内部设有瑜伽室、乒乓球室、4台跑步机、划船机、力量训练器械等。健身中心对公司所有员工开放，为员工提供了一个强身健体、锻炼筋骨的最佳场所。员工在下班后或者休息日可以到健身中心锻炼身体，做一些娱乐活动。公司以人为本的理念已经深入人心，工会为员工做了很多实实在在的事情，员工也更加热爱公司，因此形成了"双热爱"的关系：企业是热爱员工的企业，员工是热爱企业的员工。在此基础上建立的关系是牢不可破的，所以富乐生产力能持续上升。

通过开展各种文化和娱乐活动，工会凝聚人心，团结力量，使员工认同企业、企业依靠员工，企业与员工统一步调、共同发展。

2021年新建成的富乐员工健身中心

## 和谐企业建起来

### 践行北京精神和企业核心价值观　创建和谐幸福企业

2011年11月，北京市公布北京精神为：爱国、创新、包容、厚德。这是对首都人民长期发展和建设实践过程中所形成的精神财富的概括和总结，体现了社会主义核心价值体系的要求，体现了首都历史文化的特征，体现了首都人民的精神文化需求。2012年，富乐工会在公司内开展了"践行北京精神，创建和谐幸福企业"的主题活动。胡志勇将"爱国、创新、包容、厚德"的北京精神与"诚信为人、追求卓越、服务顾客"的企业核心价值观融为一体，组织全体员工认真学习北京精神，积极宣传北京精神，引领员工将北京精神落实到工作生活中，充分发挥北京精神的凝聚和引领作用。工会组织全体员工对北京精神进行专题学习和讨论，认真领会北京精神的意义和内涵；通过公司内刊《向日葵》、公司网站宣传北京精神和企业核心价值观，将企业文化和北京精神相互融合，丰富了员工的精神文化生活，增强了员工的凝聚力和企业的向心力。

企业持续健康发展就是"爱国"。通过开展"项目攻关""我为企业献计献策""争做企业创新的推动者"等活动，利用谈心、座谈、员工代表大会等方式介绍企业的发展方向及当前生产经营中的突出问题，引领广大员工充分发挥集体智慧，解决企业生产经营中的重大问题。

不断提升企业核心竞争力就是"创新"。通过组织学习、培训、制定奖励措施、建立健全各项学习培训制度、定期开展教育培训等，员工综合素质明显提高，有力促进企业健康发展和经济效益不断提高。

建立和谐的企业文化就是"包容"。积极营造具有富乐特色的企业文化，以黑板报、运动会、厂刊厂报等形式，加强企业精神文明建设。通过意见箱、邮箱等形式，为员工提供多种信息交流平台，及时解决员工所关心的突出问题。

关爱员工、奉献社会就是"厚德"。坚持以人为本，关心员工生产生活的各个方面。举办全体员工聚餐活动，号召员工参加献爱心送温暖捐款活动，积极参与各项社会公益事业。富乐与大华山镇李家峪村结对帮扶，为村里 80 岁以上老人送慰问品、为村老年活动中心送慰问金。

富乐核心价值观影响深远。自 2007 年 8 月富乐核心价值观形成以来，胡志勇多次在公司内部开展教育培训学习和宣讲，"诚信为人、追求卓越、服务顾客"的企业核心价值观已经深入每位富乐人的心里，并且对大家的思想和行为产生了重大影响，内化于心，外化于行。2016 年公司订单量骤增、2020—2022 年遭遇新冠肺炎疫情，员工急公司所急，克服困难，加班加点完成任务，与公司共渡难关。

通过学习和践行北京精神、富乐核心价值观，全体员工思想政治素质和觉悟都明显提升，员工自身价值得到充分体现，企业与员工共促发展。

**暖心驿站和暖心活动　给员工一个温馨的"家"**

设置暖心驿站。2018 年，富乐工会在马坊工业园区工会的指导下在公司内部设置了暖心驿站，重点解决员工休息、饮水、饭菜加热等实际问题。

工会充分利用公司原有资源，设置桌椅板凳、床铺、空调、饮水机、微波炉、雨伞、医药箱、针线盒等物品。利用平谷区总工会"暖心驿站"统一标识，统一配发物品，统一管理，使暖心驿站发挥最大作用。2019 年，为了进一步做好员工服务工作，富乐工会又在办公楼设置一处母婴休息室，主要为怀孕或者哺乳期女员工提供便利，她们可以在母婴休息室小憩、为孩子吸装母乳等……工会切实把温暖送到每位员工心里，更好地为员工服务，做好员工的保障工作，从而为公司发展增加动力源泉。

组织京外员工开展共度暖心"幸福年"活动。受新冠肺炎疫情影响，外地员工留守公司，不能与家人团聚。2021 年 1 月，富乐工会针对新冠疫情相关话题召开一事一议专项集体协商会，主题为"抗疫防疫期间关爱京外劳动者，不便回家就地过年"，安排京外员工在富乐过年，一起包饺子、吃团圆饭，并为他们发放牛奶、水果、食品等。

"独在异乡为异客，每逢佳节倍思亲"。员工虽不能与家人团聚，但他们并不孤单。2021 年、2022 年受新冠肺炎疫情影响，一些员工无法回老家过年，公司连续两年精心安排了丰盛的年夜饭和精彩的迎新年包饺子、写春联

富乐暖心驿站

2022年,留京过年的员工写春联送祝福

送祝福活动。一位留京过年的员工说:"我们深深感受到新年来临的喜庆氛围,大红灯笼高高挂,吉祥对联门上贴,红红火火'福'来到,团结一心的富乐人拥有'不给国家添乱'的高度责任感和思想觉悟,积极响应党和国家的号召就地过年。富乐是一个有温度的大家庭,富乐也是最有人情味儿的企业。牛年牛精神、虎年虎威力,在这样合家团圆的日子里,有各位领导和同事的陪伴,我们不觉得孤单,反而幸福感爆棚!党支部书记、工会主席花海珍精心筹划'我们在富乐一起过大年'活动;公司领导专程赶来公司和大家一起庆祝新年……他们辛苦付出只为了给富乐留京人员一个幸福年。"

2021年春节，董事长胡桓宇和留京员工一起在富乐过年

**创建和谐劳动关系  荣获和谐企业多项荣誉**

富乐工会在多年工作实践中，以服务员工为宗旨，以员工满意为目标，在适应公司发展和经济能力范围内开展各项工作，保证员工利益和公司利益相协调，维护员工利益的同时兼顾公司发展。公司逐年壮大，员工薪酬福利稳步增长，公司和员工和谐发展，构建了和谐的劳动关系。自富乐工会成立以来，公司获得多项荣誉：2007年、2008年获北京市和谐劳动关系单位；2009年获北京市模范职工之家；2011年再获北京市和谐劳动关系单位；

2013年获北京市工资集体协商工作先进单位；2013年、2019年获北京市构建和谐劳动关系先进单位；2019年获全国模范劳动关系和谐企业。

  工会组织建设，必须适应企业生产和经济发展水平，贯彻民主集中制原则，完善科学民主决策制度，建立健全科学民主、高效务实的决策机制。工会工作要求真务实，脚踏实地，切实做到"履行基本职责，真情奉献员工"。以创新求发展，以帮扶促稳定，以维权和谐为工作切入点，最大限度地发挥工会的职能作用，推动富乐科技各项工作不断向前。

# 第八章
## 心怀大爱　勇担社会责任

富乐栉风沐雨30年，不仅创造了宝贵的社会财富，而且创造了极大的精神财富。在自身发展的同时积极履行社会责任，践行民营企业的使命担当，用爱心、诚心和善心帮助许多受灾群众、疾病患者和贫困人群摆脱困境，为建设幸福中国贡献了一份微薄力量。

成功的企业家不仅会经营企业创造利润，还会在企业发展过程中积极承担社会责任，履行对员工、客户、环境及社会等利益相关方的责任。对胡志勇来说，创办富乐科技既是一次商业上的冒险，也是自我价值实现的过程。因此，如何研发制造出更多骨科产品，帮助骨病患者解除病痛，甚至重获新生，提升他们的生活品质，是他一直思考的最重要命题之一。同时，他将承担社会责任作为公司核心业务经营运作至关重要的一部分，在公益事业和社会责任方面勇于付出，希望富乐能成为一家"受尊敬的公司"。

富乐虽算不上规模很大的企业，但在创始人胡志勇的引领下，用爱心、诚心和善心帮助许多受灾群众、疾病患者和贫困人群摆脱困境，为幸福中国贡献了一份微薄力量，创造了宝贵的社会财富和精神财富。在带领富乐走过的30年历程中，创始人胡志勇充分把握企业经济责任、社会责任和环境责任的动态平衡，使富乐公司获得利益相关各方的认可，在社会上树立了富乐良好的品牌形象。

## 一、兼顾利益相关方的权益

充分保障员工的各项权益。富乐科技自成立以来，积极履行对员工的责任和义务，保障员工的各项权益。1994年至今，累计安置就业人数千余人，为全国各地，尤其是北京和河北周边就业者、残疾人及大中专、硕士、博士应届生提供多个就业岗位。劳动合同签订率100%，为员工缴纳五险一金，社会保险参保率100%，企业持续稳定发展；工资支付率100%，员工收入持续增长，年平均增长率为8%~10%；每年组织全体员工体检，体检率达100%；员工享受法定带薪年休假率100%，保障员工权益满意度达96%以上；员工安全事故伤亡率低于0.3%；正式员工加入工会的比例达100%。富乐最大限度为员工谋取更好的福利待遇，注重员工身体和心理健康，让员工个人和家庭的幸福都有了保障。

始终诚信守法经营。富乐一直致力于打造骨科植入医疗器械民族品牌，坚持自主研发，持续稳定发展。在生产经营过程中，富乐坚持"诚信为人，追求卓越，服务顾客"的企业核心价值观，始终遵守法律法规，遵守社会公德、商业道德，接受政府和社会公众的监督，坚持以诚为信，以人为本，合法合规经营；法定代表人年年保持良好信用，公司连续多年的信誉等级都是AAA级别；按期足额纳税，严守信用，履行各类业务合同，保持与客户的良好关系，公司与客户的业务合同履约率100%，公司成立以来从未发生违约的情形。

坚持节约社会资源和能源。富乐提倡绿色环保，环保重点任务完成情况良好，公司践行节约资源能源，包括水资源、电资源、生产原材料及辅料等，多次在公司内开展"厉行节约，反对浪费"主题活动。

## 二、积极参与社会公益事业

作为非公企业，富乐科技在自身发展壮大的同时，没有忘记回报社会，积极主动并经常性地参与捐赠、救助等社会公益活动，不断为灾区和贫困地区捐款捐物，奉献爱心，支持和推进慈善公益事业的发展。

在创始人胡志勇的带领下，富乐科技在参与社会公益事业方面经历了三个阶段：2008年，汶川大地震捐助救灾物资是富乐承担企业社会责任的初期萌发阶段；自此，胡志勇把承担社会责任提升到企业发展的战略层面，将开展的各项社会责任活动同救灾减灾、扶贫扶弱、扶危济困等结合起来；2016年以来，国家对非公企业履行社会责任越来越重视，北京市委社会工委、首都经济贸易大学、北京新经济组织发展研究院和千龙网共同编撰《北京非公有制企业社会责任报告》2017年、2018年蓝皮书，书中既科学分析评估了北京非公企业履行社会责任的现状，又展示了履行社会责任的榜样风采，富乐科技成为榜样之一，标志着富乐科技承担社会责任进入快速发展阶段；2020年抗击新冠肺炎疫情、脱贫攻坚战以来，富乐科技主动承担企业社会责任走向成熟阶段。

2023年1月，法规部李洪艳这样讲述了自己的心声：

自创立富乐科技以来，胡工一直把回馈社会，让员工获得幸福作为初心。这么多年过去了，胡工手里的接力棒交给了胡总，胡总带领我们攀登上了更高的山峰，他们用实际行动让我们员工感受到了言出必行是什么样的，他们真的做到了。我觉得这很了不起，也非常不容易。在国内外形势如此复杂的情况下，市场竞争如此激烈，胡总一心想着如何承担起社会责任，如何让更多的患者使用到物美价廉的产品，如何让富乐人的幸福感更高，这不是一般人能做到的，也许这就是企业家的样子。感恩胡工、高老师、胡总、赵总，感恩富乐这个平台，没有富乐就没有我的今天。感谢公司为我们创造了这样一个良好的生活和工作环境。有一次，有人问我这么拼命地工作是为了什么？我说我就是这样的人，要么不做，要做就全力以赴，我深知唯有全身心地投入工作，方能回报胡工、胡总一二。我做的一切不只是为了获得报酬，更多的是为了践行自己的责任。我们富乐公司不只是追求利润、规模，还关心人、教育人、塑造人；我们帮助了社会上的很多人，为无数的家庭带来了希望和未来。不只是支付给员工报酬，也关怀员工的心灵和情感。我们的员工是快乐的、愉悦的、幸福的。企业是我们的家园，从 2006 年我有幸成为公司的一员起，我就与公司息息相关、密不可分了，公司的前程决定我的前程，公司的命运决定我的命运。因此，企业面临严峻考验，我们必须团结一心，增强企业凝聚力，坚守自己岗位，为共同的家园——富乐公司做出应有的贡献。

——法规部　李洪艳

## 抗击大灾大难　彰显大爱大美

### 抗震救灾　关键时刻富乐显身手

天灾无情人有情，冰冷的外固定架有了"温度"。2008 年 5 月 12 日，历史永远铭记这个日子，14 时 28 分 4 秒四川汶川发生 8.0 级大地震，烈度为 11 度，这是中国 1949 年以来破坏性最强、波及范围最大的一次地震。天灾骤降，举国悲痛，中华民族陷入一片悲伤。大难中显大爱，在灾难面前，党中央马上行动，号召指挥全国进行一场抗震救灾运动。灾区伤亡惨重，急需救助，原总后勤部给胡志勇打来电话："刚组建的应急医疗队要带着外固定架前往灾区，为骨折人员安排手术。"得知这个情况，胡志勇心急如焚："每一个生命都值得我们全力以赴！我们一定要伸出援助之手，帮助灾区人民渡

第八章 心怀大爱 勇担社会责任

过难关！全公司要上下一心，灾区骨折人员的需求就是命令，以灾区为第一要务。"他是这样说的，更是这样做的。

2008年5月12日至5月28日期间，在胡志勇的紧急部署下，富乐通过捐款及捐助自产的医疗器械，对地震灾区展开公益救助活动。

5月12日，第一时间向平谷区非公企业党组织捐助10万元现金给汶川地震灾区。

5月13日，胡志勇紧急联系四川区域销售经理和经销商，盘点外固定架和救伤物资库存量，由经销商转捐给原成都军区总院10多万元的外固定架产品；因库存不足，又安排销售总监在全国进行调货补充，同一天从北京发出10多万元的货到原成都军区总院。

5月14日，给解放军总医院（304医院）、原北京军区总医院、306医院医疗队配置骨科医疗器械，一天内专车往返3趟到北京运送救灾物资，共捐助46万元外固定架产品；公司库房所有的外固定架一扫而空，甚至做展品用的骨骼模型上的外固定架都拆下来支援医疗队了。

5月14日，因灾区所需外固定架器械产品处于无货状态，胡志勇在生产部召开动员会，动员生产一线员工加班加点生产外固定架和骨圆针，继续提供给灾区。

5月19日，组织公司全体员工为灾区捐款。首先全体默哀1分钟，接着降半旗哀悼在地震中遇难的同胞，最后全员捐款，共计捐款22063元。同一天，公司捐50万元物资送给北京红十字会。

2008年5月，富乐员工为汶川灾区捐款捐物

骨科物资紧缺，全员加班加点赶制救灾物资。胡志勇一直心系灾区，当他从媒体报道中得知，汶川地震中的伤员80%受的都是骨伤时，他很焦急。"我们是骨科行业，公司产品是灾区急需的物资，可是我们没有货物！北京市药监局、原总后勤部、中华医师协会、304医院等单位相继给我来电，向我们提出物资需求，但是我拿不出来灾区急需的救命物资。"这让他很愧疚！

5月21日，胡志勇召开紧急动员会，同各部门负责人和生产班长、党员、工会委员、团支委一起了解全国抗震救灾形势，大家感到形势远比想象的严峻得多！胡志勇指出，大战当前，应该尽自己的职责，要以实际行动带头并动员周围的同志共同投入抗震救灾的战斗！

胡志勇向全体员工发出号召："为了协助政府抗震救灾，减轻地震给灾区人民群众的生命财产造成的损失，帮助灾区人民渡过难关，我们要迅速行动起来，履行我们救死扶伤的天职；发扬人道主义精神，奉献爱心。"

在胡志勇的号召下，5月21日至5月27日，全体员工放弃休息时间，奋战在生产一线……

为了灾区受伤的同胞，富乐争分夺秒与时间赛跑，与生命赛跑。5月28日，在中国医师协会的推荐和指导下，胡志勇派公司总经理胡桓宇、销售经理邬俊杰携带16.4万元的外固定架和骨科器械跨越1700余千米奔赴灾区。总经理胡桓宇还亲自到原成都军区总医院慰问解放军总医院一分院的救灾医疗队员，这让冰冷的外固定架也因此而有了"温度"，它承载了胡志勇和富乐人太多的期望和汗水。

5月28日，《京郊日报》第6289期头版头条刊登《平谷自主科研成果灾区显身手》一文，专题报道富乐科技在此次地震期间的捐赠情况。富乐人主动有为，用实际行动诠释了科学救灾，贡献了一份专业力量。

2008年5月，胡桓宇慰问原成都军区总医院

## 第八章　心怀大爱　勇担社会责任

《京郊日报》的报道文章

富乐倾尽全力抗震救灾！在抗震救灾的十多个昼夜，富乐科技全体员工不眠不休，充分体现出公司高度的社会责任感和担当。地震灾害发生后，胡志勇高度重视，积极响应，行动迅速，组织员工马上备货，倾全力救灾。灾区同胞牵动着富乐人的心，全公司上下时刻关注灾区所需物资，在库存很少的情况下，将展品和经销商的库存搜集起来捐给灾区。富乐科技上下团结一致，秉持"紧而有序、忙而不乱、层层把关、确保质量"的抢产方针，加班加点赶制外固定架产品，为了救助受灾民众，不顾疲劳，舍小家顾大家，弘扬了"一方有难，八方支援"的中华民族传统美德，用他们的实际行动诠释了富乐人的无私大爱和人格魅力。富乐虽小，但他们倾尽全力，在 2008 年 5 月 12 日至 5 月 28 日为汶川地震灾区累计捐款捐物 150 余万元。除公司捐赠款物外，党员带头为灾区捐款，共交纳特殊党费 2750 元，普通员工也慷慨解囊，向灾区捐款，积极救助灾区人民。

危急时刻不考虑回报和索取，只有奉献和支援，这就是可歌可泣的富乐精神。在这次救灾行动中，全体富乐人展现了"国家有难、匹夫有责"的担当，充分展示了对祖国同胞的真挚情感，发扬了团结一致、全力以赴的合作精神和民族精神。这些品质渗透到富乐人的骨髓里，一直激励富乐人为振兴民族骨科事业不懈奋斗，追求不止。

2008 年 6 月 4 日，平谷区委书记、副区长和马坊镇党委书记、镇长等领导来富乐科技慰问走访，表示富乐在抗震救灾中的突出表现给平谷区带来了荣耀；2008年7月，富乐科技收到四川卫生厅的感谢信，感谢富乐为灾区群众所做的奉献和付出；2008年12月，富乐科技荣获北京市工商业联合会颁发的"抗震救灾爱心奉献奖"。

富乐捐助灾区所获荣誉及感谢信（部分）

除了捐助汶川地震灾区，富乐科技还多次向其他地震和海啸灾区捐款捐物累计近250万元：2005年为印度尼西亚海啸灾区捐赠款物；2009年全体员工向四川汶川灾区儿童捐赠爱心包裹94份，并获得中国扶贫基金会的捐赠荣誉证书；2010年为玉树地震原总后勤部灾区医疗队配置WEF系列轻型外固定架、骨针及配套器械，市场价格达20余万元；2010年富乐科技及全

第八章 心怀大爱 勇担社会责任

体员工为玉树灾区捐款达 10 余万元；2013 年为捐助雅安地震灾区，紧急组织生产，加班加点，集中调配所有资源、人力，不惜一切代价保证灾区医疗器械的供应，为灾区医疗队配置 WEF 轻型外固定架、骨针等配套器械，市场价格达 63 万余元，通过北京市平谷区私营个体经济协会马坊分会为四川雅安地震灾区捐款 5000 元，并组织员工捐款。在多次抗震救灾捐助活动中，胡志勇以实际行动支持抗震救灾，为灾区民众分忧解难，真正彰显了企业家的责任和担当，带领富乐树立了良好的社会形象。

**抗击疫情　富乐共克时艰**

2020 年春节，人们似乎度过了一个最漫长的假期，新冠肺炎疫情来势汹汹，人们惶恐不安。在这样不平凡的一年里，有这样不平凡的一群人，他们拥有一个共同的名字——民营企业家。在这人心惶惶的时刻，富乐董事长胡桓宇镇定如常，作为企业的第一领导人他一定要从容坦荡，不能自乱阵脚。

为红十字会捐赠定向防疫资金。2020 年新春伊始，富乐董事长胡桓宇刚要和家人团聚过年，得知新冠肺炎疫情消息后，他立即放弃了与亲人团聚，投入了抗疫的战斗。富乐入驻平谷区近 20 年，疫情当前，他首先想到要保一方平安，为平谷大众做一些力所能及的事情。2 月 3 日，本来是春节后富乐复工的日子，胡桓宇接到延迟复工的消息后还是来到了公司，他要做一些捐赠慰问的工作。当天下起了大雪，天气严寒，胡桓宇冒着风雪给平谷区红十字会送去 10 万元支票，作为平谷区疫情防控定向捐赠资金。

慰问平谷区各个乡镇，亲自参与疫情防控。2020 年 2 月 9 日，富乐董事长胡桓宇分别到黄松峪乡人民政府、南独乐河镇人民政府、马坊镇政府、马坊镇蒋里庄村等慰问，为村民捐赠牛奶、方

*胡桓宇董事长为平谷区红十字会捐款*

便面、火腿肠等，帮助解决疫情防控下的物品短缺难题；3月5日、3月11日，作为马坊商会会长，胡桓宇带领会员企业领导对接蒋里庄村疫情防护一线工作，送去疫情宣传条幅和宣传品，深入了解蒋里庄村的疫情防控工作，走访马坊农贸菜市场，查看菜市场的瓜果蔬菜供应情况、农产品防护情况；最后与执勤人员在蒋里庄村卡口执勤，共同巡逻，检测体温，亲自参与一线疫情防控。蒋里庄村张书记表示，马坊商会疫情防护对接工作很贴心，帮助群众增强自我保护意识，增强大家抗击疫情的信心。

2020年2月，富乐董事长胡桓宇慰问黄松峪乡人民政府

2020年2月，富乐董事长胡桓宇慰问南独乐河镇人民政府

2020年2月，富乐董事长胡桓宇慰问马坊镇政府

2020年3月，富乐董事长胡桓宇代表马坊商会支援疫情防护一线工作

为员工购置防疫物资。为确保员工的生命健康安全，在春节放假期间，胡恒宇动员身边朋友、公司采购人员等多渠道购置防疫物资，一箱箱口罩

（N95 口罩、一次性医用防护口罩）、一桶桶消毒液、一瓶瓶酒精、一个个测温枪在开工前就陆续到达公司。这饱含着公司对员工生命的热爱和珍视。我们何曾知道，正是公司胡总经理、采购部经理及一些爱心人士熬过无数不眠之夜，费尽周折，防疫物资才顺利送达公司。开工后，为阻断员工间疫情传播，公司在公共场所安置了洗手机，在固定区域放置洗手液、免洗手消毒液等供员工使用，还设置 2 米安全线，购置人脸识别测温考勤打卡机，实现零接触考勤打卡和测温……富乐为员工所做的一切，让员工感到了温暖、坚定了信心。

为武汉捐助防疫资金。在得知武汉新冠肺炎疫情形势严峻后，胡桓宇第一时间通过卓越企业家学习俱乐部给武汉亚心总医院、武汉亚洲心脏病医院捐赠 1 万元现金供补充抗疫物资。2020 年 3 月 20 日，胡桓宇收到两家医院的感谢信。

为国际客户捐助防疫物资。在国际新冠肺炎疫情日益严重的形势下，2020 年 3 月，富乐科技的海外代理商来信求助，希望分享国内抗击新冠肺炎疫情的宝贵经验，帮助他们度过非常时期。

当公司董事长胡桓宇得知海外代理商防疫物资很紧缺时，提出捐助防疫物资帮助他们。公司外贸部迅速针对客户需求做出了援助计划：首先，根据国家对于防疫物资的管控要求，分析不同国家的疫情形势，进而做出防疫物资捐赠方案，针对客户实际情况捐赠不同数量的防疫物资（以医用口罩为主）。其次，公司外贸部利用网络组织线上培训，详细介绍国内抗击新冠肺炎疫情的成功经验和公司的举措，同时针对疫情下企业复工复产和业务开展提出建议。

患难时刻见真情。2020年4月7日,公司开展北京富乐抗击疫情国际援助活动,分别给意大利、南非、捷克、土耳其、俄罗斯、日本、沙特阿拉伯、韩国、德国等海外代理商捐助了医用酒精、N95口罩和一次性医用防护口罩等。海外代理商对富乐的捐助表示感谢,纷纷表示愿意同富乐共同度过艰难时刻。相信在海外代理商的协助下,在不久的将来,富乐的国际合作能更上一层楼,取得更大成就。

*2020年4月,富乐开展抗击疫情国际援助活动*

危难时刻显担当。富乐通过多种方式帮助各类人群抗击新冠肺炎疫情,将民生"凡事"当作自己的履责"大事",坚持与困难群众有福同享、有难同当!疫情面前,富乐不仅实现了有质量、有利润的成长,而且在疫情最困难的时候,富乐人挺身而出,义无反顾,竭尽全力投入疫情防控工作中,以实际行动履行了社会责任。

## 投入公益基金 架起"爱心"桥梁

### 参与北京白求恩公益基金 挺起国人脊梁

北京白求恩公益基金会成立于2015年7月14日,是民政部批准成立并主管的慈善组织。白求恩公益基金会继承和弘扬国际主义战士白求恩的伟大风范和高尚情操,以人道、责任、传承为宗旨,携手国内外一切受白求恩精神感召的医学界专家、学者及社会爱心人士,在医疗健康领域构建公益慈善平台，广泛开展帮扶弱势群体及宣传普及健康知识等爱心公益项目，为建设、完善、促进我国慈善事业蓬勃发展而努力奋斗。白求恩公益基金会的宗旨与胡志勇创建富乐科技的初衷高度吻合，2018年经专家介绍，富乐科技加入了北京白求恩公益基金会。2018—2021年，富乐科技连续4年为基金会捐赠公益基金200余万元，为西南少数民族地区极重度脊柱畸形患者康复治疗提供经济支持和专家资源支持。

2018年6月22日，白求恩公益基金会西南少数民族地区低收入残疾人脊柱畸形矫正帮扶示范项目启动会在解放军昆明总医院举行，本项目为切实落实国家扶贫政策，扶助基层贫困脊柱畸形侧弯患者手术治疗，遴选云南省（重点怒江州）11位低收入且脊柱侧弯大于或等于45°亟需手术的贫困残疾人患者，为他们提供免费脊柱畸形矫正手术的植入物（脊柱后路钉棒内固定系统）以及基本医疗保险报销比例之外的住院、手术等费用。富乐科技为此次公益活动捐赠公益基金50万元。本次项目白求恩公益基金会选取了云南当地16家合作医院，进行学术交流、联合帮扶，来自国内的骨科知名专家、教授在解放军昆明总医院为患者进行了免费脊柱畸形矫正手术，并为云南地区各地方医生代表进行了培训及学术分享。项目启动仪式上，富乐科技作为本次项目的捐赠企业，被授予"爱心企业"奖牌。营销总监曹春红代表公司做了获奖感言：富乐一直以"追求卓越品质，振兴中华骨科"为信念，通过设计更好的产品来帮助广大人民群众提升生活品质，富乐也希望借此平台发挥更大的社会价值。特别感谢白求恩公益基金会让富乐有机会将无私大爱传递给更多需要救治的人。未来，富乐依旧会尽最大能力为国家和社会发展贡献力量。

2018年6月，富乐捐赠白求恩公益基金会脊柱畸形矫正帮扶示范项目

2018年7月22日，白求恩公益基金会西南少数民族地区低收入残疾人脊柱畸形矫正帮扶示范项目中期总结会在昆明市中医院召开。昆明市民政局局长兼党委书记、昆明市人大常委会副主任出席会议，他们指出公益基金会救助的11名重度脊柱患者在手术后获得重生，开始了全新的生活，高度肯定了本次脊柱畸形矫正帮扶项目帮助11个家庭摆脱了脊柱疾患多年的困扰，特别感谢白求恩公益基金会的捐赠企业和骨科医学专家，给西南地区低收入病患带来了爱和希望，救助项目是真正利国利民的善举。

2019年2月24日，白求恩·卓越先锋骨科学院年终总结会暨白求恩·卓越先锋骨科学院苏州脊柱高峰会在苏州成功召开，富乐荣获"爱心企业"称号。白求恩公益基金会理事长邱贵兴院士对富乐长期以来对公益事业的大力支持给予高度评价与肯定，并为富乐颁发荣誉证书、奖杯及奖章。2019年7月，富乐为白求恩公益基金会捐赠公益基金45万元；2020年10月，富乐为白求恩·湘赣鄂公益行项目捐赠公益基金75万元，荣获白求恩公益基金会湘赣鄂公益行"爱心企业"称号；2021年10月，富乐为白求恩公益基金会捐赠公益基金32.5万元，用于支持贫困地区的医疗卫生事业，改善民众就医环境和条件，救助贫困危重病人，提供优质、便捷、半价的医疗服务。

富乐参与白求恩公益项目活动，在基层救治帮扶项目中不断收获感动，深深体会到传播大爱的价值与意义。在奉献更多爱心，传播大爱的过程中，富乐履行了企业公民的责任，收获了社会认可，提高了品牌知名度。

第八章 心怀大爱 勇担社会责任

2018—2020年，富乐连续三年荣获白求恩公益项目"爱心企业"称号

**设立富乐关爱基金　变身困难群体"大救星"**

普通家庭大多过着"平平淡淡就是真"的生活，但天有不测风云，人有旦夕祸福，一个家庭中如果有人出现大病或者意外时，若没有足够的经济能力，就会陷入困境。这时候要是能得到及时的救助，对于当事人来说简直是雪中送炭。

从2018年开始，富乐科技设立了富乐关爱基金，与北京市红十字会合作执行。具体方式为：富乐科技定期给北京市红十字会账户汇款，富乐的员工或其家属遭遇重大疾病或意外情况时，提供相关的证明文件给公司，公司审核通过之后再提供资料给北京市红十字会，经过审批后员工可以得到一次性经济扶助（最高3万元）。自建立富乐关爱基金以来，公司已经帮助大病致困人员3人，帮其获得救助金9万元。"患了重大疾病，个人身体和心理都很难熬，家庭经济也遇到了困难，3万元的富乐关爱基金帮我们家渡过了难关，富乐真暖心，关爱基金真是我们家的大救星。"一名获得救助的富乐员工这样说。

## 投身精准脱贫　竭力扶贫济弱

### 村企联合共建　帮扶老弱群体

自 2011 年起，富乐党支部与大华山镇李家峪村党支部开启"村企共建"活动。2011—2017 年期间，每逢春节、国庆节和中秋节，富乐党支部与大华山镇李家峪村党支部开展"送温暖""迎国庆贺佳节""中秋走访慰问"活动，看望村老年协会 80 岁以上的老人和儿童，并为他们送去慰问金和节日慰问品。

2017—2022 年，富乐公司走进马坊镇蒋里庄村、石佛寺村、塔寺村、西大街村、二条街村、三条街村和东店开展"送温暖"活动，看望因大病、突发事件致困的家庭，并为他们送去慰问金和慰问品。

村企共建——富乐公司慰问大华山镇李家峪村、马坊镇蒋里庄村部分困难村民

富乐公司慰问当地村民及村党支部、老年协会，多次收到他们为表达谢意所赠送的锦旗、书法作品；困难村民及家属对于富乐的爱心捐助也深表感谢。

第八章　心怀大爱　勇担社会责任

村企共建——大华山镇李家峪村党支部及村老年协会为富乐赠送锦旗和书法作品

### 弘扬孝道文化　助力"慈孝堂"建设

"百善孝为先"，孝道是中华民族的传统美德。多年来，富乐科技对孝道文化的传承和弘扬一直没有间断，在职工中大力开展尊老、孝老活动。近几年，"慈孝堂"已成为平谷区弘扬孝道文化、宣传孝老典型的重要载体。"慈孝堂"是在平谷区民政局和平谷区慈善协会指导下，由村（社区）群众自治组织设立的基层慈善孝老工作载体和活动场所，它承担着弘扬慈善文化、向困难群众提供帮扶和慈善救助的职责。"慈孝堂"的资金来源主要有两个方面：各村（社区）党员干部带头捐款，村（居）民自愿捐款；村（社区）通过定向募捐形式吸纳辖区内爱心企事业单位和社会各界的捐款。

在建立"慈孝堂"的过程中，富乐科技作为爱心企业积极募捐，大力弘扬敬老、爱老、孝老的良好社会风尚。2019年12月，公司董事长胡桓宇为平谷区大华山镇前北宫村捐助5万元；2022年3月，为平谷区镇罗营镇西寺峪村捐助5万元。捐助资金都用于救助村里的高龄老人、困难群众、大病患者。

2019年12月，捐助大华山镇前北宫村慈孝堂　　2022年3月，捐助镇罗营镇西寺峪村慈孝堂

北京积水潭医院回龙观院区重症医学科的王颖妍护士，就是前北宫村村民。2020年新冠肺炎疫情防控期间她驰援武汉时，为了不让家人担心，40天之后才向父母吐露实情，家人一直牵挂着她的安危。后来，家里种的桃树因倒春寒导致大幅度减产，生活陷入困境。得知这一情况，前北宫村驻村第一书记第一时间给王颖妍的父亲送去了"慈孝堂"发放的2000元慰问金，缓解了燃眉之急。

"慈孝堂"营造了知慈孝、行慈孝、扬慈孝的良好氛围，让因病致贫、因病返贫、鳏寡孤独等老年人得到帮扶，让慈孝文化入脑入心，助力实现老有所医、老有所养、老有所乐！富乐募捐的慈孝基金，让困难群众多了一重救助保障，使慈善理念在乡村进一步深入人心，逐步形成了互助互爱、乐善好施、扶危济困的良好道德风尚。

**打赢脱贫攻坚战　扶贫济困有富乐**

2018年、2019年国家脱贫攻坚战进入决战阶段，富乐科技大力支持平谷区工商业联合会严格落实党中央、国务院、北京市委和市政府携手奔小康的安排部署，积极响应对口精准扶贫号召，对口帮扶内蒙古商都县卯都乡深度贫困地区新井子村，与其签订村企《结对帮扶协议》。2018年、2019年，富乐科技分别为新井子村捐赠扶贫资金5万元；2020年2月新冠肺炎疫情防控期间，富乐科技为北京市平谷区红十字会捐助5万元，用于内蒙古商都县建档立卡户的帮扶。这3年的15万元帮扶资金中有8万元用于购买优良品种母羊，请专业人员对农户进行培训，让村民学习并掌握养殖技术和管理知识，做到科学养殖，提高养殖效益；还对村民进行养殖技术、疫病防控、综合管理等技术指导。富乐科技以强烈的责任感、紧迫感和使命感，推动商都县各项扶贫工作顺利开展。在双方勠力同心、聚焦脱贫、精诚协作下，商都县脱贫攻坚各项工作取得明显成效，2021年年底顺利完成脱贫摘帽任务。

2018年7月，富乐科技董事长胡桂宇走访内蒙古商都县新井子村

2020年5月19日，富乐科技积极响应党中央发出的决战决胜脱贫攻坚动员令，按照北京市委、市政府关于组织社会力量助力挂牌督战的工作部署，积极参与新疆维吾尔自治区洛浦县深度贫困村的结对帮扶工作，帮助挂牌督战贫困村如期实现脱贫摘帽，让贫困群众早日脱贫，提升幸福指数。富乐科技与新疆维吾尔自治区洛浦县恰尔巴格乡的阿日买里村签署了《结对帮扶协议》，为其捐助5万元帮扶资金。针对贫困村实际需求，在村里设置公益性岗位——保洁员、保安、民兵等，安排脱贫困难户的弱劳动力和闲置劳动力上岗工作，并为其发放工资补贴。

在新疆洛浦县的扶贫工作中，富乐科技充分发挥在资源、技术、智力、平台等方面的独特优势，切实履行企业社会责任。根据挂牌督战村脱贫攻坚的实际需求，重点围绕就业扶贫、弱势群体、智力支持、民生薄弱环节等方面，帮实帮好挂牌督战村补短板、强弱项，让贫困人口切实得到好处、得到实惠，让帮扶成效看得见、摸得着，助力洛浦县早日完成脱贫摘帽任务目标，体现了富乐科技高度的社会责任感。

30年来，富乐科技在承担社会责任方面一直都是积极主动的。累计参加公益活动达 2000 余人次，向各类受灾群众、困难群体捐赠款物达 535 万余元，获得广泛的社会认可和赞扬。

2017—2018 年连续两年被评为北京市非公有制企业履行社会责任百家上榜单位；2019—2021 年连续三年荣获白求恩公益基金会"爱心企业"称号；2019 年荣获北京民营企业社会责任百强企业（第 30 名）；2020 年荣获北京民营企业社会责任百强企业（第 48 位），荣获北京民营企业中小百强第一名、平谷区红十字会公益明星企业；2021 年荣获北京民营企业社会责任百强企业（第 65 名），富乐董事长胡桓宇荣获民进全国社会服务暨脱贫攻坚工作先进个人等荣誉。

一项项荣誉无不彰显出富乐科技积极履行社会责任，践行民营企业使命担当的作为。富乐科技在抗震救灾、疫情防控、白求恩公益项目、富乐关爱基金、村企共建、脱贫攻坚、孝老敬老等方面积极主动作为，实现了企业和社会融合发展。

# 附　录

## 附录1　富乐科技创始人胡志勇履历

1958—1968年，教育部直属北京教学仪器厂工人。
1968—1972年，中国人民解放军816部队574厂工人。
1972—1982年，国家国防科学技术工业委员会三机部六院574厂技术人员。
1982—1984年，航空工业部574厂技术人员。
1984—1986年，航空工业部634所技术人员。
1986—1989年，航空工业部634所通用事业部管理干部。
1989—1994年，航空工业部634所下属中日长青开发有限公司技术人员。
1993年，北京市富乐科技开发研究所所长（个体户，兼职）。
1994年，从航空工业部634所退休。
1994—2016年，北京市富乐科技开发有限公司董事长。
2016年至今，北京市富乐科技开发有限公司创始股东。

## 附录2　富乐科技创始人胡志勇成功的密码

### 一、诚信重德

诚信为人是个人品牌和企业发展之本，个人和企业都要讲诚信。
"有德始能成事"，做企业"成败在德，不在众寡"，加强道德修养，以润物细无声的方式感化人，教育人，才能不严自威，不令而行。

## 二、勤奋专注

一生勤奋，肯钻研，善于钻研，精益求精；有学习毅力，有强烈的学习欲望和持久的学习动力，活到老学到老。

视产品质量为企业的生命，专注骨科事业 30 年，相信辛苦付出终究可以获得回报。

## 三、创新创造

善于钻"空子"、钻"空档"，开辟别人尚未开辟的领域，尝试别人未曾尝试过的方法；选择竞争少的行业，市场空间大，前景好。

有创造力，会创新，紧跟医学前沿、贴合临床需求，进行有效益、有目的、有质量的创新，迅速将创意转化为商品，满足顾客需求；产品由模仿创新到自主创新，不断创新管理模式、市场服务模式。

## 四、坚守目标

目标明确，意志坚定，咬定目标不放松，想尽一切可能的办法去实现，不怕失败，相信坚持就等于成功。

## 五、胆识自信

创业眼光好，与时俱进，把握趋势，既有大的战略，又有小的执行策略；既能仰望星空，又能脚踏实地；既有胆识勇气，又有危机意识，相信自己一定可以达到目标。

## 六、追求挑战

追求有挑战的人生；不仅自己追求更高的目标，而且要求企业承担更多的责任和义务；迎难而上，当挑战来临时，像展翅高飞的雄鹰，努力飞向属于自己的天空。

### 七、责任担当

有家国情怀，设身处地为员工、顾客、商业伙伴、社会等利益相关者着想，既创造物质财富，又承担社会责任，回馈社会。

### 八、团结合作

团结就是力量，只有完美的团队，没有完美的个人；重视竞争与合作，找优秀的人合作，与人竞争不如与人合作。

### 九、重视人才

重视人的作用，人才是一个企业任何发展阶段都要重视的问题，好的企业都是人才干出来的；引进并培养人才，持续提升人员素质。

### 十、低调做人、高调做事

懂得隐藏锋芒，韬光养晦，低调做人；"功不独居，过不推诿"，对事业上的成就和个人的功劳淡然视之，不贪功，不谈功，不争功；好心态让无为变无不为。

爱国敬业、守法经营、公正公平，凡事以大局为重，总是站在公司的角度思考问题，不计个人得失。

## 附录3 富乐科技创始人胡志勇语录

1993年10月，聪明的人或有成就的人，在事业和生活中处处充满着冒险精神，瞄准机遇，不断地向自己发起挑战。

1998年4月，持续为市场提供质优产品，要做到：有创造力；迅速将创意转化为商品；无情地超越自己目前的产品和服务。

2004年3月，青年人成长成才要树立一个目标，培养一个爱好，具备一种特长，确立一个道德观，找到一个平衡标准，做好自己。

2005年3月，先有挑战和付出，才能换来报酬；挑战是绝对的，机遇是相对的。

2006年2月，在激烈的竞争中必须站在挑战的位置上，否则必死无疑。

2006年7月，抓住机遇，"敢"字当头，持之以恒付出肯定有合理的回报。

2007年8月，有孝心，行孝道，日行一善，大孝于社会，做一个重孝道之人。

2008年1月，把"诚信"二字放在首位，从小事做起，从细节做起，事事讲诚信，做一个诚信之人。

2009年11月，企业发展的目的不是"股东利益最大化"，而是"使世界更美好"。

2010年6月，一个绝望的组织，每个人既不抬头看路，也不埋头拉车；一个卓越的组织，每个人都会抬头看路，也会埋头拉车；一个平庸的组织，只有领导者抬头看路，其他人只会埋头拉车；一个失败的组织，每个人只会争着抬头看路，却没有人埋头拉车。

2011年6月，党支部是战斗的堡垒，要学习中国共产党员不畏艰险、不断挑战的精神；要敢挑重担，永远奋斗，勇往直前。

2011年12月，人来到这个世界上，生是一次偶然，死是一次必然，活着就一定要找到属于自己的目标和梦想。

2012年8月，"一命二运三风水"，要用转化、发展的思路来对待人生，不能听天由命；要变革、创造、拼搏。

2013年2月，眼界宽，才能善成大事；思路宽，才能善于创新；胸襟宽，才能善聚人心。

2016年1月，树立做百年老店的发展理念，要生存要发展必须创新。

## 附录4　富乐科技企业文化

**企业愿景**：凝聚历史　再创辉煌
**企业精神**：尽职尽责的敬业精神　追求卓越的创新精神
　　　　　　精诚团结的团队精神　感恩戴德的服务精神

**企业核心价值观：**

诚信为人——以诚为信，以人为本。

追求卓越——发展的灵魂，自我的超越；锐意进取，敢为人先，实现企业的可持续发展。

服务顾客——以解决顾客难点为己任，以服务顾客为天职。

**企业理念**：引进吸收先进技术，不断提高自主创新能力；以客户需求为导向，时刻关注顾客价值实现；打造专业化、规模化、国际化富乐品牌！

**质量方针**：加强科学管理　严格生产工艺
　　　　　　提供优质服务　完善富乐品牌
　　　　　　　　　　　　——我们永恒的追求

**经营理念：**

我们的首要责任，是照顾那些使用富乐产品或服务的人；为了满足他们的需求，我们所做的任何事都必须是高水准的表现。

我们必须不断地努力降低成本，以维持合理的售价。

我们必须迅速且确实地满足客户的要求，而我们的供应商和经销商也必须有机会获得合理的利润。

我们对每位员工都有责任，每个人都应该被视为有价值的个体。

我们尊重每位员工的尊严与价值，让他们有安全感，他们的待遇应该合理且足够，工作环境应该整洁、整齐且宽松。

我们必须帮助员工履行他们对家庭的责任；员工要能畅所欲言地说出他们的建议和抱怨。

我们必须给那些能够胜任的员工提供同等的雇用、发展和升迁的机会。

我们必须培养一群优秀的主管，他们的所作所为必须公平且符合道德。

我们必须是优良的公民，支持好的工作和慈善活动，并负担应缴的赋税。

我们鼓励生活品质的提升，给民众更好的生活；要善用上天所赐的资源，并保护环境。

我们要尝试新的点子，持续不断地创新研究，即使失败与错误都是值得的。

我们要购买新的机器和设备，确保用高品质的产品满足市场的需求。

我们必须保留盈余，以备不时之需。

我们若能按照这个原则来经营，公司及其合作伙伴便能获取合理的报酬。

## 附录5　富乐科技大事记

**初创生存上升期（1993—2001年）：**

1993年，富乐科技研究所（富乐科技前身）成立于北京市怀柔区大中富乐村，注册资金3万元。

1994年，富乐科技公司成立，为私营有限责任公司，注册资金3万元。

1996年，启动骨科外固定医疗器械研制生产，当年销售额突破100万元。

1997年，申请首个专利——单侧多功能尺桡骨外固定架。

1999年，启动脊柱内固定产品研制，首款内固定产品——脊柱侧弯矫形内固定器取得实用新型专利证书。

1999年，注册富乐商标。

2000年，取得全国首批医疗器械生产企业许可证。

2000年，富乐首款FJ系列脊柱内固定系统产品标准首批通过原国药局产品注册鉴定，引领行业标准。

2001年，富乐首款FJ系列脊柱内固定系统获国内首个试产医疗器械注册证书。

**二次创业变革成长期（2003—2012年）：**

2003年，在北京市平谷区马坊镇建成20000平方米的医疗器械生产基地。

2003年，首款FJ系列脊柱内固定系统获准产医疗器械注册证书。

2003年，成为北京市首批通过《外科植入物生产实施细则》验收的医疗器械企业。

2004年，首次通过GB/T19001-2000 idt ISO 9001:2000和YY/T0287-1996 idt ISO 13485：1996质量管理体系认证。

2005年，引进首台车铣加工中心，产品加工模式由普通机械加工升级为自动化加工，注册资金由50万元增资到800万元，销售额突破500万元。

2006年，富乐科技党支部、工会成立。

2006年，启动创伤系列产品研制项目。

2006年，脊柱系列产品通过欧盟CE认证。

2006年，首款FK型膝关节康复器研制成功，获准产医疗器械注册证书。

2007年，成为全国首批通过植入性医疗器械生产企业质量管理体系规范试点（GMP试点）现场审查的企业。

2007年，确定富乐科技核心价值观——诚信为人、追求卓越、服务顾客。

2007年，引进首台五轴加工中心，产品加工模式由自动化加工升级为智能化加工；销售额突破1000万元。

2008年，启动脊柱外固定支具研制项目。

2009年，公司注册资金由800万元增资到1100万元。

2010年，创伤系列产品研制成功，获准产医疗器械注册证书。

2011年，正式走出国门，开拓国际市场。

2011年，成为北京市第一家通过国家医疗器械生产质量管理规范（GMP）审核的企业。

2011年，椎间融合器（钛合金）取得医疗器械注册证书。

2012年，与北京儿童医院共建"北京市儿童外科矫形器具工程技术研究中心"。

2012年，取得首个发明专利——动态非融合连接器。

2012年，公司注册资金由1100万元到3000万元，销售额突破5000万元。

**二次创业快速发展期（2013年至今）：**

2013年，新建创伤车间，增加生产面积3000平方米，并组建脊柱生产线、创伤生产线。

2013年，成功注册富乐新商标。

2013年，与中国人民解放军总医院第一附属医院共建"北京市骨科植入医疗器械工程技术研究中心"。

2013 年，获批建立"高层次脊柱医疗器械研发人才工作室"。

2016 年，公司注册资金由 3000 万元增资到 1 亿元，销售额突破 1 亿元。

2017 年，获批建立"钛合金椎间融合器研发人才工作室"。

2018 年，获批建立"院士专家工作站"，销售额突破 2 亿元。

2019 年，获批成立北京市企业技术中心。

2019 年，与西安赛特思迈成立"生物医用材料联合研发中心"。

2020 年，获批建立"博士后科研工作站"。

2020 年，成为同行业率先实施医疗器械唯一标识（UDI）系统的公司，销售额突破 3.5 亿元，缴纳税款突破 3000 万元。

2021 年，获批建立"骨科微创医械人才工作室"。

2021 年，富乐科技检测中心通过 MDSAP 体系认证，取得 CNAS 国家实验室认可证书。

2021 年，与北京积水潭医院成功签约重点项目"骨盆微创内固定系统"。

2022 年，11 个脊柱系列产品在国家骨科脊柱类耗材集中带量采购中成功中标。

## 附录 6　富乐科技荣誉榜

**质量管理类荣誉：**

2012 年 1 月，被评为北京市医疗器械质量管理示范企业。

**科研创新类荣誉：**

2004 年 11 月，被北京市科学技术委员会认定为国家高新技术企业。

2009 年 4 月，获得北京市知识产权局颁发的北京市专利试点单位证书。

2009 年 6 月，取得中关村高新技术企业证书。

2009 年 12 月，被北京市科学技术委员会、北京市财政局、原北京市国税局、原北京市地税局认定为高新技术企业。

2010 年 11 月，脊柱后路内固定系统等七项产品被认定为北京市自主创新产品。

2011年8月，I型E式板（FJQ-C）被认定为国家自主创新产品。

2013年，获评中华医学会第15届骨科学术会议暨第8届COA国际学术大会银牌合作伙伴。

2014年11月，被认定为国家火炬计划重点高新技术企业。

2014年12月，复杂性四肢创伤救治新技术和修复材料研究项目荣获2014年度北京市科学技术奖三等奖。

2016年9月，有9项产品获北京市新技术新产品证书。

2016年，脊柱外固定项目——头颅骨盆环产品填补国内空白，助力梁益建博士荣获中央电视台"2016年度感动中国十大人物"。

2017年3月，公司生产的骨科创伤内固定材料成功入选"优秀国产医疗设备产品目录"。

2017年6月，荣获首都职工自主创新成果三等奖。

2017年12月，荣获"北京市级企业科技研究开发机构"。

2020年9月，获评北京市知识产权示范单位。

2020年10月，被认定为北京市"专精特新"中小企业。

2021年5月，获评国家和北京市专精特新"小巨人"企业。

2021年10月，脊柱微创撑开融合器及手术器械包，荣获第四届中国医疗器械创业创新大赛三等奖。

2021年12月，荣获2021年度"北京市企业创新信用领跑企业"。

**安全类荣誉：**

2006年1月，被评为2005年度安全生产工作先进单位。

2006年2月，被评为2005年现场管理先进企业。

2006年6月，荣获平安中国《安全生产法》知识竞赛二等奖。

2013年1月，被评为安全生产标准化二级企业。

2015年4月，荣获2014年度全国"安康杯"竞赛活动优胜单位；机修班组荣获2014年度全国"安康杯"竞赛活动优胜班组。

2019年12月，荣获北京市安全文化建设示范企业。

2020年8月，荣获2019年度北京市"安康杯"竞赛活动优胜单位；立加班组荣获2019年北京市"安康杯"竞赛活动优胜班组。

**文明信用类荣誉：**

2010年10月，被评为北京市文明单位。

2011年1月，被评为纳税信用A级企业。

2012年4月，被评为首都文明单位。

2013年3月，被评为纳税信用A级企业。

2018年3月，被评为首都文明单位。

2019年9月，被评为守法诚信承诺示范单位。

2019年9月，被评为北京市诚信创建企业。

2020年3月，被评为北京市诚信创建企业。

**组织建设类荣誉：**

2006年1月，荣获2005年度"双爱双评"活动优秀企业。

2007年12月，工会组织被评为先进职工之家。

2008年1月，被评为北京市和谐劳动关系单位。

2009年6月，党支部被评为北京市先进基层党组织。

2009年6月，工会组织被评为北京市模范职工之家。

2009年12月，被评为北京市就业与社会保障先进民营企业。

2011年6月，党支部被评为先进基层党组织。

2011年6月，党支部被评为北京市社会领域先进基层党组织。

2012年6月，党支部被评为北京市社会领域创先争优先进基层党组织。

2012年6月，党支部被评为"五个好"党组织示范点。

2013年9月，被评为北京市构建和谐劳动关系先进单位。

2016年12月，被评为北京市非公有制经济组织党建示范单位。

2017年6月，被评为北京市非公有制企业党建示范基地。

2017年12月，被评为北京市非公有制企业履行社会责任百家上榜单位。

2018年9月，被评为北京市党建工作示范点。

2018年11月，被评为北京市就业创业工作先进集体。

2019年3月，被评为全国模范劳动关系和谐企业。

2019年9月，被评为北京市构建和谐劳动关系先进单位。

2019年12月，被评为2019北京民营企业社会责任百强企业（第30名）。

2020年10月，被评为2020年北京市民营企业中小百强第1名。

2020年10月，被评为2020北京民营企业社会责任百强企业（第48名）。

2021年9月，被评为2021年北京民营企业社会责任百强企业（第65名）。

2022年4月，被评为第一届"北京市健康企业"。

2023年9月，被评为2023年北京民营企业中小百强（第38名）。

**优秀个人荣誉：**

2006年1月，赵沈烽被评为2005年度"双爱双评"活动优秀职工。

2008年1月，胡志勇被评为2007年度优秀职工之友。

2008年4月，樊国平提出的开发新型解剖型接骨板的建议被评为2007年度北京市优秀合理化建议。

2010年8月，曾奇被评为文明北京新市民。

2014年4月，胡桓宇荣获首都劳动奖章。

2016年6月，李洪艳被评为北京市社会领域优秀共产党员。

2017年4月，白云生荣获首都劳动奖章。

2017年9月，黄锡艺、徐秉智被评为第23届北京优秀青年工程师。

2017年10月，李洪艳被选为中国共产党北京市第十二次代表大会代表。

2018年6月，花海珍被评为北京市社会领域优秀党务工作者。

2018年12月，胡桓宇被评为平谷区首届"优秀企业家"。

2018年12月，樊国平被评为平谷区首届"优秀工匠"。

2019年11月，仇万裕被评为北京市非公经济组织优秀党务工作者。

2020年8月，张海鹏被评为2019年度北京市"安康杯"安全卫士。

2021年5月，胡桓宇被评为民进全国社会服务暨脱贫攻坚工作先进个人。

2021年7月，李洪艳被选为中国共产党北京市第十二届委员会第十七次全体会议党代表。

**公益捐助荣誉：**

2008年7月，被中国医师协会授予"抗震救灾、大爱无限"荣誉。

2009年，组织全体员工为四川汶川灾区儿童捐赠爱心包裹94份，荣获中国扶贫基金会授予的捐赠荣誉证书。

2017年，荣获全国工商业联合会系统民营企业调查点工作样板企业。

2018年，为北京市红十字会捐款30万元，设立富乐公益基金，获得荣誉证书。

2018年，为白求恩公益基金会捐赠爱心基金50万元，获评"爱心企业"。

2018年12月，荣获北京市非公有制企业履行社会责任百家上榜单位。

2019年7月，为白求恩公益基金会捐赠爱心基金45万元，获评"爱心企业"。

2020年10月，为白求恩公益基金会湘赣鄂公益行项目捐赠健康扶贫资金75万元，获评"爱心企业"。

## 附录7　创始人胡志勇的思考

### 富乐成立10周年的思考：如何快速发展并培养人才？

2004年，富乐科技成立10周年。回顾富乐10年来的经营发展，胡志勇感慨万千。10年来艰苦奋斗，取得今天的成就：从外协加工到建厂加工，再到完全自己加工；从无设备到上百台设备；从公司初期胡志勇一个人到今天80人的团队，且销售网络初步形成，建立质量管理体系，提升企业管理水平。公司第一个10年是幼稚成长的10年，也是刻苦学习并发展的10年。

1992—1993年，胡志勇靠着304医院骨科医生和护士凑来的2万元作为启动资金，研发生产了50套外固定架，得到骨科专家侯主任的好评，挣到了第一笔钱，后来又投资做了6批外固定架，初步崛起。

1993年10月，胡志勇注册成立了个体户性质的北京市富乐科技开发研究所，注册资本3万元；主要服务于外固定架销售发票的开具。

1994年4月26日，胡志勇注册成立了北京市富乐科技开发有限公司，注册资本5万元，属于技术服务型企业。

1994年9月，胡志勇和侯主任一起到天津参加了全军骨科学术大会，会上签订了24万元的外固定架订购合同，此次研讨会后来让富乐掘到了第一桶金。

1996年6月28日，胡志勇变更营业执照为生产型企业，富乐成为集研发、生产、销售于一体的骨科植入物生产企业，注册资本50万元。

由于订单量骤增，外协加工、自己组装外固定架的方式已无法满足客户需求，胡志勇决定开办工厂自己生产外固定架。1995年3月，他在成寿寺租了一个920平方米的大院，年租金3万元，租期10年。然后建了两排房子：机加工厂房150平方米；办公室及宿舍90平方米；餐厅近40平方米。买了二手车床、铣床及配套的工具、量具，配备了办公用具。1995年6月，胡志勇开始招募团队，配备人员，叫来自己的老同事，老同事又介绍了新人加入，组成了10多人的富乐团队，工厂正式建立，公司初具雏形。从此外固定架蓬勃发展3年多，富乐赢得广阔市场，树立了良好的品牌形象。

从1999年起，外固定架市场日益衰落，胡志勇当时瞄准市场"空档"，紧抓机遇转战脊柱领域。由于和国内骨科顶级专家合作研发脊柱产品，所以富乐的脊柱产品能够持续领跑脊柱市场多年，胡志勇真是由衷地开心自豪。

2003年，富乐与马坊镇政府签署《工业土地征地协议书》，征地20000平方米，经过10个月紧锣密鼓的日夜奋战，富乐新厂区成功落户马坊并正式投产；年底通过了《外科植入物生产实施细则》现场验收审核，2004年初顺利取得验收结果通知书；同年，富乐通过了ISO9001和ISO13485质量管理体系认证，领跑国内骨科医疗行业质量体系认证，带动行业体系认证大发展。成绩只代表过去，未来怎样取得更好的成绩呢？

机遇与挑战同在。如今站在10年发展的门槛上，好的机遇是国家将骨科医疗行业定性为支柱产业，行业起点低，企业发展空间很大；国民生活品质提高，市场需求量快速增加；公司新的生产基地建成，通过了体系认证和审核，突破行业壁垒成功入围，软硬件设施基本到位，为公司大发展奠定了良好基础。

富乐面临多方面挑战。人才缺乏是首要挑战，公司快速发展需要多方面人才，引进和培养人才不是一朝一夕的事；资金缺口大，公司硬件设备设施需要投入大量资金，负债严重；员工的老思想、老步伐跟不上公司的新发展，公司爬行式发展，被动式管理；公司人员、产品和服务缺乏竞争力，应变能力不强，在行业内处于劣势。

二次创业时期，如何突破危机和挑战，抢抓机遇取得快速发展？公司快速发展所需的人才如何获取？作为企业的决策者，胡志勇的决定会影响富乐和富乐人的命运。要发展就要改革，改革就会有阻力，不改革就会停滞不前甚至倒退。改革要改什么？怎么改？从哪改？企业第一领导者首先要转变思想，为企业做好战略规划，定好方向，转危为机，促进富乐发展。第二个10年公司要做到：获取并快速培养出大量人才；升级管理；提高人员专业素质；走出国门，走向世界。

解决人才奇缺、人员专业素质低的突出问题。人才问题解决了，所有的问题就会迎刃而解。必须开发出招聘人才的渠道和方法，引进高素质、高水平的现代化人才，为公司快速发展招兵买马，加大后备力量；加强企业资源建设，加快研发新品；加强培训，提高员工的技术、工艺、加工知识水平和思考能力；转变员工的思想和行为，提高员工对企业的认识，发挥员工个人智慧，体现员工价值；培养员工的团队意识，公司与员工同舟共济，一起努力奋斗，共同把企业做强做好。员工要有主人翁意识，要树立企业好我才好、企业富我才有的高尚品德，克服小农意识。

正视企业的责任和义务。企业的责任是解决社会就业，解决患者痛苦，增加社会效益和财富，员工也要随着企业承担起社会责任和义务。员工要站好自己的岗，负起自己的责。

10年的发展，对于民营企业来说绝对是不平凡的经历。企业发展过程中没有一帆风顺，任何艰难坎坷都阻挡不了富乐人前进的脚步。在胡志勇的带领下，富乐人将一路披荆斩棘、勇往直前，谱写富乐下一个精彩辉煌的10年！

## 富乐成立20周年的思考：自豪与成就？责任与担当？

2014年，富乐科技迎来了20岁生日。对于一家民营企业来说，从成立、成长到成熟，发展20年属实不易。从10周年到20周年，富乐科技膨胀式发展，无论在人员规模、生产模式、产品创新、销售业绩方面，还是在组织团队建设等方面，均取得喜人成绩。

2004年，富乐引进10多名大学生，经过10年的历练，他们均走向管理岗位，在公司发挥重要作用。

2004年，富乐成为国家高新技术企业。

2005年，富乐引进首台车铣加工中心，加工模式由普通机械加工转变为自动化加工。

2006年，富乐成立党支部和工会，党组织成员由公司刚成立时的3人发展到30多人，党员队伍迅速壮大，充分发挥了先锋模范作用，公司成为首都文明单位。工会组织各种主题活动，激发员工的工作热情和青春活力。党支部和工会建设促进公司文明有序生产。

2006年，创伤接骨板、钉上市，扩大生产规模及种类，富乐脊柱和创伤产品线逐渐形成。

2007年，确立富乐科技的核心价值观：诚信为人、追求卓越、服务顾客。核心价值观成为企业经营发展的准则和方向。

2007年，引进首台五轴加工中心，生产由自动化转向智能化。

2009年，富乐成为中关村高新技术企业；销售额突破2000万元。

2010年，富乐成功研制创伤骨科系列产品并取得产品注册证。

2011年，富乐的产品走出国门，走向世界。

2012年，富乐取得首项发明专利——动态非融合连接器；成立北京市儿童外科矫形器具工程技术研究中心；销售额突破5000万元。

2013年，注册富乐新商标；销售额突破9000万元。

2014年，富乐公司被认定为国家火炬计划重点高新技术企业。

在庆祝富乐科技成立20周年之际，新老朋友纷纷打电话向胡志勇表示祝贺。其中一个商业伙伴认为，胡志勇是富乐的创始人，一定感觉非常自豪、很有成就感。"我没有成就感、自豪感，更多的是责任感，我觉得担子更重了。今后的路可能更难，我的责任会更大。"胡志勇这样认为。

对于胡志勇来说，20周年是一个值得欢庆的日子，同时也是苦恼的日子："公司过去 20 年的故事好说好讲，它已经过去了，但今后的路怎么走，今后的事怎么做，富乐的故事怎么讲下去，员工的幸福怎么保证，谁来扛富乐大旗？"在那些日子里他反复思考这些问题。

面对行业重组兼并，富乐该何去何从？2012 年初，骨科医疗行业的国内外企业纷纷重组兼并，国外巨头不断高价收购中国名牌企业。2013 年，一家外资企业驻中国区负责人认为富乐品牌在国内脊柱市场占有率较高，品牌影响力较强，提出高价全资收购富乐，胡志勇拒绝了。当时也有国内的基金单位到公司找他商谈，有意收购富乐。"我不愿把富乐品牌卖出去，把企业的前途卖出去，更不愿把我们员工生活的路卖出去。"胡志勇如是说。

胡志勇对行业重组兼并的一些做法有自己的见解：国外品牌企业收购中国企业的主要目的是收购完以后把这个品牌吞灭掉，然后再占领市场，而不是帮助这家企业发展得更好；国内资本运作企业和基金单位也在收购，他们的目的是赚钱，收购后就会把企业抛出去置之不管。

胡志勇认为，如果为眼前的钱，为眼前的利益，不考虑公司发展，不顾公司员工的生存，是不负责任的行为；售卖公司与他开办企业的初衷是相悖的。

自己身体状况欠佳，富乐重担谁来挑？2014 年，胡志勇已 72 岁了，身体有多种慢性病且越发严重。他觉得跟员工并肩在一线昼夜奋斗，略显心有余而力不足。经过反复思考，他下定决心，要积极想办法解决这些问题，继续当好富乐的带头人，不断完善公司的管理，改善员工的生活。

如何顺利实现公司全面转型？2010 年，富乐引进 ERP、U8 软件和自动化办公软件，当前已培养出第一批工程师和技师，初步实现了管理转型升级。另外，把所有加工设备更换成加工中心，开始数字化管理和数字化操作，加工和工艺转型也初步完成，提高产品质量的同时降低成本，提高工匠水平，公司多方面转型时期还有大量的工作要做，如何协调好改革发展与稳定的关系，保证公司全面转型顺利实现？

公司发展所需人才匮乏，如何解决？公司当时正在转型发展期，最大的问题是发展后备力量不足。胡志勇把人才工作放在首要位置，积极想办法引进销售人才、技术人才和管理人才，下很大工夫去招聘和培养人才，希望与他们一起将富乐大旗扛下去。

胡志勇始终心系员工，勇挑重担，把民族品牌的使命牢记于心。在利益面前，他考虑最多的是办好企业的责任和担当。他至今退而不休，殚精竭虑，为富乐未来谋发展，为富乐员工谋幸福。事实证明，胡志勇选择的是正确的道路——奋发图强，自力更生，在改革中发展，在创新中前进。扛富乐大旗虽然很累，也很艰难，但经历苦难之后他内心却很欢喜。

"走的是人间的道，扛的是顶风的旗，心存百姓的人，百姓心中自有你。"这句话很贴切地表达了胡志勇的高尚情操和境界。

## 富乐成立 30 周年的思考：重视危机，渡过难关，生存下去

即将到来的 2024 年，是富乐公司成立 30 周年。2014 年以来，医疗行业先经历了蓬勃发展，后面临着严峻挑战。富乐迎来了大发展时期，取得了不错的业绩，无论是行业地位，还是品牌实力均表现出色。2020—2022 年新冠肺炎疫情防控期间，国内各行各业均受到不同程度的影响，经历了行业大整合，富乐面临前所未有的危机和挑战。

可以说，从选择作为一名企业家以来，胡志勇思想上一直都没有放松过。在公司成立 30 周年之际，他思考的是富乐在这段时间能不能稳住阵脚生存下来？怎么才能够生存下来？

2015 年，富乐引进首批研究生，至今有 10 多名研究生分布在研发、工艺、生产、销售等关键岗位，为做好研发、管理、销售市场开拓等方面的工作打下了坚实基础。

2016 年，公司注册资金增加到 1 亿元；富乐产品走上中央电视台；销售额突破 1 亿元。

2017 年，富乐产品荣获"优秀国产医疗设备产品"称号。

2018 年，富乐联合邱贵兴院士及行业专家建立了院士专家工作站，目前是行业内仅存的一家院士专家工作站；被评为北京市就业创业工作先进集体；销售额突破 2 亿元。

2019 年，富乐获批成立北京市企业技术中心；被评为全国模范劳动关系和谐企业。

2020年，富乐被评为北京市"专精特新"中小企业；建立了博士后科研工作站；被评为北京市知识产权示范单位；销售额突破3.5亿元。

2021年，公司注册资金增至1.072616亿元；通过MDSAP体系认证；取得CNAS国家实验室认可证书；被评为国家和北京市专精特新"小巨人"企业；入选2021年度北京市企业创新信用领跑企业。

富乐经受了疫情之下的严峻考验，在2022年骨科脊柱类耗材集中带量采购中取得了不错的成绩，应该算是这场大考的优等生。面对骨科脊柱类耗材集中带量采购的优秀答卷，企业接下来的路该怎么走？如何利用好现有资源，保证市场供应的同时降低企业成本？

要正视、重视富乐面临的危机。早在2020年年初，胡志勇就思考企业面临的重点问题：当前世界形势不好，国内形势也不好，新冠肺炎疫情的影响肯定要持续数年，短时间内不会消失，我们一定要重视起来。当时，他提出一个口号：不要做大的投资，要积累现金，把现金和加工所需的材料等各种物资储备好。他跟管理层反复强调，公司的困难时期有可能持续五六年，甚至十多年，可能是一个长期的过程，不要考虑短时间就能过去，我们一定要渡过难关！

生存问题是当前面临的最大问题。作为民营企业，在这一时期生存下来是关键。要想稳住阵脚生存下来，在现有基础上保存实力是关键。这个时期，没有任何力量可以依靠，只能自救。

艰苦奋斗，齐心协力挺过难关。富乐今后的日子肯定是比较艰苦的，从管理层到公司所有人员都要有这种意识。要有长期艰苦奋斗的准备，团结一心把公司稳住，然后再找机会进行创新和发展，只要能挺过困难时期，富乐一定能迎来美好的明天。

胡志勇一直都居安思危，在面对大好形势时他也时刻保持清醒的头脑；在面临危机时，他更是冷静思考，总能及时化解危机。富乐创办30周年之际，胡志勇把寒气传给富乐的每一位员工，他给所有富乐人敲响警钟：要吃苦，要奋斗，捂紧口袋，生存下来！在做好成本控制的同时，也需要积极提升人才管理及创新技术水平，研发差异化产品，从而提高产品质量和品牌竞争力，以保持自身可持续发展。

# 后 记

## 专注骨科事业　发扬实业报国精神

只有实业才能兴邦，发展制造业是建设现代化强国的必由之路。富乐30年的发展，走的就是一条实业发展之路。在富乐的发展中，胡志勇主导了第一次和第二次创业，实现了品牌建设和规模扩大，企业成长为国家级专精特新"小巨人"企业、位列北京市民营企业中小百强。"在发展过程中，我们始终坚定发展信心，练好内功，持续推进转型升级和变革发展，引导和发动全体员工化危机为转机，主动作为、迎接挑战、开创未来。"胡志勇如是说。

志存高远、实业兴邦是胡志勇不变的追求：富乐科技发展了，员工才有底气，国家强大了，人民才有自信！新时代的中国，呼唤更多如胡志勇一样具有家国情怀的企业家。

面对富乐科技新的历史机遇，我们要在新一轮科技革命和产业变革中抓住机遇、创新奋斗，推动富乐产品质量更高、效益更好、竞争力更强、影响力更大，为振兴中华骨科做出更大贡献！

## 全力创新发展　创造更大社会价值

一个企业要创新发展，一定要练好内功，既重视"创新＋资本"，也重视"技术＋管理"，实现双螺旋式的成长。30年来，胡志勇既是产品创新的引领者，也是企业管理的行家里手，把资源集中到主业的深度运营上，通过渐进式开发产品、持续改进生产工艺、与客户高度互动、培养行业专家队伍，不断提高主营产品的品质，扩大品牌影响力。正因如此，富乐科技才能拥有骨科行业领先的地位，在脊柱细分市场占有率位居前列。

"我们要全力创新发展，提高核心竞争力，努力保持骨科市场的领先地位，持续提供难以被超越和模仿的产品及服务，为客户、为社会创造真实价值。"富乐创始人胡志勇说。

辉煌是过眼烟云，谁不期待永恒？永恒不是想当然的，它需要脚踏实地一步一步地走。富乐创始人胡志勇认为，做百年老店，要有眼光、有战略，不仅要创新，还得会创新，要遵循市场规律、科学规律，要有效益、有目的、有质量地进行创新。2000年，富乐选择由外固定架领域转战脊柱内固定领域，这对富乐的发展具有历史转折意义。企业创新发展，做什么产品很关键，面对特殊顾客的产品，必须是骨病患者需要的，且是安全有效的。"满足顾客需求是做产品的最高标准"，这是胡志勇创业以来一直坚持的。

富乐创始人胡志勇始终把利益分享作为办企业的理念。他一心要把富乐公司建成员工、顾客、商业伙伴、社会等利益相关者共享的平台，让企业成为实现共同富裕的理想基石，把满足社会大众需求和利他主义融入企业核心价值观，把担当意识、家国情怀融于自身追求，不仅创造了财富，还积极承担社会责任、回馈社会。

在胡志勇心里，富乐已经不是富乐人自己的富乐，如今的富乐，属于民族，属于社会！

拥有30年历史的富乐任重而道远。我们要时时不忘激励自己，把压力变动力，把信心变雄心。

把富乐打造成百年老店，我们一起努力！